U0020341

A STEP AWAY FROM PARADISE

咫尺到淨土

狂智喇嘛督修・林巴 尋訪祕境的真實故事

湯瑪士・K・修爾 Thomas K. Shor 著
張秀惠 譯　江涵芠 審定

The True Story of a Tibetan Lama's Journey to a Land of Immortality

從大吉嶺遙望干城章嘎峰（Mount Kanchenjunga）的景象

謹以此書獻給所有勇者

督修・林巴

莫要人云亦云，應當自己做決定，並學會裝瘋賣傻，
亦當培養利益一切有情眾生的勇氣，
如此你自然而然會從執著的死結中解脫；
自此，你將持續保持無所畏懼的自信，
而後，你將能試著打開隱地的那扇大門。

督修・林巴（Tulshuk Lingpa）

干城章嘠峰素描圖

目錄

前言

傑尊瑪丹津・葩默（Jetsunma Tenzin Palmo）

引人入勝的《咫尺到淨土》，是一個關於冒險、驚奇與虔敬心的故事，講述的是督修・林巴不凡的事蹟。他是一位近代的西藏喇嘛，曾得到「隱地」的天啓。「隱地」相傳位於錫金境內干城章嘎峰側峰，通過某道裂縫即可進入。根據西藏的傳說，這是平行存在地球上的另一度空間，超越了死亡、疾病與痛苦，並且不需經過死亡就能進入。

如同其他看過這份文稿的讀者一樣，我也覺得它是一個令人著迷、引人入勝的作品。湯瑪士・修爾（Thomas Shor）經過多年的仔細調查研究，才發表了督修・林巴扣人心弦的生平事蹟。督修・林巴是一位近代的喇嘛，帶領三百位虔誠的弟子，致力於尋找眞實存在的香格里拉。這份調查研究無論是在準確度或是閱讀的理解上，作者都費盡了心思。它既是一部吸引目光的作品，評論了近代西藏和喜馬拉雅地區的政治歷史，同時也敘述了藏傳佛教較不爲人探討的另一個面向。修爾曾寫過《隨風吹盪的雲》（*Windblown Clouds*）一書，描述自己早年旅行印度的經歷；但他不僅僅是一位傑出的作家而已，我曾出席一場由修爾主持介紹，關於《咫尺到淨土》的演講，聽眾對演講內容極爲著迷，對於我們所處的近代竟然發生過這樣令人驚奇的事情，感到嘖嘖稱奇。

《咫尺到淨土》這本關於藏傳佛教的書籍，在某些方面，與一般西藏宗教教義及宗旨的書籍比較起來，更忠於眞正的西藏精神，我很確信，它會引起廣大讀者的興趣。這個動人的故事，描述了一個鮮爲人知的魅力人物的事蹟，它甚至能挑戰到那最多疑不信的人心，並對我們視爲理所當然的「眞實」帶來一番全新的見解。

有別於以往我拜讀過的書，《咫尺到淨土》不僅獨特，而且令人神往。強力推薦。

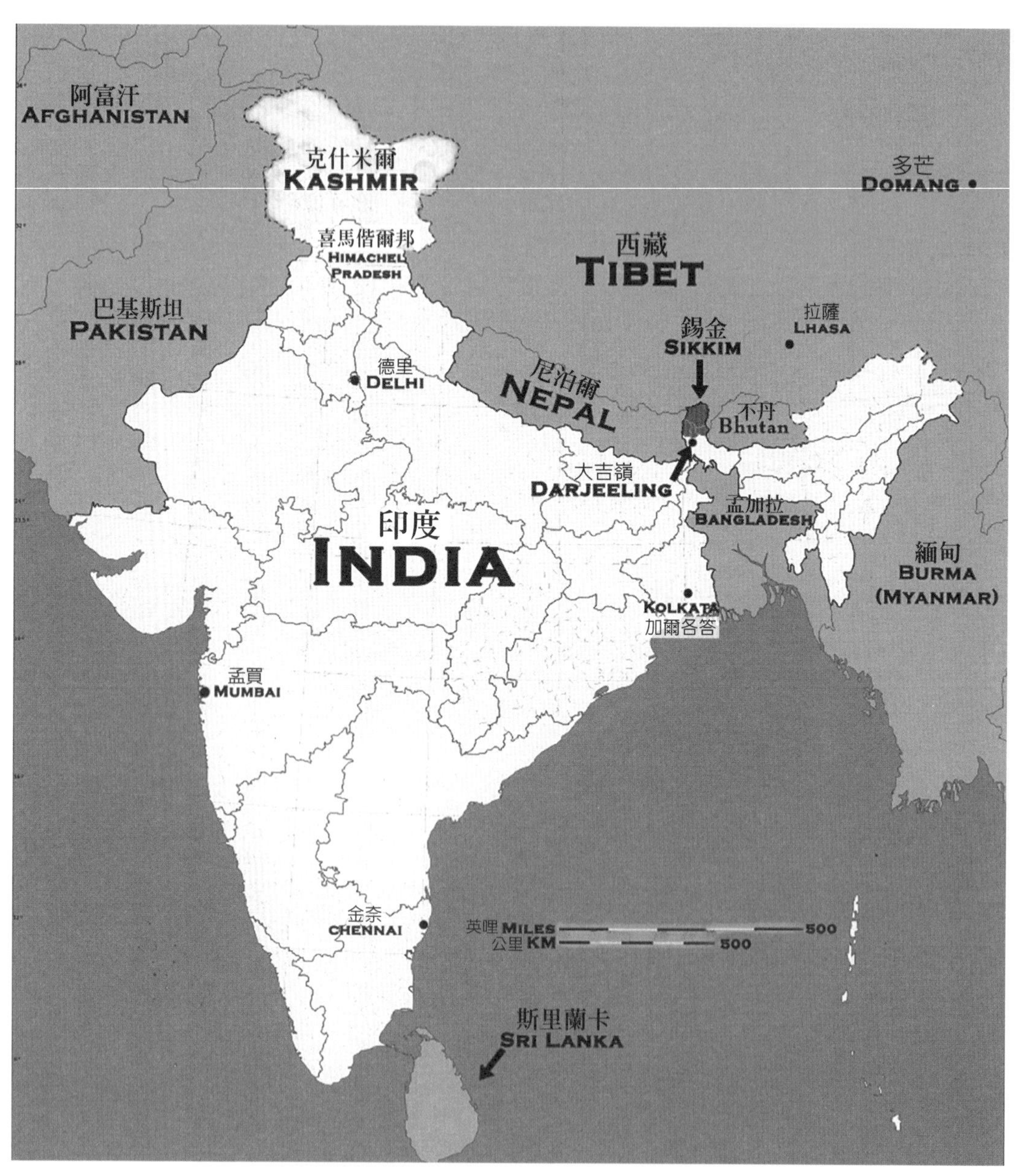

南亞地圖，圖中指出故事實際發生的主要地點。

簡介

如果路易斯．卡羅（Lewis Carroll）說《愛麗絲夢遊仙境》（*Alice's Adventures in Wonderland*）是眞實的，那會發生什麼事呢？又如果他聚集了一群追隨者，帶領他們前往尋找這個仙境呢？

時間是西元一九六二年的秋天。

如同我們知道的，當時的古巴飛彈危機極有可能導致世界滅亡。當甘迺迪和赫魯雪夫遊走在危險邊緣時，顯而易見的，我們的科技武器將造成大災難，而且極有可能立刻發生。對於即將到來的蘇維埃核子彈頭威脅的恐懼，美國學童學習如何避災，躲在桌子下方找掩護，而他們的父母也在挖掘防空洞，相信藉此能庇護他們度過日益逼近的世界末日。

同樣是劍拔弩張的西元一九六二年十月，在世界的另一端，一位充滿魅力、具有洞察力的西藏喇嘛，正率領著三百位追隨者，走向喜馬拉雅山上冰雪覆蓋的冰川，爲了開啓那條通往被封藏的永生之谷的道路，前往一塊早在十二世紀時，被西藏典籍描繪爲超越想像的和平富庶之地；只有在最迫切急需的時候，在地球遭遇大災變、人們無處可躲的時候，永生之谷才能被打開。

本書述說了他們的眞實故事。

1 世界裂開了一道隙縫

萬物皆有空隙，光線由此透進。

李歐納·柯恩（Leonard Cohen）

「你是一位作家，那麼，你喜歡故事嗎？我岳母有一個故事，發生在她年輕的時候，那是一個深入喜馬拉雅山區冰川旅行的故事。你或許會以爲那是一個虛構的故事，只是一個老婦人的憑空想像，但我跟你保證它不是，它將顛覆你對眞實的認知。」

就是這幾句話，我的朋友慶雷（Tinley Gyatso）讓我起了寫這本書的念頭。慶雷是一位唐卡繪畫大師，唐卡是一種西藏宗教卷軸畫，描繪的內容有密續本尊，以及各種不同的佛和祂們各式各樣的形象。他正在缽裡研磨來自西藏的藍色半寶石，準備用來修補一幅綳裱於木框架上的古老唐卡的天空顏色，這幅唐卡的主人是錫金皇室。慶雷的工作室位於錫金首府甘拓（Gangtok），錫金曾經是喜馬拉雅山區一個獨立的王國，現在則是隸屬於印度錫金邦。他盤坐

慶雷．嘉措，於錫金甘拓的工作坊。

在工作室裡的一塊小毛毯上，我則靠著牆坐在他對面，看著他工作。

慶雷——出生於西藏難民營的孩子，成長於大吉嶺的西藏難民自助中心。我遇見他的時候，他大約四十歲，與太太、兒子和岳母一同住在甘拓市中心，一座名爲「錫金之光」大樓的頂樓。他繪畫，也招收學徒，並且與太太經營一家小小的網咖。

慶雷將我介紹給他岳母，一位年約七十五歲的婦人，時常倚在平坦的樓頂寬闊的欄杆上，眺望這座城市和遠處的山巒，手中轉著轉經輪，口裡念著咒語。爲了更全心投入宗教生活，三年前她把頭髮剃

了，換上僧袍，成了一位尼師。通常我到訪的時候，我會站在她旁邊，靠著欄杆，俯瞰整座城市以及遠處的雪山，她沉穩的氣宇讓我感到平靜。除了感受這樣的氣宇之外，我對她所知不多，因爲她一句英文也不懂，而我也不會說藏文或是不丹話。

「爲什麼她去山中的旅程會顚覆我對眞實的認知呢？」我問了慶雷。

他笑了笑，「這最好由她親自告訴你。」他說。

「但是……」

「相信我，」慶雷說著，一邊將目光從研磨缽裡杵上那湛藍有如西藏天空的粉末中往上移，看著我的眼睛說，「我告訴你，這會打開你對一切可能性的視野。你會認爲那是她腦袋裡編織出來的，但它卻是百分之百的眞實。」

「什麼是百分之百的眞實？」

「那得由她來說了！」他笑著。「這幾天她正好在西錫金的一座寺廟裡閉關，但是明天就會回來。你何不後天下午過來呢？」

我帶著錄音機，在約定的時間抵達。

慶雷把他岳母請了出來。

她穿著尼師的僧袍走進房間，一手拿著藏式念珠念誦，一手則滑過那削短的頭髮，她看到我的時候，對我笑了笑。我已經離開錫金一段時間，而且將近一年沒見過她。她用藏文說了些什麼，慶雷翻譯：「她說你們經過這麼久的時間又再次見面，表示你們之間還有業力的牽絆，否則你們是不會再碰到面的。」

「一定跟那個故事有關。」我笑著說。

「這是一個改變許多人命運的故事，」慶雷說著，眼裡閃著難以捉摸的光彩。「它將帶給你什麼樣的改變，讓我們拭目以待吧！」

多傑・汪嫫（Dorje Wangmo）

慶雷煮了茶，我們三人坐在地板上，慶雷將她說的故事翻譯給我聽，這個故事著實改變了我接下來四年的生活。她的故事豐富精彩，充滿野趣，內容是關於某個裂開的空間、溪流和高山雪峰等細節，儘管已經過了四十年，依舊生動鮮明，讓人驚豔。然而最打動我的，是她對於信仰的堅定和熱誠。

她從自己是不丹人開始說起。她和丈夫經營一座小農場，養了幾頭乳牛和一些雞，自己栽種穀物。在她孩童時期，就曾聽說有個叫做「白域①哲孟雄」（隱地），（Beyul Demoshong）的地方，是一座隱藏在錫金的山谷，她形容那是一處天堂，從山洞進入後可到達，是一個可以永生不死的地方，就在干城章嘎峰的側峰上。她用極其平淡的方式，彷彿只是敘述自己坐墊下藏了一百塊盧比的口吻說，這世界上一半的財富、以及可以讓人獲得修持成就的偉大寶藏，都藏在這座山裡。「錫金會這麼和平且充滿快樂，你認為原因是什麼呢？」她問我，眼神清晰而透澈。「那是因為我們就住在干城章嘎峰的旁邊啊！」

她啜了口茶，轉著經輪，目光飄向遠方，回想童年：「在不丹，我居住的村裡，喇嘛②常常這麼跟我們說，而且我們的父母也這麼跟我們說，他們說：『那裡有一個山洞，曾經有人進去過。』有一個從西藏來的人，他那時正要去錫金，當他在高山上時，遇到暴風雪而迷路。他看見了一個山洞，於是進去躲避風雪，洞裡實在太漂亮了，以至於他無法用言語來形容。儘管他在洞裡只待了約二十分鐘，出來時，洞外卻已經經過了若干年之久，咻的一下，他瞬間變成了一個老人。」

多傑．汪嫫笑了笑，倒不是因爲她那不切實際的故事，而是她看到我臉上狐疑的表情。

「我並沒有見過這個人，」她說，「我只聽過他的故事。」

她邊思考邊轉著經輪，解釋這不是一個尋常的故事，通常還得看是不是有特別的業力。「並非是你想去，就可以自己去」她說，「必須由一位特殊的藏傳佛教喇嘛來『開啓』。」

慶雷解釋這種特殊的藏傳佛教喇嘛，稱爲「德童（伏藏師）」（terton），意思就是發掘寶藏的人。曾經有幾位具有這種洞察力的伏藏師試著開啓，但因爲業緣不對盤，中途發生障礙失敗了。

多傑．汪嫫三十六歲那年，聽說一位具備種種徵兆的喇嘛已經到來。那位喇嘛名字叫做督修．林巴，他雖然來自西藏，但是卻長駐在札西頂寺（Tashiding Monastery），這裡被認爲是錫金王國吉祥殊勝的核心地，也就是預言裡喇嘛會出現的地方。

編按：○為中譯註；●為編譯註。

①白域，藏文 Beyul 的音譯，意義就是「隱地」（Hidden Land）。

②藏文 lama，音譯為喇嘛，原來意指「上師」，具德具格的老師，並非所有的僧人都能被稱為「喇嘛」。這個名相流傳到了外地被誤用，以至於現代把所有藏傳佛教僧人都稱為「喇嘛」。應注意喇嘛是原來「上師」的意思。

爲了告訴我這個故事，她回憶了當時出發的情形：「我的一位師兄，他並不是我血緣上的兄弟，但我們所有追隨佛法腳步的人，都視對方爲兄弟姊妹。他那時正要前往錫金，他說那位喇嘛開啓通往隱地之路的時刻，他也想要在場。當他這麼跟我說的時候，我的內心有一股強烈的渴望與憧憬覺醒了，我才不想落單呢！於是我告訴丈夫：『如果你想去，那就一起去；如果不想去，那我就自己一個人去。』

『什麼？』我丈夫說，『你一定是瘋了！』。」

多傑．汪嫫一邊回想，一邊咯咯笑著，將手中的經輪稍微轉快了點，年老的雙眸閃爍著。

「『無論如何，』我告訴他，『不管你去或是不去，我都要去。』

「『那麼，我也要去。』他說。」

「我們把房子和田地都處理掉了，變賣了足夠支付這趟旅程的錢之後，把其他的東西都送人了。多餘的錢有什麼用呢？在隱地『白域』裡，食物充足，什麼也不需要擔心。一旦進入白域，你永遠都不會離開，誰會想離開呢？所有人的票都是單程票，所有前往白域的票，都是單程票。」

多傑．汪嫫用力地笑了許久，她的笑聲深具感染力。

當他們抵達札西頂的時候（那時花了兩個禮拜的時間），那位喇嘛早已帶著他的百位追隨者離開，踏上開啓之路。於是他們立刻往北方出發，前往干城章嘎峰。他們在玉僧（Yoksum）

稍作停留，那是這條路上的最後一個村落。他們在這裡買了足夠這趟漫長旅程所需的糧食，有一袋磨碎的玉米、一袋燕麥和一袋糌粑，糌粑是炒過的青稞磨成的粉，是喜馬拉雅高山山區人們百吃不厭的食物，他們用酥油茶將青稞粉打濕，有時候僅用水，將它揉成一糰後，再捏成一小顆一小顆，丟進嘴裡。

她的丈夫和師兄，這兩位她「挑選」一起走這趟旅程的人，並不適合高山旅行。扛著幾袋的食物、被褥床墊和其他必需品，很快他們就覺得累了，他們的信念不如她來得堅定。「一個鋪蓋捲能有多重呢？」她問，「我們都已經在前往『隱地』的路上了，我們可是等了好幾個世代啊。」

接著他們發現自己到了雪地邊緣，即使身為一個女人，在雪深及腰的時候，卻是她衝鋒陷陣，在雪地裡開出一條路，甚至在雪中堆砌階梯讓他們行走。

那位喇嘛到底走哪條祕徑去尋找那個隱藏之地，他們毫無頭緒——這座山如此之巨大，從錫金延伸到尼泊爾和西藏。有時候，他們會在路上看到小石頭堆疊起來的石堆，他們相信那是喇嘛留下來給他們指路的標記，所以只要看到石堆就跟著走，就這樣不斷深入那銳風覆雪的高處。

幾天過後，她的師兄放棄了，返回玉僧。他對高海拔產生了恐懼，高海拔讓他的心玩起了小把戲，開始產生懷疑。因為師兄的離開，她和她丈夫必須扛上更多的東西，他們會把兩袋食

物先扛到一公里遠的地方，藏在洞裡或懸崖上可以安全保存的地方，再返回去扛第三袋。他們隨身攜帶了一小袋魚乾，但如果他們生火烤魚乾的話，會產生煙，這會讓山神心生不悅，所以他們將魚乾收在袋子裡，以備不時之需。

隔天他們遇見一對來自錫金的夫妻，正忙著砍下樹木，準備搭橋渡過湍急的溪流。婦人背著一個小嬰兒，他們也正在尋找那位喇嘛。雖然他們有頭驢子，但食物卻少得可憐，這點讓多傑．汪嫫印象深刻，唯有具備強烈信仰的人，膽敢不準備食物，就到這樣的高山上冒險。正因為如此，她同意他們加入行列，一起繼續尋找喇嘛。多傑．汪嫫夫妻與他們一起分享食物，並將這幾袋食物放到驢子身上，這讓他們感到輕鬆了不少，特別是當他們從遊牧民族口中聽到，那位喇嘛正在尼泊爾那一邊的時候（這座山橫跨了錫金和尼泊爾邊境）；因為，他們必須爬過那既高又覆滿雪的隘口才能抵達。不久之後，他們陸陸續續遇上其他人，大家全都在找尋那位喇嘛。這支朝聖隊伍變成壯大的十二人隊：有三個孩童、四個婦人和五個男子。

在抵達隘口之前，他們必須先越過一條冰川，這是十分危險的事。新落下來的雪，覆蓋住冰川裡的深邃裂縫，他們可以判別雪中何處藏有冰隙，但驢子卻不行，牠踩到一層薄冰，掉入一條深深的冰隙中，僅靠牽繩拉著、吊掛在隙縫邊緣上，發出慘叫聲。兩袋食物從驢子身上滑落，無聲無息掉入巨大的冰縫中永久消失，再也找不回來。他們只搶救到第三袋食物，那袋糌粑粉。

之後，三個人合力拉著牽繩、另外兩個抓著驢子的脖子和四肢，想盡辦法，終於把驢子拉了上來，牽到安全的地方。

那天晚上下了一場暴風雪，由於無處可躲，大家只好蜷縮在一起，睡在外套和毛毯之下。除了糌粑，沒有其他東西可以吃，甚至也沒有水可以喝，所以只好吃著乾的糌粑粉，配上嘴裡融化的雪水。糌粑和雪，是他們僅有的食物。

隔天早上，他們分散開來，尋找可供庇護之處。多傑．汪嫫在一公里以外的地方找到一個山洞，可以輕易容納他們所有人，他們在山洞裡度過兩天，吃著乾的糌粑粉，喝著融化的雪水，而此同時，山洞外狂風呼嘯、大雪茫茫。多傑．汪嫫解釋說，高山裡的天氣由山神所掌控，顯然地，山神對他們這一行不速之客闖入自己的地盤感到非常不開心。於是他們向山神獻上祈請文、禮拜及焚香。

第三天，他們在陽光中醒來，但由於積雪太深，根本無法通行，特別是隨行的還有孩童。他們很難判斷該往哪邊走，但剩下的糌粑粉撐不了多久，於是多傑．汪嫫決定他們當中的某些人應先出發去尋找喇嘛和他的追隨者，至少也得找到一些牧民，看能不能分些食物給他們。於是她挑選了兩名最強壯的男子，跟她一起出發。除了最寬的那道冰隙之外，新下的雪覆蓋住一切，讓這條路變得更加危險、難以測度。他們選擇在日出之前出發，因爲這時候的雪最硬，而且較不容易崩塌。多傑．汪嫫選定了方向，闢出一條道路。

慶雷停下他幾乎是同步的翻譯，說了說自己的觀察。「我的岳母非常強大，」他目光閃閃地說，「一位眞正的勇士。就連她的名字汪嫫，意思也是『威勢強大的人』。」

他們抵達尼泊爾的第一個安頓點的時候，聽說那位喇嘛和他的追隨者正在遠處下方的一座寺廟中，還沒開啓那個神祕的山洞。於是他們割了些草餵食驢子，裝了一袋煮熟的馬鈴薯，又沿路爬過隘口，回去找留在洞裡等待的其他人。隔天，她帶領那些人走著那條她闢出來的路徑，花了兩天的時間才抵達那位喇嘛的所在地。

接下來的幾個月，那位喇嘛忙著修特殊的法會，以安撫當地神祇。不久後，便帶領著數百位追隨者深入高山，開啓她口中所說的「淨土之門」。

說到這兒，她站了起來，我才訝然發現黑夜已悄悄降臨。我瞄了一下手錶，時間已經過了三小時。

「事情就是這樣」她說，「如果我還年輕，肯定要帶你走一趟那條路。但我現在連走路都感到困難了，我的雙腿疼痛不堪，雙腳也腫脹。」她彎下腰揉了揉左膝，看著自己粗糙且患有關節炎的光腳丫。

「看看我的腳，」她說，「看看歲月對它們做了什麼好事！想當年我可是走在前頭，第一個在雪地裡落下腳印的人呢！而現在我所能做的只剩祈禱了。」她轉了轉經輪，嘴裡喃喃念誦著蓮花生大士的咒語，離開了房間。

2 進入兔子窟

我成為那諸多幸運者之一，我抵達了我無法到達的地方。

卡爾．古斯塔夫．榮格（Carl Gustav Jung）

踩在甘拓的夜色裡，我的心情雀躍歡欣。浸淫在多傑．汪嫫的風采裡，聽著她的眞實故事，感受故事裡她所描述的凜冽風雪，我感覺心裡有股渴望甦醒，如同遠處的回音般隱約在呼喚。

能夠遇到一個有勇氣相信夢想之地的存在，而且願意拋開一切去追尋的人，眞是太神奇的一件事了。

「當你願意捨棄一切，永不回頭，」她告訴我，「唯有如此，你才能進入隱地。」

多傑．汪嫫離開了她的祖國不丹，再也沒有回去過。她不僅開心地放棄了她的家產，也心甘情願離開了所有她認識的人，因爲，她即將前往的地方有著無限的美好。

我發現自己身處城市裡的一處高點。或許是因爲海拔高度，也可能是因爲雲層較低，總之天空看起來更加貼近，似乎與我所站之處並非全然分離。滿天星斗，近得似乎觸手可及。月亮穿過了迅速飄移、翻騰不已的雲層，跨過一座高深寬廣的山谷，林木茂密的山脊隨著月光浮現；遠處，白雪所覆蓋的干城章嘎峰高高隆起。那裡，沐浴在相同銀白色的月光之下的，正是多傑．汪嫫生動描述的多雪山巔。

對於她所尋之地的眞實性，她故事裡描繪生動、可觸知的各種小細節，或許只是因爲我自己內心感到困惑，但我眞的覺得有必要深入探究故事的內容。

隔天早上，我又回去找多傑．汪嫫，問她是否認識其他曾經跟隨督修．林巴一起去隱地白域的人。她告訴我兩位，而那兩位又告訴我其他人，最後爲了尋訪那些曾經前往白域的人，我從喜馬拉雅山區東邊的大吉嶺和錫金，走到了喜馬拉雅山區西邊的尼泊爾，拜訪了許多村落、寺廟和山區裡的閉關中心。我找到了這支探險隊裡僅剩的成員，與他們相處，他們都已經非常年邁了，而且我也找到了這位喇嘛的家人。這群非凡的人們，放棄一切只爲追尋夢想，同樣地，他們也不吝於給我大量的時間，告訴我什麼是他們生命中最具意義的事。

⁂ ⁂ ⁂

昆桑（Kunsang）是我訪談的人士中最重要的一位，他是督修．林巴的獨子。他提供了線索，讓督修．林巴的故事和奇幻旅程得以完整串起。當督修．林巴前往白域時，昆桑已經十八歲了，因此他可以提供第一手資料給我，而不是像其他人，只能由傳聞得知。昆桑親耳聽到父親敘說自己年輕時的故事，一般人或許會期待，甚至是原諒一個兒子誇大自己父親的事蹟吧！但是，無論昆桑的故事內容有多麼奇妙，都遠遠不及我訪問其他知道這些事件的人所得知的更讓我吃驚。昆桑對於父親的尊敬和欽佩，與他對藏傳佛教深厚的認知是對等的；高度的尊敬心，並沒有妨礙他看到那些故事精髓裡的幽默，以及神力造就的瘋狂事蹟。我與昆桑的單獨訪談，錄了約五十個小時，當我將這些訪談謄打下來的時候，裡面笑聲蓋過談話的時間之多，讓我印象深刻。

昆桑說著他的故事時，我時常想，該在哪兒畫上一條界線呢？我總有個感覺，彷彿他是領著我走過深邃水潭上的窄木板，把我從舒適圈裡拉走，推我進入一個邏輯失靈的地方。通常他的故事一開頭，都是眞眞實實的，但隨著事情的發展，卻變得越來越天方夜譚，我驚覺自己反常地輕易陷入了他所說的一切，最後竟然相信了這些常理上離奇到不可能發生的故事。每當我覺得昆桑說得太離譜時，卻又從別人口中證實了他所言不假。又或者是當我和昆桑確認別人告訴我的某些細節時，甚至是在稀奇古怪的故事裡，也有著非比尋常的眞實。

和昆桑的相處中，大概可以推測出他父親是什麼樣的人。杜撰出來的事實，通常被歸類在科幻或是想像的範疇。但他既不會把現實與虛構的事混淆在一起，也不會僞造出一個兩者的綜

合體。

我們從小就被教導如何分辨現實與虛構。讀著《愛麗絲夢遊仙境》的時候，我們可以想像自己被帶到那神奇的地方，而當想著自己在那個地方的時候，卻又眞實地知道那是不存在的。僅僅靠著想像力，我們參與了作者創造出來的隱密仙境，但卻也保持著我們正常的認知；我們不會在現實與虛構之間重新劃分界線，而是把它擱在一邊，享受樂趣。這當然是最審愼的方式了。想當然路易斯．卡羅也是如此，他既可以一邊撰寫關於仙境的書，一邊又保有受人尊敬的牛津閣下的地位。

想想看，如果路易斯．卡羅宣稱《愛麗絲夢遊仙境》裡的仙境眞實存在，而且又發動一支探險隊去尋找的話，那會發生什麼事呢？我想應該不會像現在一樣，而是會被當成一位發了瘋的牛津製帽商吧。這條區分現實與虛構的界線，想當然耳是牢固刻畫出來且持續的，猶如那條區分正常與瘋狂的界線一樣，一旦越界，就是越界了。

⁂ ⁂ ⁂

第一次見到昆桑的時候，我問了他，他父親名字的涵義是什麼。

昆桑告訴我，如果要了解「督修．林巴」這個名字的話，必須回溯到八世紀的蓮花生大士，那位被認爲具有預知能力，而且將佛法帶入西藏的神祕咒士。蓮花生大士遍行中亞高原，令法教根植當地，降伏苯教（Bonpo，西藏當地的地方信仰，具有強烈的薩滿元素）的地方神祇，並將祂們轉化爲佛法的護法。

昆桑解釋，蓮花生大士不僅了知過去，而且掌握現在，更能看透未來。在八世紀的當時，在那世界遙遠的角落裡，他只給予適合建立佛法基礎的法教，至於其他教法，他先伏藏起來，等到數百年、數千年之後的適當時機再給予傳授。這些被伏藏起來的教法，藏文稱爲「德」（ter）或「德瑪」（terma），意思是「寶藏」，而發掘寶藏的這些人，稱爲「德童」（terton），也就是伏藏師。

蓮花生大士伏藏了許多東西，像是密咒典籍，也伏藏了法器，一旦被發掘出來，將帶來極大的威力，他還伏藏了偉大的修行洞見。但最重要的是，昆桑解釋，他伏藏了許多神祕的山谷，像是位於錫金的白域哲孟雄。這些山谷是蓮花生大士最珍貴的伏藏，也是最難以發掘的。昆桑熱心且滔滔不絕地解說蓮花生大士的超凡洞察力：蓮花生大士知道未來佛法將在西藏遭遇毀滅的危險，也知道屆時將會需要什麼。藏傳佛教裡許多最珍貴的經文，長久以來被伏藏在伏藏師不變的深層意識裡，受到保護。這些伏藏處於被封印的狀態，直到時機成熟，由特定轉世的伏藏師將之發掘。

我告訴昆桑，我可以想像蓮花生大士如何伏藏一部經文，甚至是「多傑」（dorje），（金剛杵，喇嘛在法會裡常用的銅製法器，有頭尾兩端，代表閃電），但我無法理解要如何伏藏洞

見，特別是修行洞見。他聽了之後，哈哈大笑。

「你只是『想像』你能理解蓮花生大士如何伏藏他的經文而已。說眞的，這並不像是把書埋在一個山洞裡，或是塞在山壁的隙縫裡那樣，完全不是那麼回事。」

昆桑，督修．林巴之子。

他解釋蓮花生大士如何將寶藏伏藏在五個地方：他將某些伏藏在地裡，稱爲「薩德」（sa-ter，地伏藏），某些伏藏在山裡，稱爲「惹德」（ri-ter，岩伏藏），有些在水裡，稱爲「秋德」（chu-ter，水伏藏），也有些稱爲「南德」（nam-ter，虛空伏藏），是被蓮花生大士伏藏在虛空之中。還有被稱爲「鞏德」（gong-ter，意伏藏），是被伏藏在意識之中的。

把寶藏伏藏起來是一回事，把它發掘出來又是另一回事。當蓮花生大士伏藏每一個寶藏的時候，他指派了新降伏的護法神來保護它，直到這些特殊的法教、威力強大的法器或是封印的洞見被需要的時候，才得以被發掘。

他將某個伏藏封印在外在世間的時候，同時也將之封印在自己弟子內在的心識之中。但不是在心識的表層，這個部分是會改變的，這個保存記憶的地方，會隨著壽命的轉換而消失；他是將伏藏的智慧深植在弟子心識中那個永恆不變的層面，在那裡，法教受到安全的保護。

事情就是這麼發生的：當適當的時機到來，需要某個特別的伏藏時，合適的弟子就會轉世；他會有點瘋狂，有辦法進入祕密定境，在此狀態中，護法神或是「達吉尼」（dakini，空行母），（女性差使或是指導）會向他揭示蓮花生大士親自給予的法教或是灌頂。

當伏藏師被交付某種典籍的時候，它並不是以一般書本的樣式出現的，至少一開始的時候不是。某些時候，顯現在伏藏師面前的，只是幾筆在岩石上的刻痕而已。又或者是伏藏師將手「伸進」某個石頭之中，從裡面拿出一個綁得緊緊的黃色紙卷，上頭只有伏藏師才看得懂的幾個字母；然後，他得花好幾個小時、甚至是好幾天的時間，不眠不休地解讀這些字母代表的涵義，將之書寫下來，就像督修·林巴曾經說過的，也就是將「空行語言」轉化成藏文。

督修·林巴是一個伏藏師，伏藏師通常有點瘋狂，而且行爲完全無法預測。他們以特立獨行、超乎尋常和天生難以捉摸而聞名。他們的特點就是有著不合乎邏輯的行爲，大家都猜想得到伏藏師會有超乎常理的作爲，有別於像我們這樣循規蹈矩的人。但畢竟他們就是發掘得出埋藏的寶藏，正因如此，在西藏，他們備受尊敬，就像是珍貴寶石一般，非常稀有。人無法經過訓練而成爲伏藏師，這個能力是與生俱來的，有就有，沒有就沒有，不是累積多少學習之

後，就能成爲伏藏師；相反地，太多的學習反而會帶走這與生俱來的能力。就像威廉・布萊克（William Blake）在他的《天堂與地獄的婚姻》（*The Marriage of Heaven and Hell*）一書中所寫的：「修整能讓道路筆直，但崎嶇不平沒有修飾的道路，才是天才之路。」

昆桑說明，他的父親名爲督修・林巴，「林巴」就好比是伏藏師裡的菁英份子，「他們專門發掘特別的伏藏」他說，「也因此，他們特別瘋狂！」

「那麼『督修』的意思是什麼呢？」我問道，「它有什麼涵義嗎？」

昆桑告訴我，要了解「督修」的意思，必須回溯到西藏東部康區北邊的果洛，那裡是他父親出生的地方。他一出生，就被取了森給・多傑這個名字，意思是獅子雷霆❶。

森給・多傑從孩童時期就因爲機智、聰慧和調皮而特別出色，他能輕易學會艱深的教授。當小男孩顯示出非凡的能力時，總是讓人不禁揣測他是一位轉世靈童。在很小的時候，大約是一九二〇年的初期或中期，他就被送到家鄉果洛的多芒寺（Domang Gompa）接受訓練。

寺廟裡有位偉大的喇嘛，名爲多芒祖古，「祖古」是轉世者的意思，那是他的頭銜。他已經多次轉世到多芒寺，每一次的轉世，都讓他的修行洞見獲得增長，他個人的名字是多傑・德謙・林巴（Dorje Dechen Lingpa）。身爲一位「林巴」，伏藏師中少數的菁英份子，他本身具有某種特質，也能從小男孩身上認出這種特質。他看到小男孩在學習與調皮的個性上所顯現出來的能力，他也觀察到，即使小男孩翹了大部分的課沒去上，僅僅匆匆一瞥，就能背誦古文經典，也因此常常招受同學們忌妒的眼光。於是他開始揣測，認爲小男孩將會有個非比尋常的未來。

當小男孩到了換乳牙的年紀，多傑．德謙．林巴打算給他來場考驗，他帶了森給．多傑和其他六位新進寺廟的小僧人，越過寺廟後方空地，來到一片光禿禿、有著綿延的巨大陡峭山壁的山巒，讓他們排成一列，領著他們爬上岩石，走過面對危險垂直峭崖的碎石坡，來到山壁隙縫的洞穴裡。在洞穴微弱的光線下，他和那群小男生圍成一圈坐了下來，拿出喇嘛平常用的法器：一支金剛杵（銅製法器，有頭尾兩端，代表閃電❷）、一個手搖鼓（damaru，由孩童頭蓋骨製成），和一個手搖鈴。他從老舊的皮囊袋裡抓了幾把米，慢慢倒入銅製的小碗中，放在他們圍坐的圓圈中心。

西藏喇嘛用極其低沉的嗓音唱誦咒音時，你會感覺到周圍的空氣都跟著震動起來。由此可以想像，那遍布無數古老岩石的山洞裡所產生的回音，聲波的震動會有多麼地強烈了。如果你只有七歲，又是個初學小徒，正在學習「無形」（Unseen）的實相、如何與之溝通，此時，有

❶原文將金剛杵說為雷霆或閃電，是取自梵文Vajra，是古代印度神話中因陀羅的武器，象徵閃電，但普遍在密乘教法中，金剛杵被比喻為如同鑽石，屬質地堅固，能擊破一切的寓意。

❷參見前註。

個術士般的喇嘛在你面前敲擊著鼓，鼓聲陣陣傳到其他世界；搖著鈴，鈴聲回響召喚出無形的眾生。你坐在那兒，隨著洞內氛圍聚集凝結且呈現出形色，由脊背往上竄的恐懼，漸漸轉爲好奇與敬畏。

那天，多傑．德謙．林巴舉行了一場法會儀式，讓每個小和尚大開眼界，見到了超乎預期的超自然現象。當他完成想要營造的氛圍，讓那超出感官所能感知的狀態達到觸手可及的邊緣時，他從碗裡抓起一把米，口中念誦單一咒語，隨之一片沉靜時，他將米撒向空中。

一片沉寂之後，孩子們驚恐又驚奇地倒吸了一口氣，因爲他們看到撒向空中的米變成了許多普巴杵（西藏法器），在他們面前漂浮舞動著，閃閃發光。

所有的孩子都將身體往後傾，臉上露出恐懼的表情時，只有森給．多傑面不改色。他將手舉起，眼睛望向離自己最近的普巴杵，帶著毫無畏懼的自信心，將手伸了出去，快速地一把將它抓住。

其他的同伴驚呼連連，佩服他不僅能夠進入境相之中，還帶回一支普巴杵。多傑．德謙．林巴只是簡單地笑了笑。

這是昆桑說的故事。當然了，不論是昆桑或是我，我們都不在那個現場。然而，就像這個非凡傳說裡的許多其他神奇小故事一般，在這看似虛幻的情節中，卻存在一個眞實的元素——一條介於現實與虛幻之間的模糊界線，從這裡，現起了某種眞實可觸知的事物，好似故意設

普巴杵，西藏修法儀軌的法器之一，攝於錫金的若龍寺（Ralong Gompa, Sikkim）。

計來讓我們質疑自己假定的結果一樣；以這個故事來說，就是那支普巴杵，因爲昆桑告訴我，他的父親有時將普巴杵放進布袋收好，或是把它塞在腰帶之下，終生都帶著它。

當昆桑還是一個小孩子，大概八歲或十歲的時候，每當半夜裡有大雷雨，他都會和其他小朋友偷偷溜進父親的房間。每天晚上，他父親都會把普巴杵插在盛滿米的碗裡，放在床邊，接下來的情景就是：在漆黑的房間裡，伴隨欲來的風雨，普巴杵的頂端放光，在每道閃電畫過天際之前，熠熠閃耀著。當普巴杵在熟睡的父親身旁閃閃發

光時，他的同伴會因爲太過害怕，想要尖叫逃跑，但都被他抓住，並強迫他們保持安靜。

督修．林巴拿到普巴杵的隔天，多傑．德謙．林巴帶著他散步了很久。「我很抱歉拿了那支普巴杵。」只剩他們兩人獨處的時候，小男孩馬上說了這句話，他以爲自己會受到責罵。

多傑．德謙．林巴在心裡笑了笑。

「沒關係，不要緊。」喇嘛說，「相反地，這是好事。昨天的考驗，只有你一個人通過。儘管我能讓普巴杵示現出來，自己卻無法取下任何一支。你所取下來的普巴杵，是屬於『南德』，也就是虛空伏藏，是在久遠之前被埋藏在虛空中的寶藏。你能夠拿到它，表示你也是一位伏藏師。讓我看看那支普巴杵吧。」

督修．林巴將塞在僧袍底下腰帶裡的普巴杵拿出來，恭敬地呈給喇嘛，喇嘛仔細端詳一番後，告訴他要小心收藏好，因爲這支普巴杵將爲他帶來強大的力量。

多傑．德謙．林巴將普巴杵交還給小男孩，語帶神祕地說：「我即將離開了，」年長的喇嘛說，「我要前往錫金，試著去開啓那條通往隱地白域哲孟雄的道路，那座隱藏之谷，迄今無人去過。有三十個人將和我同行，但這一路會非常艱辛，我們必須越過西藏高原，對抗攔路的盜匪，攀過喜馬拉雅山區隘口，往南進入錫金，之後爬上陡峭的五聖寶山，也就是干城章嘎峰。如果我成功的話，我將不會再回來，我們也永遠不會再見面了。我想讓你知道，大好的未來在前方等著你，你將不會待在此地，而是遠行他方，你將聲名遠播。如果我的開啓之路失敗的話，那麼，你將會是成功的那一個。」

就在多傑・德謙・林巴動身前往他的終極之旅前（他的開啓之路失敗，於回到果洛前去世），他在多芒寺幫小男孩舉行了坐床儀式，宣布他也是位「林巴」，並且賜予他督修・林巴的名字。

「督修」就是瘋狂的意思。

⁂ ⁂ ⁂

我幾乎每天下午都去昆桑在大吉嶺的公寓，談論他父親的事情。這是一個多雨的雨季，昆桑和家人住在市場裡某間餐館的樓上，餐館天花板低矮，兼營酒吧，通常空空無人；中間有張桌子，點著一根蠟燭，足夠容納幾個人聚在一起喝點黍酒。樓上窄窄的長廊，一片漆黑，通往昆桑公寓的門。隨著雨水從傘上滴落，我憑感覺摸黑走過通道，直到碰撞到走廊盡頭昆桑的大門。

我們碰面的房間，既是他的臥房，也是家裡的佛堂和起居室。牆上掛滿了藏傳佛教神祇的圖像，以及寧瑪派重要喇嘛的畫像，上頭垂綴著卡達圍巾。房間的一角擺了一台電視，透著昏暗的油燈，在佛龕前方發出幽微的亮光。因爲季風雨季所造成的電線毀損，常令整個大吉嶺停電，油燈的光芒和從窗戶透進來的微弱光線，是我們碰面時僅有的光源。

當我到達他家的時候，昆桑通常盤坐在床上，眼前擺著打開著的西藏經本。他念誦經本裡的經文，只有當我一進門的時候，他才會抬頭看我一下，伸手比了比我習慣的座位，那個在他對面有著襯墊的長椅。

快念完的時候，他會站起來，嘴裡仍舊念誦著經文，接著在那個或許曾經用來做印度烤餅或麵包的銅製凸面盤裡，用紙屑和木片燃起一點小火，拿根短管吹氣助燃，然後將稱爲「桑」的松木木屑放進裡面燃燒，以產生松香味的煙。之後打開窗戶，將燃著的香放到緊鄰著窗戶的鄰居的鐵皮屋頂上，頂上則是自己的屋頂，避免焚香被淋濕；鐵皮屋簷穿插交錯，是大吉嶺市場裡常見的景象。他持續念誦咒語一段時間，直到白煙升起，與山嵐融合，這座城市已被山嵐籠罩數日之久。

完成每日課誦時，他會小心翼翼地將經本用布包起來，以染色的繩子捆好，從床上站

督修・林巴

起來，將經本放到書架上，接著，帶著大大的微笑，坐回床上。他有著精靈般的雙耳，從頭的兩邊展凸而出，在還沒開始任何談話之前，他就先大聲地笑了起來。

「那麼，」他興奮地說，「之後又發生了什麼事？」

那些數不清的午後時光，他娓娓道來他父親的所有故事，有時候從頭到尾，有時候則是從後面往前述說，又或者將我帶入奇幻的情節之中，直到我幾乎回不到現實。

我到達不久後，他的女兒耶謝會接著來，但更多時候是兒子旺秋前來。他們正值二十多歲，說著流利的英文，兩人輪流充當我的口譯員，也順道聽聽他們祖父的生平事蹟，以及自己父親不平凡的成長過程。

昆桑的太太會幫我們準備茶，通常她會坐在床的另一邊，靜靜聽著昆桑說的故事，直到故事發展到太荒謬，我們才會哈哈大笑，無法停止。

有時候是一位八、九歲，名叫塔芒祖古的小男孩幫我們準備茶水。塔芒人是佛教徒，來自尼泊爾喜馬拉雅山區，靠近西藏邊界。他是一位祖古，意思是轉世喇嘛，但不是屬於位階高的那種。由於他出生在非常窮困的家庭，家裡無法負擔他在寺廟接受特訓的花費，因此昆桑答應要照顧他。他在昆桑家一起生活，角色既是一個忠誠的侍者，又像是一個兒子，同時也是全職的員工，看顧著兩個賣衣服的攤子，攤子位在一間小小磚造的複合式購物商場裡面，外頭掛著「購物者天堂」的顯眼招牌。昆桑教他讀寫藏文，他則用努力工作來回報，昆桑也給予他佛法

上的指導。一直到很久之後，昆桑才告訴我，那位小男生並不眞的是祖古或是轉世喇嘛。我根本無法判斷。從此之後，我都稱呼他「塔芒非祖古」。

昆桑是位在家居士，他並不剃髮，也不披僧袍，只有在特別的場合會披上密宗修行者的白袍，表示自己是一位密咒師，但是有許多人認爲他是一位「仁波切」。「仁波切」意思就是「珍寶」，這是藏人對地位崇高的上師的稱呼。昆桑被尊稱爲董瑟仁波切，這個頭銜通常用來稱呼地位崇高的上師的兒子。

「林巴」具有特殊和通靈的能力，例如進入永恆超離的時空之中，取出某種東西，再回到現世——取出的或許是以伏藏形式呈現的法教，或許是寶藏，乃至是一個通往隱藏之谷的方向指引。這種特殊的能力，通常會由父親傳給兒子。督修．林巴的父親客秋．林巴（Kyechok Lingpa）是家族中第一個擁有這種能力的人，當然大家也會期待昆桑追隨祖父和父親的腳步。身爲督修．林巴的兒子，昆桑有著豐富的知識和經驗，以及完整的教育，這點是無庸置疑的；儘管如此，昆桑大概是第一個說自己缺乏這種命中注定的稀有特殊能力的人，只有擁有這種能力，才能算是眞正的「林巴」。

昆桑雖然不是一位「林巴」，但他在佛法或是藏傳佛教法教上的知識，卻是博大精深。也因爲如此，加上他又是督修．林巴的兒子，他得以有機會親近當時德高望重的喇嘛，並從他們那裡得到灌頂。儘管他將大部分的生命都奉獻給佛法，但他也經商多年。現在，他的兒子和多芒祖古接手經營生意，管理兩個賣衣服的攤位，他更是全心投入佛法；他可以整天盤腿坐在床上，面前放著攤開的貝葉版❸經文，爲自己、家人和其他人修法時，窗外燃燒「桑」所升起的白煙，裊裊直上雲霄。

許多人前來向他請求佛法，也有人因爲生病而來請他修法，他給予他們修過法的珍貴聖水及聖物。當我抵達他房間的時候，房裡通常有人正在聆聽他解說佛法，又或者是供養他，請他幫自己的親人修法。有時候，人們會把病人帶到他面前，他會傾聽病人的症狀，查閱占星月曆，給予病人藏藥和藥草茶。有時候基於病人對自己的信心，他也會加持他們，讓他們有力量自我療癒。

曾經有那麼一次，一位病懨懨的西藏老人的兒子前來求助，離開時帶了一瓶加持水回去，昆桑說：「我能怎麼辦呢？他們都已經來了，總要爲他們做些什麼吧！雖然有時候我很忙、很忙，太忙了！很多人把寺廟供養給我父親，也有很多人把寺廟供養給我，但我一點興趣也沒有。如果擁有自己的寺廟，附近一旦有人往生的話，你就必須整天待在那裡修法，而且不只一天。又或者有人生病時，大家就會一直喊：『仁波切，快一點、快一點！』你能說什麼呢？只

❸ pecha，貝葉版經文，指的是經文的一種裁切裝訂的形式，長條形，有各種尺寸，書頁與書頁之間並不縫訂起來，而是散裝的形式。

能趕緊過去。」

又有一次昆桑告訴我：「塔芒族人跟我說：『您受過良好教育，而且內心非常良善，又是一位地位崇高的上師的兒子，因此我們想把我們的寺廟供養給您。』但是我說：『不要、不要、不要。』」

「我實在不喜歡這種工作。但他們又說：『仁波切，如果你擁有一座大寺廟，你就會成為一個大上師，會有許多弟子追隨您。』這是那些塔芒人說的，但是一個月有三十天，如果我有了自己的寺廟，每天都會不得清閒，一刻也無法自由。這樣的工作，我會覺得很『無聊』。」

3 越過高山隘口 私奔

西藏，這個在地圖上占有一席之地的地方，同時有著性靈祕境的盛名。雖然這種普遍的想像有點誇大其詞，但它得到這個名聲是因爲西藏與世隔絕了數世紀，而且有很多成就極高的修行者，被許多人認爲是世界上修行成就最高的人。除了這個對世間隱藏至今的祕境之外，還有哪裡是尋找祕境傳說最好的地方呢？一九五九年之前，西藏一直是與世隔絕的國度，由於它的孤立，許多古老智慧的結晶得以被保存下來。

在西藏的傳說裡，我們可以把所謂的「隱地」分爲兩類：一種是眾所周知的香巴拉王國，就像所有的王國一樣，它有自己的歷史，包含歷代的國王，甚至是文獻資料。藏傳佛教裡基本的密法之一《時輪密續》（*Kalachakra Tantra*）雖然是從印度傳入西藏，但一般認爲它其實是源自於這個隱藏的國度。又有人說，俄羅斯的畫家兼作家尼可拉斯．羅瑞奇（Nicholas Roerich）和他的夫人海蓮娜．伊凡諾芙娜（Helena Ivanovna），曾經和隱居在香巴拉王國裡的大師交流過。大家相信，這些隱居的修行大師，從這個王國掌管著地球上的修行發展，而他們

的所在之地，從來沒有被確切地記錄下來。在大部分的記載中，只有提到它位於西藏西北邊，隱藏在峰峰相連的雪山之後，並認爲香巴拉王國在未來人類的歷史上，有著舉足輕重的地位。

當地球遭到黑暗勢力的混亂、毀滅以及武力侵犯所威脅時，香巴拉國王將帶領強大有力的軍隊摧毀敵軍，建立一個充滿和平與修行證悟的國度。

儘管督修．林巴的多數追隨者認爲督修．林巴帶他們前往的地方是香巴拉（管他是叫做天堂、淨土還是香格里拉〔Shangri-La〕），但是嚴格來說，他所說的地方並不是香巴拉王國，也不是上面提到的任何一個地方。八世紀的時候，蓮花生大士已預見濁世黑暗時期，在那個時期，整個地球被貪婪所控制，智慧與慈悲的法教將面臨衰微的危機，戰爭將會擴散開來，土壤、水以及空氣將被毒物覆蓋，與我們目前的狀況相當類似。蓮花生大士預見西藏將被外來者所統治，充滿死亡與破壞；他懷著極度慈悲之心，而且預知西藏人民的未來，創造了這些避難的山谷，將它們隱藏在錯綜複雜層層起伏的喜馬拉雅高山上，山谷裡充滿和平，遠離世上一切麻煩的侵擾。有別於香巴拉王國，這些山谷是自然之地，杳無人煙，瑰麗無比，緊密交錯的山谷躲過赤色中國的天羅地網，或工業國的軍事強權入侵，也遠離了工業污染和所有文獻描述的大屠殺。有這麼一個說法，當人們無處可逃的時候，就是這些山谷被開啓的時機。這些被隱藏起來的山谷，有些曾經被開啓過，其他的仍處於關閉的狀態，未曾被發現，例如位在錫金的隱地——白域哲孟雄。

即使在博學的喇嘛上師之間，對於隱地的看法也不盡相同。有人說，一個沒有高深修行的人，又不具備開啓隱藏之谷的業力，那麼縱使他攀得上高峰，碰巧遇到了這樣的山谷，也會渾然不知；又或者是走進一個由證悟者所變幻的，充滿奇蹟與奇幻的地方，卻毫不察覺。威廉·布萊克曾經說過：「如果覺知之門是清淨的，任何事物都將如實呈現，無止盡、無局限。」最早在十一世紀時，西藏的喇嘛上師們就提到了位在錫金的隱地白域哲孟雄，並且試圖進入此地；他們的說法相當明確具體，當他們說到隱地的時候，並不是用隱喻的、象徵性的方式，也不是一種煽動人心的想法。

當我詢問督修·林巴最親近的弟子之一給四百（Géshipa）的時候，我說，如果這個隱地其實並不能在外在的世界找到，而是存在於人們的心中呢？他臉上一副不可置信的表情，清楚說明了他對這個空隙之地的世俗看法極不以爲然。

「你認爲呢？」他說，「如果中國軍隊來到這裡，朝我心臟射了一槍，他們就能把隱地殺掉嗎？」

讓我們弄清楚一件事：督修·林巴以及他到隱地的神奇旅程的故事，並不是科幻小說，也不是隱喻。督修·林巴並不是一位一邊保持牛津閣下崇高地位，一邊說著仙境幻想故事的人，他宣稱有某個空隙的存在，而且實際動身去尋找它。如果你認爲他是個瘋子，這一點也不意外，因爲他從小獲得的名字「督修·林巴」，意思就是「瘋狂的伏藏師」，預言中，他將會遠行他方、成就大事。

※ ※ ※

第二次去見昆桑的時候，是塔芒祖古開門邀我進去。然後他跑去巷裡的店舖叫旺秋回來幫我翻譯。他們一起走了回來，塔芒祖古去廚房煮茶，旺秋則坐在我旁邊翻譯。

很顯然地，昆桑已經想好要說什麼了。

「想必你對我父親到隱地的旅程很感興趣，」他說。「但是爲了能夠更深入了解他的故事，爲了能夠了解他的本性——也就是說，爲什麼他是帶頭的那一個人，爲什麼他能輕易聚眾，你必須知道他是誰，因此我們必須回到一開始的時候。」

昆桑盤腿坐在床上，屋外凜冽的強風伴著濃厚的雨水與霧氣，衝撞著他身後的窗戶，窗戶上的玻璃咯咯作響。他拿起一條毛毯，蓋在膝上，進入主題。

「我父親出生在西藏，」他說。「那年是一九一六年，藏曆的火龍年。如果你想找到任何相關照片或是紀錄的話，那是不可能的，因爲他童年成長的地方，已經人事全非了。」

昆桑所言不差。那個年代的西藏和現在的西藏，兩地之間的距離，比起現代地球上輕易可到達的二點遠距，甚至更加遙遠。

在那個年代，從他的出生地果洛，到距離最近可以聯絡外界的地方，或許得賣力走上好幾個星期，現在也許只要花幾天的時間，就可以從紐約到達果洛，但你會發現，現在的果洛和督修．林巴時期的果洛，已經沒有太大的關係了。

一九五〇年代中國入侵後，破壞了一切，甚至連人都幾乎死光了。那些認識他的人，大部分是康巴人，他們以勇於抵抗中國而聞名，雖然如此，還是抵擋不住中國的入侵而罹難。其他人則往南逃而倖免存活，他們越過喜馬拉雅山，流亡分散到印度各地，甚至是更遠的地方。

「關於一九二〇年代的西藏，除了靠長輩們說的故事之外，哪裡還能知道其他什麼？」昆桑說，「我所知道的我父親早年生活的事情，全是來自我父親和他父親客秋．林巴親口所說。我的祖父也是一位林巴，就像他名字所顯示的，是一個伏藏師。他也以果洛的多芒寺為常駐，也就是多傑．德謙．林巴第一次考驗我父親並認證他的那座寺廟。」

塔芒祖古端上茶，打開了餅乾桶，盤坐地板上，臉上露出渴望聽到故事的表情。

「我所認識的父親，」昆桑繼續說，「我只能夠想像，當他還是個小孩子的時候，大概沒什麼人可以指使他只做某類型的學習。有幾次，應該在教室裡上課的時候，大家卻發現他在寺廟裡，口中念誦由意識湧現出來的深奧咒語。起初，他的老師們並不了解怎麼會發生這樣的事，漸漸地，他們才開始明白多傑．德謙．林巴早就知道的事，那就是——督修．林巴有個不凡的命運在前頭等著他。

「我的祖父客秋．林巴，有兩個太太。他第一任太太名叫吉洛，我們不知道他第二位太太

的名字是什麼。她沒有逃出西藏，極有可能是死在中國手裡。」

林巴通常有兩位太太，第二位太太藏文名稱爲「康卓」，梵文名稱爲「達吉尼」（空行母），翻譯成白話文就是「空中行者」。她的角色介於情人和神靈之間，她們是林巴和隱藏界溝通的媒介。

督修．林巴是客秋．林巴與第一位太太的獨生子，他還有同父異母的一個妹妹和三位兄弟，這是由第二位老婆所生的。

三兄弟當中的一個，在西藏高原寂寥高廣的原野上，被強盜殺死了。就像康區許多的男人一樣，督修．林巴的另外兩個兄弟，也是驍勇善戰的勇士。一九五一年中國入侵西藏的時候，他們參加了游擊軍隊，命運大概和其他康巴鬥士一樣，被中國關進監牢，從此沒再出來過。在一次試圖阻止中國入侵西藏失敗後，美國中央情報局開始訓練康巴男子打游擊戰。督修．林巴同父異母的妹妹札西．拉嫫，她的先生就是受過美國中情局訓練的藏人。他們後來逃到尼泊爾，受到法國的政治庇護，現在住在巴黎，同時在紐約和加德滿都也有房子。

督修．林巴十幾歲就離開了家，我們知道他去了拉薩。他那時候已經被認證爲是某位不平凡的人，也有了功德主。大部分的喇嘛是不工作過活的，因此他們需要功德主的贊助。督修．林巴在拉薩的功德主，是達賴喇嘛身邊的一些高級政府官員。

督修．林巴十八歲左右的時候，去了西藏中部的一座寺廟，旁邊緊鄰著一座尼寺。有一位年輕女子彭措．卻滇，住在附近名為沖給的小城，但她並不是尼師。那時她聽說有位大喇嘛來到寺院，要在此地停留兩到三個月，講授佛學，她請求父母讓她去寺院，接受來自外地果洛的林巴的教學，她的父母親同意了，而她也在那待了將近三個月；督修．林巴是位英俊有魅力的年輕男子，渾身散發出迷人的氣息，最後她發現自己愛上了督修．林巴，也對接受到的教法產生熱情。當督修．林巴要離開的時候，她來到他身邊，告訴他，她想要出家當尼師。

「你不一定要出家當尼師啊，」他眼睛閃爍地望向這位年輕女子，「跟我走，我們一起走吧！」她後來成為了昆桑的母親。

除了任何「年輕人相約私奔」的這類爭議，他們的情況要更複雜一些。要明白其中原因，首先必須知道，藏傳佛教分為四個派別，最古老、也最接近苯教的是寧瑪派，督修．林巴就是屬於寧瑪派。其他三個教派分別是噶舉派、薩迦派和格魯派，達賴喇嘛屬於格魯派，而這裡談到的年輕女子彭措．卻滇，她也屬於格魯派，她的兄弟們是達賴喇嘛直屬寺廟尊勝寺裡高位階的喇嘛。

「這造成了什麼麻煩？」我問。若想明白一個格魯派的人愛上寧瑪派的人意味著什麼，你可以想像就好比一個家教嚴謹的天主教徒和一位新教徒，比如浸信會教友私奔，是一樣的狀況。

「對我父親來說，這一點兒也不重要，」昆桑說。「這些規矩習俗絲毫不能影響他，但卻

在雙方家庭中引起了不小的騷動。我父親的家遠在旅途艱辛遙遠的他方，而我母親的家就在那裡，她要怎麼跟家裡的人說她想跟一個瘋狂的寧瑪派喇嘛一起走呢？根本不可能，私奔是唯一的方法。就這樣，沒有告訴雙方的家庭，他們一起離開了，徒步旅行，越過高山隘口，進入印度。幾年之後，他們在印度遇見來自拉薩達賴喇嘛寺廟的僧人，向他們問起我舅舅們在那邊的生活、他們是否安好時，那些喇嘛才訝異地說：『妳是他們的妹妹？他們以爲你幾年前就已經死了。』」

這對年輕情侶往南行走，越過喜馬拉雅高山隘口，來到英屬印度的炎熱平原。時間應該是一九三〇年代的晚期，他們從印度東邊走到西邊，沿途參訪了好幾個主要的佛教聖地，例如菩提迦耶，那裡是佛陀停止追尋老師和苦修，坐在菩提樹下審視自心而達到正等正覺的地方；他們也去了鹿野苑，那裡是佛陀初轉法輪的地方。之後又去了喜馬拉雅山西邊，在那個年代，這個地區對身處印度的藏傳佛教徒而言，是一個重要的聖地，那裡有一座名爲瑞瓦薩（Rewalsar）的聖湖，藏文稱爲措貝瑪，位於現在的喜馬偕爾邦，當時是屬於旁遮普的一部分。

措貝瑪之所以成爲聖地，是因爲蓮花生大士的緣故。在蓮花生大士去西藏之前，他先去了曼地，那裡離措貝瑪不遠，當時稱爲紮霍國。

紮霍國國王有一個女兒曼達拉娃公主，國色天香的容貌讓遠近的各邦大君們都想要她成爲

督修．林巴，攝於抵達印度後早期。

自己的兒媳婦。雖然國王極力幫她物色最好的未婚夫，但她卻醉心於修行和禁慾的苦行生活，對於父親挑選的任何人都興趣缺缺。蓮花生大士是一位雲遊四方的苦修行者，對於一位公主來說，肯定不是合適的駙馬人選。

蓮花生大士行經紮霍國的時候，遇見了曼達拉娃公主，兩人墜入愛河，她成爲蓮花生大士兩位主要明妃中的其中一位。國王聽到風聲後，相當不高興，他命人剝下公主身上的衣服，裏上荊棘，將她關進河邊的地牢中。接著把蓮花生大士帶到空曠的地方，放在一堆木頭上，引火燃燒。蓮花生大士並沒有被熊熊大火燒死，他將火海變成一座湖，而他和明妃曼達拉娃公主就端坐在湖中盛開的蓮花上。國王大感震驚，不但同意他們的結合，還讓整個王國改信佛教。經過這件事情之後，蓮花生大士才前去西藏。

督修．林巴抵達措貝瑪的時候，應該是二十歲左右。雖然他很年輕，但已經開始吸引眾人的目光了。在聖湖周圍的各個寺廟，以及前來此處朝聖的團體裡（團體成員有藏人，也有來自拉達克高山上的藏族後裔），他的光環眾所皆知，他所到之處，都有人聚集起來想跟他學習。

他熟知每位本尊，明瞭祂們的特色，加上有雙平穩和藝術家的手，自然而然地就成了一位技藝精湛的唐卡畫師；不久之後，他也收了徒弟，傾囊相授繪畫的技巧。措貝瑪附近一座古老的寧瑪派寺廟的喇嘛上師，請求他在寺廟牆壁畫上蓮花生大士的生平，他花了兩年的時間完成。

他懂西藏醫學，知道如何把脈及用藥，他也會修法儀軌，使用銅製的凸面鏡，利用鏡面反射的光芒，從中窺知其他人無法看見的事物，透過這些方式醫治病人。癲癇患者來到他面前，他也能治癒他們。無論他走到哪裡，總是人未到而名聲先至，很多人前來找他治病。其他伏藏師或是大喇嘛需要修很多次法才能治好的病，督修．林巴只需要修一次法就能夠解決。大家相信，當督修．林巴在修持特定儀軌時，即使只是在周圍而不在修法現場的人，也能得到治癒。這只是他部分的光彩而已。

由於得到許多密法的灌頂和教授，督修．林巴知道如何透過儀軌修法，善用本尊和鬼神的微妙力量。他能解除詛咒，預知未來，也懂如何降雨和停雨。在家居士前來向他諮詢，喇嘛們則來請求教導。

昆桑向我解釋，對來自西藏的藏傳佛教徒來說，措貝瑪是一處佛教聖地，同樣地，對於喜馬偕爾邦裡高部山谷地區，像是接近拉達克的強巴，和接近西藏高原的拉胡爾和斯皮提的人而言也是；要到達這些山谷，得通過危險的隘口，而且一年裡大部分時間都處於冰雪覆蓋之中。這些山谷是印度境內很難到達的地方，特別是在那個年代，實在太偏遠了。但是一座比一座偏遠的高山谷地的村落代表來到措貝瑪，邀請督修．林巴到他們的村裡，接管他們的寺廟。推託了多次邀請之後，督修．林巴答應去強巴區潘基谷（Pangi Valley）的一個村子，在那裡，他擁有了自己的第一間寺廟。

「他和我母親在潘基谷住了十五年，」昆桑總結了說，「我姊姊噶瑪拉（Kamala）和我都在那裡出生的，那裡是我第一個有記憶的地方。」

昆桑身後的窗戶震動著，強勁的風吹著雨滴打在窗上，聽起來就像是用手敲著玻璃窗一樣，雲撞擊著窗戶，啪的一聲，窗戶被推了開來。昆桑從盤坐的床上跳起來，將窗戶關上。之後他又坐回床上，用一條舊臉巾將手擦乾，從熱水瓶裡倒了杯茶。瓶裡散發出來的水蒸氣和霧氣融在一起，瀰漫了房間。

「在這樣的天氣裡，很難想像我童年時期的生活景色，」他說，「與此處綠意盎然、雲霧濃厚差異甚多。我童年居住的山谷，鮮有植被，只有陡峭岩石山壁，巨礫和筆直岩壁，直上雪山、冰川和山巔。源自斯皮提區冰川的奇納布河呼嘯著，穿流過谷裡巨大的圓形礫石。村子的上方，山谷的高處，雪豹伺機接近野生岩羊。」

潘基谷是印度喜馬拉雅山區最偏遠的地方之一，在那個年代，人們通常是徒步或騎馬往來。

那裡一片廣闊，海拔超過一萬英呎，冬季酷寒。稀疏的村落，每當寒冬時節便彼此隔絕，更別說要與外界連繫了。谷裡的生活，數世紀以來都一樣，不管是由當地的族長統治，還是由英國或是獨立後的印度政府統治，昆桑在潘基谷裡度過的年少時期，有的只是深厚的積雪、雪崩以及貧脊的青稞田。

「對我而言，」他說，「那裡充滿了我父親的魔法，和他嫻熟的各種古老神祕術法和密教。現在這個世界已經不再出現那些了。」

一陣強風，夾帶著雨水，吹開窗戶，露出大吉嶺市場裡鐵皮屋屋簷交錯的景色，又一次將我拉回現實之中。夜幕已經低垂。

昆桑在講述故事的時候，我時常感覺自己置身在他所描述的某個高原或是山腰之中。好多次，我穿上我那雙沾滿泥巴的靴子，摸黑走過長廊，在滂陀大雨中撐起傘，沿著石階走到巷子，石階因為雨季的關係，長滿了青苔。之後，走進川流不息的傘海之中，在擁擠的巷弄裡被緊緊地包圍著，彷彿我才剛從一個長途旅程中返回。

我有一個奇怪的感覺，好像我走在兩個世界裡。

4 觀音菩薩心臟後方

有一天，昆桑告訴我：「我的父親總是有許多追隨者，也總是有許多人認爲他是個瘋子。」

「督修」就是瘋狂的意思，它同樣也意味著捉摸不定、反覆無常和善變。一個有著「督修」天性的人，內心是不停地轉變的，有時候早上說一件事，到下午變了另一回事，到晚上又推翻二者。雖是清醒，但卻是醉的；當醉的時候，又表現出清醒的樣子。

雖然是一位喇嘛，卻有著愛人；和愛人們在一起的時候，又表現出喇嘛的樣子。雖然尊貴，有時又魯莽無禮；魯莽無禮時，卻又保持了他的尊貴。

督修．林巴在潘基谷的時候，有一天，一位錦達（jinda），也就是功德主，邀請他到赤洛納村，又稱爲卡夏帕帕。村裡有間寺廟非常有名，因爲廟裡有一座具有歷史意義的「間瑞司」神像，也就是觀音菩薩神像。

村子座落在奇納布河谷上方，騎馬要花上一整天的時間。喇嘛僧人們常會到別人家裡去

迎風的拉胡里山巔（Lahauli mountain）

修法或舉行宗教儀式，以此為生。這位邀請人是一位大功德主，而法會得持續好幾天的時間。督修．林巴帶了幾位本身就是喇嘛的弟子們一起去，這些弟子追隨了他，就住在潘基谷的寺廟裡。

這種居家的法會，功德主不僅提供美味的食物給喇嘛，也會有不少酒可供飲用。喇嘛們雖然嚴格禁止抽菸，但很多卻會喝酒。督修．林巴以酒量過人出名，縱使喝酒，還是能正常活動。

「有一次，我父親的弟子考驗他，」昆桑跟我說。「他

們不斷灌他酒喝，如果是其他人的話，早就醉得一塌糊塗了。他們讓他筆直坐正，在他手裡放了一支筆，膝上擺了一張紙。雖然他醉眼惺忪，看不清楚，卻憑著記憶開始書寫一段重要經卷上的文字，藏文字寫得非常工整。每當他的手滑出紙外，不小心將筆掉到地上，他的弟子就把筆放回他手上，把筆尖放在剛剛書寫停下來的地方，他就繼續寫下去。包括我在內，大家都被他嚇了一大跳，他沒有漏寫任何一個字母，或是母音符號，文字十分完美地寫在紙上。」

昆桑來回不斷重複的主題，就是他父親喝酒和酒後瘋狂的行徑。雖然我從來沒看過昆桑喝酒，但他父親高超的喝酒本領，爲他帶來無窮的驚奇和歡笑。

「那時候，督修．林巴最親近的兩名弟子南卓和蘇先，也跟他一起在赤洛納村功德主的家裡，」昆桑繼續說，替故事加溫。「那個晚上，功德主不斷供養他們肉和酒，督修．林巴喝得特別醉。他把南卓和蘇先叫到旁邊。

『今晚我們有大事要做，』他告訴他們，『大〜事，不要告訴任何人。我們必須大半夜的時間保持清醒，因此你們應該先睡一下。』他拿出功德主的一瓶烈酒，把兩個弟子灌到醉得一塌糊塗，蜷縮在屋子一角，睡死過去。」

「半夜兩點，當每個人陷入酣睡之際，督修．林巴醒了過來。他搖了搖兩位弟子，想叫醒他們，可是因爲喝了太多酒，酒精在血液裡流竄，兩位弟子根本醒不來。於是他更用力的想搖醒他們，但是一樣徒勞無功。」

說到這裡，昆桑從盤坐著的床上躍下，突然站了起來，然後他躺在地上，身體蜷曲，就像他父親酒醉的兩位弟子一樣，只不過他不是睡著，而是笑到全身顫抖。他一邊表演用自己的拳頭敲自己的腦袋，一邊從這個精彩處繼續他的故事。

「我父親握起拳頭，就好像在敲門一樣，敲了敲他們光禿禿的腦袋，他們的腦殼聽起來像椰子一樣。」

「就像這樣子，」他說，像敲門般似的，邊敲著自己的腦袋。

「這招奏效了，他們馬上坐了起來。督修．林巴把手指在嘴唇上，提醒從睡夢中驚醒的他們保持

拉胡爾區的奇納布河河谷

安靜。」

這是昆桑最喜歡講的一段故事，我大概看了不下數十次——昆桑一邊躺在地上，一邊敲著自己的頭，邊笑邊打滾。他使用手勢動作，語言詼諧幽默，然後又回到一本正經，常常是令人不解地瞬間就完成。

昆桑跳起來，像個魔術師般，突然又回到床上盤腿坐著。他繼續說道：「他們靜靜地跟在後面，沒有吵醒村裡的狗兒，來到了村裡的寺廟。藏傳佛教寺廟和佛教聖地，周圍通常有小徑，虔誠的信徒們會採順時鐘方式繞行這些地方，嘴裡一邊持誦咒語，這樣的方式稱爲『廓拉』（繞塔），這是他們日常生活裡重要的一部分，也是一種宗教儀式。他們跟著督修．林巴，在漆黑中跌跌撞撞，繞行著這座古老的寺廟。自始至終，督修．林巴都把目光放在寺廟的牆上，他們繞了一圈，又再一圈，到第三圈的時候，督修．林巴站在寺廟後方，仔細檢查了牆面。」

「『我喝醉了，』他對兩位弟子說，『你們必須幫忙我。昨晚我夢見一位空行母來找我，她告訴我要看「間瑞司」（觀音菩薩）心臟的後方。』」

昆桑說到：「空行母深奧隱密的指示代表什麼，以及如何將它實現，這些全要靠他自己的『督修』天份去理解，這也是他瘋狂的天賦。」

「『你們認爲觀音菩薩心臟後方的位置會在哪兒呢？』他問兩位弟子。他說的大悲觀音菩薩像，就在他所查看的這堵泥石牆內，寺廟裡的佛龕上面。

「南卓說：『嗯，塑像在佛龕中間的位置，而且很大一座，所以祂的心臟位置應該在這兒，』他指了牆上的某個地方。蘇先說：『不，不，我認爲塑像還要再大一點，所以應該是在更高一點的地方，』他把位置再往上比了一點。

「『你們兩個都錯了。』督修．林巴邊說邊拿起一顆石頭，『應該是在這裡！』他在乾的泥牆上畫了一個圓圈。『去找個榔頭來，找個任何可以把牆敲開的東西來！』

「『但是，上師，』蘇先低聲說：『這不是我們的寺廟啊！我們不能就這樣敲壞人家的牆壁。』

「『給我找個能敲開牆壁的東西！』

「『但是，上師，這大半夜的，我們去哪兒找榔頭呢？』

「當蘇先和督修．林巴爭論不休的時候，南卓知道該怎麼辦了。南卓跟隨督修．林巴的時間比蘇先久，他知道，當伏

赤洛納寺（Triloknath）的觀音菩薩像

藏師要你去做某件事的時候，你做就是了，不管他的要求有多麼不合邏輯和違背常理，不要有任何疑問。他繞到前門，找了一根用來拴住寺廟大門的鐵條。

「當他回到寺廟後方，督修．林巴命他把牆壁敲開。

「南卓照做了，他在督修．林巴畫上圓圈的地方用力一擊，一大塊牆面剝落掉了下來。

「鏗鏘一聲，南卓丟下鐵條，對自己這一擊所造成的損害感到震驚。

「蘇先環顧四週，確保沒有人目睹這起破壞行爲。

「督修．林巴望著牆上的洞，彷彿他只看到洞的本身，而沒有看到那堵泥石牆。他目光炯炯、無畏無懼，就像孩提時代，在西藏的山洞裡抓到普巴杵那樣。他把手伸進去，從裡面拿出了一張黃色紙卷，尺寸猶如小指末端指節一般。

「『伏藏！』南卓和蘇先驚呼一聲。

「督修．林巴打開紙卷，上面只有幾個字母，事實上是幾道刻痕，只有伏藏師才懂的符號。

「『現在我要忙了，』督修．林巴說，『你們天亮之前，把洞補好，不要讓任何人知道這裡發生了什麼事。』說完，他就離開了。

「南卓和蘇先到附近的小溪取來溪水，混著泥土和成泥漿，修補寺院牆上的洞。把洞抹平後，在上頭撒上一層薄灰，用來掩飾動工過的痕跡。當太陽初昇，天邊染上紅暈之際，他們兩個已經筋疲力盡，睡倒路邊，被晨起到寺廟遶塔的村民發現。

「那天晚上我父親沒睡，他全神貫注在解開只有他懂得的艱澀空行字母的涵義，房裡燈火通霄，直到天亮他都沒有察覺。他花了好幾天的時間，才完全解讀完古老的小小紙卷上刻痕的涵義。完成之後，他寫成兩本貝葉經形式的經文，每本各有三百頁。經文內容直接來自偉大聖潔的觀音菩薩，說明如何止息痛苦。」

「這本書後來怎麼樣了？」我問，「你有複本嗎？」

「不，我沒有，」昆桑說，「原稿在我父親手上，那是倉促之下完成的。他把第一冊交給南卓，要他用端正的藏文字手抄一份。南卓手抄完後，將它還給我父親，接著我父親再把第二冊交給他，讓他抄寫。過了一、兩個月之後，南卓還沒完成第二冊的抄寫，我記得父親那時非常生氣。」

「雖然當時我只是個小孩子，我感到非常好奇，於是我去南卓住的地方找他，看到他雙腿盤坐在墊子上，面前有張小矮桌，他正在那兒抄寫著經文。我語帶天眞地問他，他在抄什麼。『我不應該告訴任何人的，』他說，『但因爲你是上師的兒子，所以我可以告訴你，這是你父親掘取出來的重要伏藏，』接著他跟我說了我剛剛跟你說的故事，那個藏在寺廟牆壁裡的伏藏故事。

「他沒告訴我的是，爲什麼他花了那麼長的時間才把第二冊抄寫完，還給我父親。雖然如

此，真相還是曝光了。當他開始抄寫第二冊經文的時候，有幾位住在達蘭薩拉的康區喇嘛，荷包滿滿，伺機接近他。他們是來尋找我父親所取出的伏藏的。他們告訴南卓：『督修・林巴在這裡待了這麼久的時間，一定有取出什麼伏藏，告訴我們他取出什麼伏藏吧。』

「南卓說：『我聽說他在西藏取出了一些伏藏，但我不知道，因爲我不在那裡。』

「『拜託，』他們說，『督修・林巴是個厲害的伏藏師，他在這裡一定有取出什麼伏藏來，給我們看看你到底拿到什麼嘛！』

「直到他們挑明了會以金錢作爲回饋，南卓才把從寺廟牆壁裡取出伏藏的事說給他們聽，但是他說他無法拿給他們看。」

「他們不斷懇求南卓。『拜託，南卓，請你……』但他沒那麼輕易被說服，出賣自己的老師和他的祕密經文。直到他們給他三萬五千盧比（這在當時是一筆天文數字），他的堅持終於崩垮，不僅同意讓他們看觀音菩薩的伏藏，還答應幫他們抄寫一份。就是因爲偷偷抄寫了第二份，才多花了很多時間才將我父親的複本拿回去給他。他將第二冊原稿連同一份複本拿給我父親的時候，曾試圖向我父親拿回第一冊，但我父親拒絕了，因此那些康區喇嘛從來沒有拿過第一冊。」

「南卓交給督修・林巴的那些複本，後來怎麼樣了呢？」

「現在放在拉胡爾區他的寺廟裡，」昆桑說。

「原稿呢？在督修・林巴的手上嗎？」

「原稿被裝臟在一座觀音像裡面，放在舍利塔中，直到今日還在拉胡爾區的高山雪峰之上。」

電話響了，昆桑拿起話筒，和他太太住在錫金的親戚聊了起來。這讓我有了緩衝的時間，細細思索他的故事。他掛上電話，在上面蓋上一塊小刺繡巾飾，我問了一個顯然有點唐突的問題，但我還是必須問。我小心翼翼提問，以免洩露我心中的疑慮。

「你父親在寺廟牆裡取出來的伏藏，是西元八世紀時，蓮花生大士所埋藏的伏藏，對吧？」

「是的，」昆桑說，「非常不可思議吧，眞是瘋狂！」

「當然赤洛納村的寺廟是有點歷史，」我冒昧地說，「但它的年代並不是那麼久遠。佛法要傳播到像拉胡爾地區這麼偏遠的地方，是需要一段時間的。我知道這本書的讀者，特別是那些西方人士，一定會問，爲什麼八世紀蓮花生大士伏藏起來的東西，在蓮花生大士死亡許久之後，會被藏在近代才興建的寺廟牆壁裡呢？」

「赤洛納村的寺廟極爲古老，」他說，這是我認識他以來，他第一次這麼地嚴肅。他謹愼地看著我，彷彿我不再值得信任一樣。

「我該怎麼告訴讀者呢？」

從他的語氣和表情，我可以知道，他明白我的問題，也知道我對他的答覆不甚滿意。西方假設派讀者需要的，是一種可以經由物質衡量的實相，禁得起所有疑慮的檢驗，但昆桑不需要。

「一共有一百〇八位伏藏師，」昆桑簡短地說，「他們都擁有像蓮花生大士一樣的能力，肯定是他們其中一個放在那裡的。」

昆桑像是要立刻結束這段對話，並且彰顯瘋狂至上一般，從床上跳起，躺在地上，手指節用力敲著頭，腦袋傳來的聲音像是椰子一般。

5 侵略與轉世

每次我帶著錄音機、筆和紙來到昆桑家的時候，他都會露出詼諧的表情哈哈大笑，然後說：「接下來發生什麼事呢？」顯然這是個不需要回答的問題。他已經想好接下來要告訴我什麼了，他的故事通常不是直線進行的，而是由一條挑戰邏輯的線，串起故事中間發生的事件，將這些插曲緊密結合，羅織編造成一個完整的故事。督修．林巴的生平故事，在他動身出發前往尋找永恆之地時達到高潮，過程中間發生的每個事件，似乎都是設計來鬆綁受理智束縛的心。

昆桑解釋，隨著時間的推移，督修．林巴扮演的角色，不僅僅只是潘基谷裡的領頭上師而已；不管是需要建議或是詢問未來，又或者生病，或是被鬼魂糾纏，乃至幫小孩命名，或是學習繪畫和寫字等等事情，人們都會去找他，甚至一座又一座山谷裡的居民，也會為了解決爭端前來找他，在他面前說明狀況，尋求公平解決之道。他與靈性神祕的祕密隱地有著最密切的關聯，而來自隱地的指引是如此神奇而不可思議。他的裁決帶有神諭的權威，所以他的決定通常超脫一切爭議。

昆桑的妹妹媥尊在加德滿都的時候跟我說：「軍隊裡位階最高的稱爲將軍，同樣地，我們稱位階最高的喇嘛上師爲『林巴』。」

有一天，一名男子從喀拉斯村快馬加鞭而來，那座村落的位置，正好在奇納布河流入重重峽谷進入克什米爾的那個谷地下方，過了此地，奇納布河變得更加崎嶇寂寥。此時，督修・林巴的角色開始有了轉變。

「穆斯林打過來了，」他邊說邊從馬上跳下來。「他們已經打到某某隘口了，我們必須組織一支軍隊，越過山谷到喀拉斯村，把穆斯林趕回去。如果不阻止他們的話，潘基村將是他們的下一個目標。每一戶至少得出一個壯丁。」他把這些話告訴一些村民，然後跟著村民來找督修・林巴。

想要擊退敵人的入侵，比起開戰，「林巴」還有其他方法可以選擇。督修・林巴所屬的寧瑪派傳承（藏傳佛教最古老的一派），以蓮花生大士爲中心，對藏人來說更甚於釋迦牟尼佛，是他將佛陀教法帶入西藏。蓮花生大士是一位密咒士，他並不是帶著傳教士、小玩意兒、槍砲、十字架、經文以及下無間地獄的威脅或想法進入西藏，去改變當地人的信仰。

他的首波攻擊屬於修行層次面，利用宗教儀式的方式。

以被蓮花生大士所取代的古老傳統苯教來說，有善與惡兩種神祇，而這兩種神祇又分爲有形和無形的。有些世界是我們凡眼所不能見，而這個教派裡的僧侶，可以穿梭在不同的世界之間，與神靈溝通，仲裁我們的行為，並在其他界處驍勇善戰；不屬於這個教派的人會認為那只是純粹想像而已。以其他佛教教派的認知而言，我們通常將蓮花生大士和佛陀聯想在一起，但在這裡，他卻更像是薩滿的巫師。

基督是基督徒的典範，基督教徒的目標就是成為像基督一樣。佛教裡的南傳學部跟隨佛陀的禪修教導，過著清淨簡樸的生活，藉以仿效佛陀，而藏傳佛教最古老的寧瑪派裡，蓮花生大士就是喇嘛們仿效的對象。他們也扮演類似巫師或咒士的角色，藉由舉行宗教儀式來跟隱藏的世界溝通聯繫；有一些惡靈會前來支援我們在這個三維空間裡的敵人，因此他們也會興起戰事，攻打這些惡靈。

以這個教派來說，這是真實的事，督修．林巴真的透過宗教儀式，第一次發出攻勢，抵抗穆斯林的進攻，他把傳承的護法請出來，對抗對方的神靈，但並沒有成功。

穆斯林已經攻到某某隘口，朝喀拉斯村前進的消息，仍然不斷傳進潘基谷。最後，督修．林巴說：「我已經利用宗教修法儀式去驅趕他們了，但並沒有效果。我們沒有其他選擇了，如果穆斯林真要開戰的話，我們也只有登上山谷去作戰了。」

這也是來自喀拉斯村那名男子一直想要的。「就是這樣，」他說，「每戶至少必須出一個壯丁。」

「不需要，」督修．林巴說。「雖然我們必須攻打穆斯林，但不需要一支軍隊，只要五、

六個人就能擊退他們。」

「就憑我們？」其他人驚呼。「我們寡不敵眾啊，而且我們也沒有槍。」

「不需要槍！」督修．林巴說，「帶著你們的斧頭和鋸樹的鋸子來，這些就夠了。」

他們都認爲督修．林巴瘋了，竟然只想靠著五、六個手拿斧頭和鋸子的人，去趕走這些重裝備的穆斯林入侵者。

小徑沿著崎嶇山谷底部的河流，來到山谷的窄處，小徑與河流被兩面垂直險陡的岩面夾在中間，督修．林巴帶路走向一座危險的懸崖，懸崖高過那條窄窄的通道，然後吩咐其他人去砍一些老的、樹幹粗的樹木。他們去除樹枝，把樹幹砍成一個一個長段子，並且找了許多大石頭，利用槓桿原理，將這些大石頭搬到斷崖邊緣。又把圓木放在翹板的一端，堆疊在崖邊，就等著輕輕一推，讓大石頭和圓木掉落山崖，用來攻擊入侵的軍隊。就這樣他們在山脊上搭帳篷等待著。

侵略者沒有出現。

三天過後，督修．林巴告訴那名男子：「我要回到小徑上，等我發現敵人的時候，我會把他們引到斷崖的下方，當我像這樣吹口哨時，」他吹了一種西藏當地鳥隻的鳴叫聲，「就把那些木頭和石頭投擲下來吧！」說完後，督修．林巴下到山谷。過了一天一夜，他連一個當地人都沒看到，也沒聽到。

於是他把其他人都叫了下來，大家聚在河邊，督修・林巴說：「他們一定是躲在喀拉斯村，我們必須趕到那裡，將他們驅逐。」

「但是上師，」他們說，「我們只有六個人而已，他們會殺了我們的。」

督修・林巴毫無畏懼，彷彿這只是一場對他的信心試煉，他們手無寸鐵跟著督修・林巴，往下走到滿布石頭的山谷，前往喀拉斯村。

這五個驚恐的人跟著他們的白袍將軍，來到了喀拉斯村，卻沒有見到一個人影，整個村子好像被遺棄一樣，每樣東西都被牢牢鎖住，棄之不顧。直到他們聽到嬰兒的哭聲，才知道原來全村的人都躲在上鎖的門後，害怕發抖，無力抵抗穆斯林。他們怕穆斯林就藏在隔壁的房子，或是鄰近關閉的店家裡。

督修・林巴親自去每一戶叫門，那些不開門的，他就用腳將門踹開，對於不聽指揮的，他拿石頭將鎖敲開，打開村裡每一戶的門。如此一來，村民們才知道原來穆斯林已經完全放棄這個谷地，他們自由了。督修・林巴唯一打不開的門，是政府辦公室的門，鎖頭是加強過的。直到村民們聚集在辦公室門口，歡呼脫離穆斯林的侵略威脅，那些政府官員才將大門打開，走了出來。當他們看到眾人圍繞著督修・林巴的時候，他們才問了那人是誰。「這是我們的上師，來自潘基，他停止了戰事。這是我們的上師，現在是我們的將軍！」

人們向督修・林巴獻上花環，政府官員召集了一支軍樂隊，簇擁著救星督修・林巴在市場

遊行，讓大家知道已經自由了。遊行結束後，他們問督修．林巴是否願意在村裡停留幾日。

「我們擔心穆斯林只是先派些人過來偵查，」他們跟他說，「我們害怕他們回過頭帶更多人攻打過來。」

「我們就是來打仗的，」督修．林巴在群眾中大聲地說。「現在戰爭已經結束了，我們要舉行法會儀式！」於是他帶領了整村的人，舉行了三天的修法。穆斯林從此沒再回來過。

※ ※ ※

蓮花生大士將特定的伏藏智慧，封印在特定弟子不變的心識之中，其中也包含了如何去尋找它們以及到哪裡去尋找，普遍上，這是大家都公認的。接下來，大家自然會問：那麼，督修．林巴是蓮花生大士哪一位弟子的轉世呢？

我拿這問題問了親近督修．林巴的許多人，他們都有自己明確的看法，卻眾說紛紜，連基本的問題像是蓮花生大士有幾位弟子、幾位成爲伏藏師、伏藏師當中又有幾位菁英成爲林巴等等，大家都沒有一致的共識。位於甘拓的南加藏學研究所（Namgyal Institute of Tibetology）的資深研究員日津．多康巴（Rigzin Dokhampa）是我經常請益的對象，我花很多時間向他請教佛教教義的問題，他也是督修．林巴的弟子之一。他告訴我，一共有二十五位「林巴」，督修．林巴是其中一位名叫朗．巴吉．森給（Lang Palgyi Senge）的轉世。我向昆桑求證，昆桑告訴我，日津．多康巴完全弄錯了，他說多傑．德謙．林巴應該才是朗．巴吉．森給的轉世。昆桑說，蓮花生大士曾經預言，朗．巴吉．森給將是那位具有能力開啓隱地白域哲孟雄的人。另有其他人說，一共有二十一個隱地，但昆桑百分之百確定地跟我說，朗．巴吉．森給說過隱地一共有八個，督修．林巴的根本上師敦珠仁波切（Dudjom Rinpoche）是命定要開啓貝瑪貴的那一個。貝瑪貴是一處隱地，位於不丹東部，就在雅魯藏布江進入西藏，往下流過一連串峽谷，而後成爲布拉瑪普特拉河之處。「敦珠仁波切之所以沒能成功開啓貝瑪貴，」昆桑說，「是因爲他是一位非常嚴謹的喇嘛，他不像我父親那樣瘋狂。他有著截然不同的天性。」

我發現，提及這些隱地的數量，或是類似神話虛構的弟子的數量等等數字，並沒有太大的意義，就好像你試著去確定有多少天使能在大頭針針頭上跳舞一樣①。

又有一次，昆桑跟我說：「蓮花生大士一共有八個化身，最後一位化身名爲尼瑪．歐瑟（Nyima Odser）❶。尼瑪．歐瑟曾說：『在我之後，會有一百〇八位伏藏師出現。』敦珠仁波

---

①這是中世紀基督教神學裡辯論的一個話題。

❶此處應是指蓮師八變中的日光上師（Nyima Odser），但此示現並非是我們凡俗概念上所認定的狀態：蓮師的八種神變可以在同一時間顯現，或是在不同地方變現，並不受二元觀所局限。從字面上或是按時間的先後來看，這似乎是難以理解。

切就是其中一位。預言中說到，當末劫大戰來臨的時候，敦珠仁波切將會轉世為香巴拉王國的國王，帶領這場戰事，迎接一個和平大時代的來臨。」

有一次，當昆桑向我解釋他父親的天性和「督修」的意思時，他說：「我父親就跟蓮花生大士的第八位化身咕嚕尼瑪．歐瑟（日光上師）一樣。尼瑪．歐瑟是位苦行僧，一位四處雲遊的聖人，沒有固定住所。他不是那種性情穩定的人，他跟我父親一樣，是一位瘋狂的瑜伽士，也同我父親一樣愛喝酒。」

故事是這樣的：有一次，尼瑪．歐瑟騎著馬穿越寬廣的西藏高原時，看見了一位經營小生意的牧民搭建的黑色羊氈帳篷，裡面賣著酒。

尼瑪．歐瑟停下馬，開始喝起了「羌」，那是西藏特有的濃醇奶狀的青稞酒。喝了許多之後，老闆開始緊張了起來，擔心這位騎著馬在高原上行走，有著老虎眼睛般、外表看起來有些狂野的喇嘛，喝了那麼多酒，等到結帳的時候，一定會使出伎倆來賴帳。

尼瑪．歐瑟又叫了一碗羌。「除非你把剛剛喝的酒錢都付了，否則我不再給你酒。」老闆這樣回他話。雖然太陽還高掛在天上，但已緩緩趨向地平線那端，地平線在西藏廣闊無垠的世界屋脊高原邊際，看起來遠在天邊似的。

「給我那碗羌，隨時注滿著，不要讓它空了。」尼瑪．歐瑟說，「我對著佛和所有菩薩發誓，太陽下山的時候，我就會付清酒錢。」

在沒什麼法子，而喇嘛又發了這樣的誓言之下，老闆同意了。

但老闆卻不知道，尼瑪．歐瑟是蓮花生大士的化身之一，他有著操控一切的能力，包含太陽。事實上，他的名字涵義就是「日光」。當然老闆也不知道尼瑪．歐瑟身無分文。他給了喇嘛一大碗羌，喇嘛喝光後，又再叫了一碗，等著酒送上來的時候，喇嘛念誦咒語，施了點術法。

不知道過了多少小時，太陽依舊沒下山，老闆只得一直爲喝得越來越醉的喇嘛倒酒，可憐的老闆對於尼瑪．歐瑟施展術法，讓太陽停止運轉不下山來拖延付錢一事，毫不知情。

那個晚上，夜晚沒有降臨，隔天也沒有。田野開始乾枯，莊稼也枯萎了。對老闆來說，彷彿西藏所有的水分都流進他客人的喉嚨一樣。

西藏的大喇嘛上師、占卜師和神諭使們聚在一起，討論熾熱的太陽懸在空中不下山的原因。最後他們占卜的結果是，問題就出在這位在牧民帳篷外喝酒的尼瑪．歐瑟身上，於是他們問他爲何不讓太陽下山。

「因爲我沒錢付帳啊！」他解釋，「如果太陽下山的話，我就必須付錢了，那是我發的誓言。」

當他們提議幫他付清酒錢的時候，尼瑪．歐瑟點了最後一碗酒，然後釋放太陽，太陽猶如過熟的櫻桃落地般，馬上掉落地平線，西藏的土地也從陽光中得到解放。

「蓮花生大士的一百〇八位伏藏師，每一位都具有像尼瑪．歐瑟一樣的能力。」昆桑總結

地說，「但他們並非全都和我父親一樣的瘋狂。」

「你說你父親並不是尼瑪．歐瑟的轉世，」我說，「那麼，你知道你父親前一世的任何事情嗎？」

「非～～常好的問題！」昆桑說，「非～～常有意思！」

「我跟你說過我是在潘基谷出生的，我父親的第一座寺廟也在那裡，」昆桑開始說。「直到這個時候，我父親對於隱地白域哲孟雄還一無所知。他是一位德童，一位發掘伏藏的伏藏師。他可以進入禪觀境中取出一把神奇的普巴杵，也能在夢中接受指引而找到隱藏的紙卷，但他同時也是村裡的喇嘛上師，因此常常被請到村民家裡舉行修法儀式，有時候我也會跟著一起去。那時我還小，我們同騎一匹馬，我坐在他前面，當我們通過窄窄的小徑時，我會抓著馬的鬃毛。小徑沿著寬廣充滿碎石的斜坡行進，斜坡上伴隨潺潺而下的融化雪水。有一次，我跟他前往帕達南方向山谷裡的一戶人家，有幾位他寺廟裡的喇嘛和我們一起去。我喜歡去看看新的地方，也喜歡跟著我父親，父親在的地方，總是會發生許多其他地方沒有的新鮮事。身為一個大上師的兒子，我總是得到許多特別待遇，即使是他的喇嘛弟子，也對我恭敬有加。

「當我們啓程返家的時候，有些遠處山谷的村民跟我們同方向，於是我們就一起走。我們在河邊停下來午餐，享受著仲夏溫暖的陽光，當中有些村民問我的父親，是否記得他上一世的事情。

「『我的上一世，』督修．林巴說，『我的上一世名叫嘉瑞喇嘛（Kyaray Lama），我的寺廟在山谷上方，我死得很早。』

「『有一位生重病的老人，住在這條路的下方，我每天到他家裡修法，幫他修復命力。那戶人家有許多田地，也養了很多牲畜，他們請我連續去了一個月。我每天騎著馬下到山谷去他家，傍晚時再回家。每當回家的時候，我都感到非常地睏倦，不僅僅是因爲我白天努力的修法，也因爲每次離開前，他們都招待我喝很多酒。但我的馬非常可靠，牠認得回家的路，雖然我都在馬背上打盹，牠總是能平安地把我載回我的寺廟。』

「『回程的路山谷愈走愈陡峭狹窄，除了一位老婦人住在貧脊的田裡，沒有其他居民了。這條路穿過老婦人的田地，我每天經過打擾到她，讓她一天比一天更生氣，當我通過時，她會揮舞著拳頭，對我咆哮。沒有別條回山谷的路了，但她才不在乎我穿著喇嘛袍。』

「『有一天，老婦人受夠了，她決定把我殺了。在我經過她的田地，去到山谷那戶人家家裡修法之後，她在小路中間挖了一個大坑，上面鋪滿樹枝和乾草，等著我經過。』

「『然而她並不知道我有祕觀力，我知道她要做什麼，也知道我會死。雖是如此，我選擇讓她殺了我，因爲我知道我死後，她會生起懺悔心，變成一位遁世者，致力於佛法修行，最後達到證悟。因此我選擇犧牲自己，來成就她。』

「『確定要這樣做之後，我在夜幕低垂的時刻來到了這裡。我的功德主給我喝了很多羌，

我在馬背上打著盹，突然間，我的馬一腳踩進鋪了樹枝和乾草的大坑洞裡，我們一起掉了進去。我的馬後來自己站了起來，跳出坑洞外，毫髮無傷，但我卻一下就摔死了。老婦人滾了一顆大石頭堆在我身上，並把坑洞填滿，讓他人無從得知發生什麼事。然後她把樹枝搬回她家裡，砍成一段一段當柴火燒來取暖。』

昆桑的臉看起來有些傷感。

「我仍舊記得那個感覺，」他說，「我坐在湍急河流旁邊的石頭上，馬兒們在後方草地上吃著草，我被其他的喇嘛們圍著，聽著我父親敘說他上一世的經歷，我充滿了驚奇。」

「因爲是從功德主的家離開，他給了我們許多瓶酒，我父親和其他喇嘛弟子已經喝得醉醺醺了。其中一位問他：『上師，您能夠找到當初事發的地點嗎？對我們來說，那會是一個偉大的聖地，我們必須爲嘉瑞喇嘛修一座法。』其他喇嘛弟子也對這提議感到興趣，督修．林巴同意了。

「『那裡離這兒不遠，』督修．林巴告訴他們。『讓我看看能不能找得到。』」

「於是我們收拾好午餐，走下山谷，我父親騎著馬走在前頭，而我則坐在他的馬鞍上前方的位置。當我們來到山谷的狹窄處時，父親環顧了一下四周，開始說起田野的狀況和老婦人的房子，說那是多少年以前的事情，而現在又全部消逝一空了。接著他從馬背上跳下來，開始在那個區域繞行，我們只是待在一旁看著他。

「『就是這裡！』他指著一處有著石頭、被樹枝圍籬覆蓋住的地方。『這裡！』他說，『這裡就是那老婦人的房子。』

「可以確定的，那裡有小房子遺留下來的石牆地基，但卻已經是殘破不堪了。

「『田地在那邊，』他說，『那條小路從這裡經過。』他走進矮樹叢裡，然後盤腿坐在地上，我們站在稍遠的距離看著他。他閉上眼睛，好一會兒，一動也不動。接著，突然站了起來，刻意跨大腳步走了十五步。『這裡！』他說，『挖開這裡！』

「與我們同行的幾個村民，把他們綁在馬背上的開墾工具拿下來，開始清除樹枝並挖起洞來。

「『挖寬一點，』督修．林巴說，『再挖深一點。』

「大伙輪流挖著，挖了半個小時，直到挖到一塊巨大平坦的石塊，他們只能把坑再挖寬一點，才找到石塊的邊緣。

「當他們把巨大平坦石塊邊緣挖露出來後，督修．林巴說：『把那石塊翻轉過來。』

「但是他們沒有辦法，因為實在太重了。

「離這不遠的地方有一個村子，他們派人騎了一匹快馬過去，一個小時後，那個人帶了六個年輕力壯的男子和一根大鐵棍回來，合力將石塊翻轉過去。

「讓我們大吃一驚的是，石頭底下是那位死去喇嘛的遺骨，他死時的狀態是雙手放在髖

部，兩手手肘向外突出，清清楚楚地印在石頭上。」

「他們把大石塊從坑裡吊起，放在旁邊，用較小的石頭將它支撐固定。之後點燃松枝焚香，拿出念珠，念誦蓮花生大士的咒語，繞行石頭，對我父親抱以強烈的崇敬心。有人居然能清楚記得上輩子的事，眞是太稀奇了。

「之後，我父親讓洛桑寫下他前一世的故事，以及他如何亡故。洛桑問他這故事該寫多長，我父親回答他只需寫大約七頁到八頁就可以。

「那本書後來呢？」我問。

「我不知道，」昆桑說，「或許在喇嘛札西那裡吧，他現在是我父親寺廟裡的住持。」

「後來你有再回去那裡嗎？」我問。

「沒有。但是我的姑姑札西．拉嫫，也就是督修．林巴的妹妹——她先生受過美國中央情報局訓練去對抗中國，現在住在巴黎和紐約的那位，她幾年前爲了看這塊石頭，曾經去了潘基谷。她找到了那個地方，但是石頭已經被搬走了。嘉瑞喇嘛的寺廟在山谷上方一點點的位置，寺廟裡的僧人把石頭搬到那裡去了。她聽說由於石頭實在太過沉重，他們不得不把它敲裂成七塊，用馬搬回寺廟，再將它重組。可惜的是，前往寺廟的路實在過於難行，我的姑姑年紀大了，無法成行。」

6 食人魔女之地

一個眞正的修行人，外表上是沒有任何標誌的，你會認出他（她）不是因爲他（她）穿的是僧袍或是西裝，綁著頭巾或是戴上棒球帽；也不管經文偈誦中如何描述這個人，又或者他（她）對修法儀式有多熟稔，這些都毫無關聯。無論他（她）是否吃肉，星期六、日是否休息，又或是終日浸淫於宗教活動還是待在辦公室裡，這些都不是重點。

一位眞正有修行的人，自然而然流露出來的慈悲心，就是他（她）的標誌。

德林村村民從周圍鄰近的村落中，感受不到的就是慈悲心。外面的人把村子改名爲死魔林。昆桑向我解釋，死魔林是藏文名，翻譯過來就是食人魔女之地。爲什麼它被改成這個名字呢？這座村子位於拉胡爾區的喜馬拉雅高山上，村子上方有著陡峭的岩石礫坡和冰川，下方有散落著巨石、呼嘯而過的河流。村裡的每戶人家，開始發現自己的手指、腳趾、耳朵和鼻子等等，一點一點被吃掉消失不見，傷口潰爛無法癒合。我們知道這是一種傳染性的痲瘋病。但對於拉胡爾區的人來說，他們認爲那是一種不知名的神靈作祟，可能因爲村民們無意中得罪了祂

們，所以祂們才會一點一滴慢慢吃掉村民們的肉。村外的人相信，如果在死魔林住上一晚的話，隔天起來，會發現自己身上的某個地方被啃食不見，於是他們不再進入那座村子，連經過也是選在大白天的時候。

食人魔女之地，拉胡爾區的死魔林（德林村）。

現代西方的觀點，認可某些疾病是肉眼看不見的界域中的媒介所引起的，只有經過專家使用特別的儀器，在特定的範圍中檢驗觀察，才會顯現出來。而拉胡爾區的佛教徒也有自己的專家，也就是喇嘛，他們把潛伏在普通人身上的靈界病因找出來，就像醫生使用顯微鏡檢驗細菌一樣。當科學家在實驗室準備鏡片進行觀察的時候，喇嘛則是準備好自己的心靈，去接收、了解某種訊息，以便歸納出造成疾病的原因。

一個受過西式訓練的醫生，當然不會把神靈當作疾病的原因，他或許可以熟練地將細菌放在顯微鏡底下拿給喇嘛看，說這就是造成疾病的原因，例如痲瘋病的細菌等。喇嘛對於細菌在疾病中扮演什麼樣角色，當然相當清楚，但是他不會把這個當作是造成疾病的根本原因。他會更進一步去問：爲什麼是這些特定的人或是地區，在這特定的時間遭到感染呢？爲了尋找答案，他會到肉眼不可見的靈界去調查，那個他所熟悉的，充滿鬼神與惡魔的地方。

在一九四〇年代晚期和一九五〇年初期，居住在死魔林的村民發現自己的四肢、眼、耳、口、鼻慢慢地被啃食而消失的當時，那是一個非常偏遠的地方，必須步行或是騎馬，越過海拔一萬三千英呎（四千公尺）的若塘隘口，才能到達。藏文裡，「若塘」意思就是「遍布屍體的平原」。晴空萬里之下，暴風雪會無預警地出現，驟降到隘口，猶如致命的騎馬盜匪肆虐過後，留下滿地凍死的屍體和牲畜，這樣的情形，可能發生在任何一個月份。那裡沒有可讓機動車輛通行的道路，更不會有我們所知道的診所或是健康照護中心。陡峭而滿佈岩石的山谷，在

六個月的冬季期間，完全與世隔絕，連要到隔壁鄰近村落，也是不可能的事。拉胡爾區的居民，過著這樣孤立的生活，就連隔壁村落的居民，那怕相隔只有一公里遠，彼此所講的方言都無法互相溝通。比起現今，他們的生活方式更接近蓮花生大士的時代，神靈盤據的高山，在靈界上演的戲碼，只有他們眼中的「宗教技師」，也就是喇嘛，才能了解與控制。

我去拉胡爾區調查這個故事的時候，遇到一位來自死魔林的男人，年紀約六十出頭，名字叫秋希，他童年時就是親眼目睹自己的親戚被這種食肉疾病慢慢啃蝕而死。雖然他沒有被感染，但是他的親人，例如叔叔、姑姑、表兄弟姊妹，以及數不清的鄰居，都受到感染。許多身體尚未出現被啃食異狀的人，捨棄了家園，倉皇而逃。荒蕪與絕望並行，希望早已不復存在，就連原本可以幫助他們的喇嘛，也丟棄了自己位於村落上方陡峭岩坡上的寺廟。

秋希從沒想過要離開，他也不想等到自己發病，肌肉潰爛消失，於是決定向外求援。他爬上山谷到卡當，接近啓隆行政區首府，去向貢噶仁波切（Kunga Rinpoche）請益，仁波切是當時山谷裡最受尊敬也是地位最高的上師。

秋希回憶了當時的情形。

「我走上山谷到達卡當，向貢噶仁波切獻上供養。我告訴他我來的原因，我說我們村裡有很多人，四肢被慢慢啃蝕掉了，我們孤立無援，沒有人願意來我們的村子，甚至也不願意和我們交談。仁波切仔細聽我說，然後說他會幫我打『莫』，也就是占卜，看看我們必須怎麼做。

「他從寬鬆大袍子裡拿出一個褪色的袋子，袋子裡頭裝有一個小木頭盒子，掀開盒蓋，裡面有兩顆老舊的骨製骰子。他念誦著祈請文，一邊向骰子吹氣，搖晃了木盒子，之後將骰子倒在面前的矮桌上，將占卜的結果用鉛筆寫在紙張上，之後又投擲了一次骰子，他從書架上拿了一本用絲綢布巾包裹好的藏式貝葉版經典作參考，並在紙上作記號，然後又投擲一次骰子，再參考了另一本貝葉版經典，不斷在紙上寫筆記，足足有半個小時之久，之後他才開始說話。

「『你村裡的狀況非常嚴重，』他跟我說，『而且充滿了危險，恐怕我是無能爲力了。但是，潘基谷有一位厲害的上師，叫做督修．林巴，我的占卜顯示，只有他能幫你。』」

「我從來沒聽過這個上師的名字，也沒聽過潘基谷這個地方。

「『潘基谷在哪兒呢？』我問了仁波切，『要怎麼去呢？』

「『潘基谷離這有兩天的路程，』他告訴我，『但是你現在去那邊是找不到他

來自食人魔女之地「死魔林」的秋希

的，你要去措貝瑪找他。』

「我聽過措貝瑪，當地人叫它拉瓦爾薩爾，它是蓮花生大士的聖湖。我從沒去過，事實上，我只知道我住的村子和馬納利城，它是從若塘隘口下來後的第一個城市。在那種時候，誰還有時間去旅行，甚至去朝聖呢？但是我們整個村子的命運都繫在我身上，雖然我的四肢完好健在，但我想它們被啃食也只是遲早的問題而已。於是，我立刻啓程前往措貝瑪。可是我沒錢搭公車，只好步行過去，花了五天的時間才走到那裡。

「當我到達措貝瑪的時候，向人打聽督修·林巴在哪兒，有人告訴我去舊的寧瑪寺廟找找看。我進到寺廟之後，只看見一位藏人男子，坐在鷹架上，在牆上畫著壁畫，只剩幾筆就完成觀音菩薩的畫像。他穿著一般的衣服，當我向他打聽督修·林巴這個人的時候，他跟我說他就是，我還以爲他聽錯了我的問題。

「我們都認爲喇嘛應該是穿著僧袍，頭髮剃得乾乾淨淨，但是我眼前這位喇嘛卻有著一頭烏黑長髮，紅色緞帶與長髮交錯編成辮子，纏在頭上，完全就是時下一般藏人男子的裝扮。他穿了一條普通的長褲和一件老舊的襯衫，衣褲上沾滿了作畫時滴濺下來的顏料，五顏六色，色彩繽紛，那是他用來在寺廟牆上描繪本尊、鬼神和佛祖的顏色。但是他的雙眼炯炯有神，彷彿兩顆炙熱的煤球一般，將我看穿，我立刻知道他是能幫助我們村子的人。

「我告訴他我來自很遠的地方，是貢噶仁波切要我來的。在還沒開口問我發生什麼事之前，他把畫筆放進渾濁的水杯裡，帶著我回到他的『家』。那個時候他有兩個小孩，噶瑪拉和昆桑。我從來沒看過這種情況：他和太太、兩個小孩一起住在聖湖上方，一處陡峭斜坡上的山洞裡。我聽說過有些喇嘛和瑜伽士會住在山洞裡，但卻不是跟家人一起住呀！我有點敬畏這位雙眼燃著火光的男人，他身上散發出偉大瑜伽士的氣息，但穿著卻像常人一般。通常大家對他都有一種感覺，就是他絕不僅僅只是外表看起來的那個樣子而已。

「他的妻子彭措．卻滇爲我們煮了茶，他就坐在洞裡的石地板上，小孩爬到他大腿上，然後，他問我爲什麼來到這裡。我告訴他村裡悲慘的情形，貢噶仁波切占卜的結果顯示只有他能幫助我們。他仔細聆聽，我可以感覺到他的慈悲之心，這個慈悲心超越了其他人不願踏進我們村子的恐懼。雖然他在潘基谷的寺廟位於死魔林的另一邊，距離三至四天的行走路程，但他卻聽說過我的村子，也非常清楚爲何其他人害怕進入我們村子的範圍內。他毫不猶豫就答應來我的村子，他妻子的緘默不語讓我感受到她的恐懼，我太清楚那樣的沉默代表什麼意思，那是一種對可怕疾病的恐懼，但又不好意思說出來的感覺。這很自然，因爲連我們都這麼覺得。

「我當天便啓程返回村裡，督修．林巴則是等了幾天，然後把家人帶到若塘隘口，送他們回潘基谷。

「我們經歷他人的排斥和孤立，無助地看著自己的父母、叔伯、阿姨、兄弟、姊妹、最後連自己身上的四肢都慢慢化成膿瘡血水，早在疾病一發生的時候，我們就已經不抱任何希望

督修・林巴手持修法儀軌法器的裝扮

了，但是督修．林巴的到來，又重新點燃了。由於他的慈悲，也讓我們對自己生起慈悲的心。

「醜八怪看不起自己，大家都害怕別人的痲瘋病傳染到自己身上，很怕某天醒來，發現自己的鼻子不見，變成化膿的傷口。鏡子裡那張少了鼻子的臉，不論是鄰居的還是自己的，都是一樣的可怕。我們已經忘了如何去愛自己了。

「然而，這個喇嘛做了別人不敢做的事，他眞的來到我們的村子。我們知道自己外表畸形，我們心知肚明。當我們聚集在喇嘛身邊，大家的身上，不論是手指、手掌、前臂、手肘、腳掌、膝蓋、腿、鼻子、耳朵和嘴唇，都有不同程度的腐爛狀況，肉被病菌吃掉，變成化膿的傷口；我們自己知道而且對這樣的景象也感到十分害怕。但他就像醫生來到事故現場一般，對我們殘破的外貌沒有絲毫恐懼，他檢視我們的傷口，試著用西藏藥草治療它。他爬上村子後方山谷上的寺廟，住了進去。從白天到黑夜，我們不斷聽到他修法時傳來的擊鼓聲和吹脛骨號角的聲音。剛開始他的修法並沒有阻止疾病的蔓延，於是他進行了禪修閉關，閉關數日出來後，他說看到了龍王的影像，所謂龍王就是龍族的國王，或是蛇王。

「他派人去他位於潘基谷的寺廟，把親近的弟子喇嘛南卓、喇嘛洛桑和喇嘛米旁找來。他們是修學有證的喇嘛，準備好雕塑所需的各種材料後，接下來的幾天，村民們都不見他們的蹤影，那時督修．林巴雕塑龍王像，喇嘛洛桑則爲雕像上色。

「當他們完成雕像的時候，村裡有人傳話，要我們大家到寺廟集合，督修．林巴告訴我們

造成疾病的原因——龍族或是蛇神通常居住在樹木、雜草和野花生長的水源地附近，或是潮濕之處；在拉胡爾區，遠遠就可以看到水源地，因爲那是唯一的綠地，除此之外的地方，一片貧脊。他說龍族非常生氣，因爲村民們把村裡水源地附近的樹木都砍光，拿回去蓋房子了。這是事實，就在村裡第一個村民身上長出膿瘡，無法治癒，身上肌肉被啃食之前，我們的心早就被貪婪所侵蝕了，我們把水源地附近的樹都砍了。

「『砍掉水源地附近的樹，』督修．林巴解釋，『讓土地失去平衡，也干擾到靈界，你們身上肌肉蝕噬的現象，就是龍族生氣的結果。也因爲如此，我們才刻了龍王的雕像。』

「這個雕像看起來就跟那疾病一樣可怕。當我看到它時，」秋希說，「我渾身發抖。龍王由一堆蛇簇擁著，端坐在蓮花台座上，下身不是雙腿，而是呈現盤旋狀的蛇尾巴，圍著虎皮裙。膚色藍色，頸上有蛇垂掛，雙臂有蛇纏繞。十八隻手，九隻手裡握著蛇，另外九隻則拿著刀。肩膀上掛著一個被剝了皮的人，能看到的部分就只有腿和腳的皮被剝到一邊垂掛著。祂有三層頭，每層頭都用人的骷顱頭裝飾著，蛇頭向四面八方竄出。」

「『到目前爲止，』督修．林巴說，『痲瘋病一直殘害著你們。現在，我們要消滅它。』說完後，喇嘛們開始了死魔林村民從未經歷過的威力強大且漫長的修法儀式。喇嘛們日以繼夜唱誦修法，召喚神靈，以平息祂們的憤怒。鼓聲、鐃鈸聲和賈令聲（嗩吶）響徹夜晚。他們在一個需要四個人才能扛起的大平台上，建了一個沙壇城。督修．林巴在平台上畫上壇城草稿，其他喇嘛用各種顏色的細砂，將顏色『畫』上。柴火上的大鍋裡煮著食物，供給修法的喇嘛和聚集的村民。

「整個修法儀式持續了十天，圓滿的時候，督修．林巴召集所有村民。他要我們把所有打獵用的來福槍帶來，然後我們一起到河邊，喇嘛們則是把沙壇城扛了過來。

「他們在壇城上擺上乾草，打算點燃。但就在任何一個人去點燃之前，乾草自己就突然燒了起來，村民們大吃一驚，也深受感動，直說：『我們的喇嘛一點也不瘋，他不是一個酒鬼，他非常有力量，是最有力量的人！』

「然後喇嘛們將平台傾倒，把沙壇城倒入山中急流裡，舉槍射向空中，吹著尖銳的哨音，藉此送走啃蝕他們肉體的惡靈。

「『從今天起，』督修．林巴告訴我們，『痲瘋病不會再來了，你們也不用再害怕了。』」

「村民們問他，『你把惡靈送走了，送到哪去了呢？』」

「『我把祂送到阿富汗去了，』他說，『在阿富汗，也有個叫死魔林的地方，那裡和蓮花生大士也有關聯。』」

就這樣，死魔林裡吃人肉的惡靈被消除了，而那慢慢啃食四肢的痲瘋病也消失了。村民的傷口得到治癒，沒有其他人再被感染。當我爲了寫這本書，到死魔林和周圍村落去訪查的時候，說實在的，我對於修法能治癒痲瘋病一事，是心存懷疑的。可是村裡老一輩的人，對這件

事記得相當清楚，每一位都跟我保證那是百分之百眞實發生的事。

死魔林的村民心存感激，他們聚在寺廟表達對督修．林巴的尊敬。村裡三十戶人家的總代表站了起來。

「以前我們有六十還是七十戶人家，」他告訴喇嘛，「但有些家庭因爲您剛剛才從村裡趕走的那個可怕疾病，整戶都死亡，有些人則逃走了，現在村裡只剩三十戶。有您在這裡，我們相信惡靈不會再回來，如果您不在這裡的話，我們會感

死魔林寺廟裡，督修．林巴所雕刻之龍王像的底座。

到害怕。因此，我們決定把我們的寺廟森督．卻廓林（Samdup Choekorling）供養給您。」

他們拿了紙寫好以上的聲明，每戶的代表都在紙上蓋上自己右手大拇指印，那些沒有右手大拇指的，則蓋上左手的大拇指印。其中有一個人，只剩下右腳大拇指可以蓋印。

督修．林巴派人騎馬去潘基谷，把家人帶來死魔林。不論潘基谷的居民再怎麼懇請，從此他沒再回去過。

7 祭祀、功德主與山洞

我們很難確定督修．林巴舉家搬遷到死魔林的確切時間。雖然山裡的居民也使用十二種動物爲一個循環去計算年份（與中國使用的十二生肖相同），但卻容易各記各的。有一次，我問一位年長的喇嘛幾歲了，他想了很久，用手指算來又算去，最後很坦白跟我說，他也不很確定自己幾歲，如果不是八十歲，就是九十二歲。當我向死魔林的村民問起督修．林巴何時搬過去的時候，我得到的回答也是充滿矛盾。依我自己的推測，他搬過去的時間大約是在一九四〇年代晚期，或是一九五〇年代的初期。

昆桑記得他們什麼時候搬到死魔林，但卻記不清楚是哪一年。

「我那時候還很小，」他說，「大概七歲或八歲吧，我也不是很確定。我只知道，我那時已經懂事到搬進這個痲瘋村會感到害怕了。」

昆桑的恐懼只是短暫的，那是基於過去對村子的印象，而不是當時眞實的現況。因爲當他和媽媽以及大他兩歲的姊姊噶瑪拉，騎著馬從潘基谷到達死魔林的時候，痲瘋病早已成爲過去式。儘管惡靈魔女存在這個村落的證據，深深烙印在許多村民的身體上無法抹去，但他們的傷口都已經得到治癒，整座山谷對於死魔林村的恐懼，也轉爲對喇嘛的尊敬，因爲喇嘛將他們從麻瘋病作害的命運中解救出來。

督修·林巴開始聲名遠播，許多遠道而來的人被他治好了。我詢問一位在那段時間認識督修·林巴的年長者，他認爲到底是什麼原因讓督修·林巴有這樣的治病能力時，他回答我，那是因爲督修·林巴的大慈悲心。許多喇嘛也來尋求他的教導，很快地，因爲督修·林巴的個人魅力以及熟稔密咒神學，死魔林寺從當初只剩一個人在那兒看管照料，變成了一個瑜伽士和密咒修行者聚集的地方。以前從村裡逃走的人也回來了，村子從以前縮減到三十戶，現在又增加回復到六十或七十戶了。

雖然死魔林的村民信奉藏傳佛教，但他們同時也信仰地方神祇，其中一位名爲格潘王的神祇，需要用活山羊進行血祭。因此，每年有兩次的時間，也就是五到六月和九月底的時候，死魔林的村民都會獻上兩隻山羊進行血祭。要區別佛教，特別是藏傳的大乘佛法和當地其他宗教的不同，差異就在於對所有有情眾生的慈悲心，佛教沒有動物獻祭的儀式。

蓮花生大士來到西藏弘揚佛法的時候，必須克服當地苯教用動物獻祭來滿足、討好神祇的行爲。他教導人們對有情眾生生起慈悲心，利用麵糰和泥團來代表獻祭的活體動物（有時甚至塗上紅色來代表鮮血），也利用鮮花和乾淨的碗水來獻供。督修·林巴也遵循類似的傳統，將

新的修法儀式引進村裡，代替舊的儀式，以素食、鮮花和水的獻祭方式，取代了以往用活山羊鮮血的血祭；直到現在，死魔林還是採用這種儀式。一位寺廟的喇嘛告訴我，「以前我們一年要殺四頭羊。這已經是四十五年前的事了，所以到目前，我們已經救了一百八十頭羊了。」

人們把一根長長的木頭，用五顏六色的彩布蓋起來，代表格潘王。一年一度，色彩繽紛的隊伍會把神祇抬到山谷繞行，祂會停在各個不同的村落，有些是信奉印度教，有些是信奉佛教，村民會向祂獻上活山羊。遊行的隊伍後來已經不會停在死魔林了，有人告訴我，每年隊伍經過村裡的時候，總是會有一塊彩布從木頭上飛下來，飄往寺廟的方向表示尊敬。

在死魔林的時候，督修．林巴也向村民介紹了「金剛舞」（或稱喇嘛舞）。他不僅自己縫製舞衣，也雕刻跳舞時所需佩戴的面具。同時他也寫了教本描述不同舞碼，喇嘛們穿戴面具和舞衣，演出各種神靈世界和介於死亡與重生之間的不同故事。他也創立了空行母舞蹈，讓婦女甚至是兒童都能參與。山谷裡上上下下四、五百個居民，都會來死魔林觀看這些舞蹈。

南卓，也就是幫忙把寺廟牆壁敲出一個大洞，並把督修．林巴從那兒取出的伏藏法抄寫本賣掉的那位喇嘛，也跟著督修．林巴學習西藏醫學。他精通把脈、拔罐和放血，因此變得非常有名。他是督修．林巴最親近的弟子之一，也是最有學問的弟子。

昆桑回想起，每次跳喇嘛舞的時候，南卓總是扮演忿怒尊的角色。他盤坐在廣場中央，手中舉著普巴杵，其他的喇嘛則圍著他跳舞。督修．林巴則是坐在寺廟頂樓的法座上往下看。他會給南卓一個指示，收到指示後，南卓會起身繞著廣場跳舞，之後再回到廣場中央坐下。一年當中沒有跳喇嘛舞的時候，南卓最令人記憶深刻的就是會走到街上，扮演忿怒尊嚇嚇小孩子，然後哈哈大笑。

「米旁也是從拉胡爾區來的，他是我父親最親近的弟子之一，」昆桑告訴我。「他是『倔』（施身法）的偉大修行者。」

「倔」，字面上的涵義就是「砍」或是「斷」的意思。修習「施身法」的處所通常是比較危險的地方，像是夜晚的墳場，這種時時刻刻提醒人們生死無常的地方。施身法行者會帶著鼓、鈴和脛骨號角，去到惡鬼和死靈

督修・林巴雕刻的面具，存放於拉胡爾區的死魔林寺。

遊蕩的火葬場，透過這些法器的聲音召喚無形眾生，觀想割下自己身上的血肉，將之布施給惡靈和需要他的色身滋養的所有眾生。這是一種極為深奧的斷除我執的修行方式，也是達到證悟的捷徑。

昆桑跟我說，「米旁第一次來見我父親的時候，他說：『請指引並且教導我，在面臨死亡時能夠對我有所助益的法門。請幫助我，讓我也能夠指導他人在面臨死亡之際能毫無執著。』「喇嘛的生活就是修法，這也是一般人對他們的期待，同樣也是他們賴以維生的方式。請我父親修法的人不可勝數，特別是修『揚讀』（招財納福）這個法。」

「揚」（yang）意思是「福祿」，「讀」（dup）意思是「積聚」。這種法會是喇嘛以功德主的名義為他們所修的法，能幫他們累積和確保財富延綿。集聚福祿必須透過密咒的力量，納集來自四面八方、不同層次和不同界處的福德資糧，同時也能保護現有的財富。

昆桑解釋：「譬如你有一條毯子，如果你不具備『福祿』，這條毯子對你來說可能毫無用處，或許輕易的就不見了，又或者根本無法讓你保暖。大概像是這樣。因此人們才會請喇嘛到家裡修招財納福法，層級愈高的喇嘛愈好，他的能力也愈強大。我的父親經常不斷地被請去修這個法。」

「過了一段時日，」昆桑帶著一點不屑的表情總結說道，「我認為修法的人生非常無聊，這也是我不喜歡這種工作的原因。」

「米旁也不喜歡這樣的工作，他通常拜託督修．林巴不要派他去信徒家裡修法營生，他只對彌留和往生的修法有興趣而已。因此只要有人死亡，督修．林巴就會派米旁前去修法。」

※ ※ ※

拉胡爾區的冬季生活不易。十一月或是十二月開始下雪之後，整個拉胡爾區的對外聯繫都會被阻斷。超過五到六個月的時間，深厚的積雪和飛雪讓人連隔壁的村子都過不去，更別說要爬過海拔超過一萬四千英呎，充滿危險的若塘隘口了。因此村裡比較富裕的人家，在海拔較低、較為青蔥翠綠的庫盧山谷會有第二間房子，每年趁著若塘隘口尚未被冰雪封住之前去到那裡。

直至今日，當地情況依舊是如此，相差不大，只是有錢的人多了，愈來愈多人在庫盧山谷置產買房。冬季甚至有了直昇機服務，由印度軍方提供營運，每兩個星期一班，往來拉胡爾區和庫盧。在以前的年代，冬天是當地節慶與宗教慶典絡繹不絕的時間，讓村民們得以團聚在一起。現在，冬天的拉胡爾區的各個村落，只剩少許人留在那過冬，因此生活更顯得孤立了。碟型衛星電視隨著電力進入山谷，冬季縱使一如往常與鄰近村落隔離，但現在他們也變成地球村的一員了，衛星電視串起了寶萊塢與好萊塢，讓兩地之間變得幾乎毫無距離。

督修．林巴全家搬到死魔林不久之後，有人在庫盧提供他一個住所過冬。直到十年後他前

督修・林巴與功德主旺秋，1960 年代初期攝於錫金。

往開啓白域哲孟雄之前，他和家人都是在庫廬山谷的潘高村度過冬天，夏天則是住在死魔林。督修．林巴的功德主住在潘高村，大家稱他爲功德主旺秋。他在比亞斯河上方的山崖邊上，提供了一個地方讓督修．林巴和他的家人居住。更準確地來說，那個地方本身就是一處崖壁，或者應該說是崖壁中的裂縫，那是一個山洞，功德主旺秋花錢請人砌了石牆和木作，也把地整平了，督修．林巴和他的家人就在那山洞裡過冬。那裡是荒郊野外，有著老鷹和蛇，沿著潘高村下方窄如剃刀般的小徑走過去，約十分鐘的路程。

昆桑跟我說，每當功德主旺秋去找他父親的時候，袋子裡總是會帶著兩瓶烈酒。他常這麼說：「一瓶給大師，一瓶給我自己。」

「雖然我那時候年紀很小，」昆桑說，「但我會跟功德主旺秋說：『一瓶給我父親，很好；但一瓶給你，那可不行，我和你，一人一半。』功德主旺秋就會說：『有何不可呢？』然後和我分享他的那瓶酒。」

在寫這本書的期間，我來到潘高村的下方，爬上懸崖，懸崖對面就是督修．林巴和他家人居住超過十年的山洞。

我們跟在一位僧人的後面，他用長長的木棍敲打前方的草叢和矮樹叢，驅趕眼鏡蛇。我小心翼翼地走在窄如剃刀般的小徑上，心臟上下劇烈跳動著，幾近暈眩，心裡揮之不去的是不小心失足的結果（掉到遠遠下方宛如銀色絲帶般湍急的比亞斯河，可是會死人的）。對於這樣一

督修．林巴住在峭壁上的山洞裡，圖中的寺廟當時尚未起造。
攝於庫盧山谷的潘高。

位十足瘋狂的男子，把妻子和年幼小孩帶到這種地方居住，我也只能苦笑了。

昆桑回想每年兩次舉家遷移的過程，每次得花上三天的時間，從潘高出發，經過若塘隘口，再到死魔林，之後再原路回去。他的父親和母親各自騎乘一匹馬，小孩子則是步行，走累的話再輪流騎馬。他們順著商隊的路線行走，每年遷移；當牧民驅趕羊群，通過若塘隘口往返拉胡爾區高山上的放牧地時，他們也跟著往返夏天居住的高山區和冬天居住的山谷之間。也因此他們總是被羊群包圍著一起行走，趕羊的牧民們則身穿厚重的白色羊毛大袍，在腰間打個結。有時候，他們也會停下來，牧民眷養的狗將羊群圍起來，他們就在山上清新稀薄的空氣中一起喝茶。

督修．林巴和他的家人往來死魔林和潘高兩地多年，在這期間，這兩個地方成了磁鐵一般，吸引了當時許多偉大的瑜伽士喇嘛慕名而來，當中有些默默無名，有些名氣響亮，有些則是逐漸變得愈來愈有名。有些以弟子的身分前來，有些則以平輩的身分前來。

其中有一位西藏喇嘛，他是西藏公認碩果僅存的當代偉大瑜伽士之一，名為夏札仁波切（Chatral Rinpche）❶。他經常到潘高拜訪督修．林巴，並且在同一片山崖上鄰近的山洞住過一個冬天。

❶寧瑪派當代大長老夏札仁波切，西元二〇一五年十二月三十日於尼泊爾圓寂，享年一〇二歲。

塔唐祖古（Tarthang Tulku）的家鄉果洛被中國接管的時候，只有二十五歲。他逃往印度，最後留在拉胡爾區督修．林巴的寺廟裡。他也跟著督修．林巴前往潘高，之後住在啓隆的死魔林下方不遠的寺廟裡。爲了更進一步的學習，之後他到了鹿野苑，之後又到美國，在那兒他成立了西藏援助計畫（Tibetan Aid Project）這個組織，專門幫助西藏難民，也成立了寧瑪學院暨佛法出版社（Nyingma Institute and Dharma Publishing），到目前爲止已經出版流通百萬本藏文經典。

德國著名的藏傳佛教學者賀伯．昆特（Herbert Gunther），也曾經和督修．林巴相處過。昆桑記得當初昆特博士來到庫盧山谷，進行西藏宗教和經典的學習時，住在一位大地主的房子裡，那位地主曾經是印度軍隊的上校，也是督修．林巴的功德主。他在馬納里、庫盧和啓隆都有小平房。這位大地主將昆特介紹給督修．林巴，昆特發現督修．林巴擁有豐厚的學識，雖然他或許算不上是督修．林巴的弟子，但也成了他的學生，跟著督修．林巴在潘高和死魔林學習了一段時間。

「我父親時常開玩笑，」昆桑跟我說。「他總是說昆特博士不需要翻譯員，他是一個祖古，一位轉世者。昆特精通藏文的閱讀和書寫，雖然我父親有時候還是得幫他校正文法。當時的我覺得昆特博士很老了，但現在回想起來，他那時應該是四十五歲或是五十歲左右。他會用藏文把問題寫下來，之後我父親就會回答他的問題。」

督修・林巴位於潘高的山洞，下方即是比亞斯河。

督修・林巴（右）
與夏札仁波切

錫金札西頂寺院壁畫，
描繪了喇嘛上師與明妃「打開」聖洞。

8 召喚

昆桑一路領著我，了解了這麼多他父親的故事之後，突然說道：「到現在爲止，關於我父親的事，並沒有不尋常的地方。」

塔芒祖古剛剛遞過來的熱茶，差一點從我手上滑落，這使得昆桑大笑不止，花了一點時間，他才又繼續解釋：「我父親是一位伏藏師，當然。他有那個能力，但自從蓮花生大士以來，也有很多人擁有這種能力啊。」

我知道他想說什麼，那是一種看法。畢竟西藏這塊土地，曾經孕育出許多高度成就的密咒大師。

「到目前爲止，」昆桑繼續說，「如果你要寫一本關於我父親的書，你會寫什麼呢？寫一些他發掘伏藏的故事嗎？但也有其他伏藏師發掘出伏藏啊！還是寫他曾經帶領軍隊？但戰爭自古以來就存在，也不乏帶兵作戰的人啊！如果只是這樣，如果他只是一位村落裡的喇嘛上師，我想你應該不會想寫一本關於他的書吧！」

8 召喚

我不禁一邊點頭同意，心裡一邊想著，他到底想說什麼。

「我父親在許多技能上很有天份，」昆桑說，「尤其是在治病這方面。身為一位能看見靈界的人，他能溝通不同的世界，不論他做什麼，總是充滿光彩。說到這兒，我們甚至尚未眞正說到他的生平職志是什麼。每一位伏藏師都有特定的伏藏等他去發掘，這些伏藏有可能是經本、法教或是具有力量的寶物。甚至在伏藏師之中，也僅有少數的人具有開啓『地球上的淨土』的使命。

「到目前為止，無論是和無形界的神靈溝通，或是以形而上的方式進行交涉而去利益求助的人，我父親展現了他優秀的能力。他的行為充滿了慈悲，他完全展現了多傑．德謙．林巴賜予他的名字裡所代表的意涵。儘管他外在行為善變且無法預測，看似反覆無常、不羈與乖僻，但那僅僅只是他的外相，他的心通達各種事物且具有勝觀。

「儘管身為一個具有勝觀的人，遠比其他人更能悟入內在世界，但他對外在世界卻毫不在意，更不用說是政治方面了。西元一九五一年中國入侵西藏不久後，很快就來到西藏東部他的家鄉果洛。在中國人前往西藏首都拉薩的途中，屠殺藏人、以及藏民因中國入侵而受苦的消息，像是瘴氣般，從遠遠的西藏高原翻山越嶺瀰漫而來。督修．林巴立刻預見了結局：中國接管西藏、發生大屠殺、寺廟被摧毀、僧人與喇嘛被關進監牢以及達賴喇嘛的出走。

「事實上，督修．林巴早在第十四世達賴喇嘛出走印度之前二十年，就已經預言了達賴喇

嘛將會遇到困難。在我父親前往印度之前，那時候他和達賴喇嘛寺廟裡的喇嘛們一起在拉薩，而這一世達賴喇嘛，也就是第十四世達賴喇嘛的轉世靈童還沒被找到。督修．林巴對那些喇嘛們說，他不認為找到轉世靈童後，那位靈童的未來會有多美好。『閉嘴！』他們說。『不准你這樣說尊者。』多年之後，同一批喇嘛已然跟著達賴喇嘛踏上流亡之途。在印度的時候，督修．林巴遇到了其中一位喇嘛，問他是否記得他先前的預言，喇嘛合掌於額前向他頂禮，默認了督修．林巴先前的預言和他們所經過的災難。

「督修．林巴返回西藏拯救雙親的時候，親眼目睹了西藏情勢的惡化。他帶了幾位親近的弟子，其中包含南卓和蘇先，穿過印度北部進入錫金王國，翻越乃堆拉隘口，進到西藏春丕山谷。然後他們去了多莫，他的父母、兩位侄子和一位外甥已經在那裡等了五個月之久。」

督修．林巴的父親客秋．林巴，是一位讓人敬畏的人物。這位林巴總是穿著密咒師的白袍子，頭髮盤成一個大髮髻在頭頂上，他隸屬多芒寺，之前從未有過自己的寺廟。現在他在帕達南有了一間自己的寺廟，位於死魔林上方山谷，步行大約五天時間。他的妻子吉洛，也同樣讓人心生畏懼，套一句昆桑的話，「她身形魁梧，就像伊拉克和伊朗的婦人一樣。」

若干年後的某個十月或是十一月，當督修．林巴和他的家人準備年度遷移，從死魔林前往潘高的時候，他們收到消息，說客秋．林巴過世了。督修．林巴與家人騎馬趕到帕達南，他主持了父親的火化儀式。

火化完之後，他將母親帶回死魔林與潘高兩地同住。儘管他父親的信徒無數次請求他回到帕達南修法，但是他從來沒再回去過。「如果你們需要幫忙，」他告訴他們，「隨時可以到死魔林來找我。」

中國入侵西藏，深深地影響了督修·林巴。當初他返回西藏接父母親的時候，不僅親眼目睹了實際情況，而且大量的難民不斷從西藏湧進印度，經過拉達克和拉胡爾區，到達庫盧和更遠的地方，這期間他聽到了不斷增加的災情。佛法本身也面臨了危機，中國摧毀寺廟，凌虐喇嘛，把他們關進監牢甚至是殺死他們。

對於督修·林巴這樣一位瑜伽士和密咒師來說，最重要的就是有時間和地方修行。西藏幅員廣闊與世隔絕，是能夠修行達到成就的好地方，這塊土地也孕育出世界上許多高度成就的密

督修·林巴與父親客秋·林巴

咒師，這些密咒師傳承並保留古老傳統的修行方法，以達到證悟和成就慈悲的菩提心。不論是在潘高的孤立崖面上，或是在死魔林的寺院裡，督修．林巴發現自己即使是在家人的圍繞下，仍然能夠繼續精進修行。然而他也看到，更多人的命運是死亡和災難，而且愈來愈無處可去。

從西藏的歷史上來看，這並不是它第一次被入侵。十二和十三世紀的時候，蒙古人曾經從北方入侵過，而在一九五〇年代，不僅是西藏人民，佛法也陷入了極大的危機。從蒙古入侵西藏的文獻史料中，西藏學者第一次發現了隱地的記載，第一個有關伏藏師尋找並開啓隱藏於喜馬拉雅山區裡隱蔽山谷的故事。

隨著情勢的惡化，開啓隱地的時機也漸漸成熟。就好比花朵到了授粉的季節，蜜蜂必然到來一樣，人們無處可逃之時，開啓隱地的時機就來臨了。爲了因應這樣的時刻，早在數個世紀之前，蓮花生大士就隱藏了許多聖境，並種下日後有助於開啓聖境的種子。

想像一下這個能預見未來世代所需要的勝觀力，這就好像西洋棋大師，在下第一步棋的時候，就已經預見最後的結局一樣。

只有極爲不平凡的人，對萬物相互依存的自性有著超乎常人的理解，才能創造出適合的條件，讓惡劣的時代中恰好出生適合的轉世伏藏師，在隱地之縫需要迸裂出現時，伏藏師心識裡的洞察力也適切成熟。

督修．林巴開始修持某些法門，並向空行母獻上供養，請空行母向他顯示通往隱蔽聖境的路途。他並非在問他是否是開啓隱地的那個人，對他來說那不重要，重要的是幫西藏人民找到一個避難的地方。

在死魔林時，某個夜晚，督修．林巴在半夢半醒間看見了一個景象。他看見蓮花生大士的明妃空行母依喜措嘉來到他面前，嚴肅地跟他說：「仔細聽清楚我所說的每一個字，」她命令道，「仔細聽好每個字，不要漏掉任何一個細節。西藏已被入侵，那些躲過殺戮的人，現在無處可去。打開錫金境內的隱地時機已經到來，你有很多事情要做，而且必須小心謹慎去做。你將是開啓的人。」

她鉅細靡遺地告訴了督修．林巴前往隱蔽山谷的路徑，首先他必須去錫金，到某座山谷，在某個特定的地標往左轉然後爬上山谷某側，在那兒修某個法門讓當地神靈以及白域的神靈感到歡喜。她仔細描述，而且重複了幾個重要的地標，耳提面命不要漏掉任何一個細節。「將來，」她告訴他，「我會到你夢裡，我會不斷地提醒你。我們有個偉大的工作要完成。」

督修．林巴見到了當初蓮花生大士封印伏藏的景像，之後他將此寫成「揑義」（聖地指南），也可以說是到隱地的旅行指南，他把書取名爲《空行母大密談：前往哲孟雄之路》。

> 在封印伏藏的時候，朗．巴吉．森給向蓮花生大士頂禮並獻上曼達，裡面有著各種珍寶。他恭敬地向蓮花生大士做了以下的請求：

「喔，慈悲的上師！未來當西藏子民面臨苦難的時候，在我們必須逃往隱地時，請告訴我們時機到來的徵兆，請指示我們，並給予清楚的預言。」

他不斷地向蓮花生大士請求。

偉大的上師回答：

「聽慧的弟子啊，請仔細聽，我將要告訴你們的是保護未來所有有情眾生的方法。

「在晦明交接之時（字面上是『時間的紅線』，這個比喻來自太陽落入西藏地平線下，所殘留的最後一抹紅色線），不要懷疑，伏藏的無盡涵義將會爆發浮現。

「五濁惡世之際，世界將被貪、瞋、癡三毒之魔所主宰，善良習俗消滅殆盡，人人盡行惡事。西藏人民因爲自己造作的惡業，導致流離失所，被驅趕分散到各個地區和國家，淪落到屠夫手上。

「大部分的人將會死於飢餓與武器之下，剩餘的佛法追隨者很快會被驅逐。邪惡之徒將會特別憎恨佛法行者，而行於錯誤道路上的人則備受大家賞識。那個時候，五大元素失調，百病叢生。莊稼與牲口將衰滅，內鬥與爭執將增加，劇毒的化學武器將撼動整個地球。

「中國的邪魔惡靈將影響每一個人，讓大家憎恨佛法修行者，他們將成爲偉大靈魂的敵人，批判這些偉大的靈魂。不論人們地位高低，都只有痛苦，沒有快樂，就好像在一個大火坑裡，無處可逃。痛苦與日俱增，月復一月，年復一年。

「受苦的有情眾生多麼可憐啊！

「當險惡的時間到來，珍貴的隱地將出現在錫金，那裡將成爲保護與拯救所有西藏人民的地方。

「別三心兩意，只要一心想著去偉大神祕密咒師蓮花生大士的居所，那個能保護所有西藏人民的地方。」

這就是某天夜裡在死魔林時，顯示於督修．林巴眼前，關於隱地白域哲孟雄的古老預言。從那時候起，督修．林巴開始談論關於隱地的事：他描述此地，並且告訴他的弟子，未來有一天他們將前去這個位於錫金的隱藏山谷，而且不會再回來。

有些人聽完之後，馬上覺得他瘋了；有些人則是不斷問他，「上師，我們什麼時候去呢？」但是，要去那裡並沒有那麼容易，隱地與其他你想去的地方不同，不是說你來到某個地方、走到某扇門前，打開門、走進去那麼簡單。那是一個不存在於地圖上的地方，沒有經緯度的座標顯示位置，它必須被「開啓」，而要開啓它，特定的條件必須俱足。

首先需要一位對的喇嘛，那個命中注定開啓它的人，那個在不變的意識層中被植入開啓之鑰的人。其次是時機，喇嘛必須在適當的時機去開啓。縱然是對的喇嘛人選，如果沒有推算出適當的開啓時間，所面臨的也只是重重的障礙。開啓隱地算是人類最偉大的事蹟了。一切條件必須圓滿，只要有絲毫的差池就會失敗，甚至死亡。

昆桑記得他父親第一次開始談到白域的事，「從我父親第一次見到空行母依喜措嘉，到我們前往錫金，中間隔了很長一段時間，」昆桑告訴我，「我只是個小孩子，我父親經常說到白域的事，說那裡沒有任何戰事，豐衣足食，無憂無慮。他也說到白域的自然美景，說那兒有著傾瀉的瀑布和許多甘露池。當他這樣說的時候，其他人總是說，『您要去的時候，請帶我們跟您一起走。』每個人都想去香格里拉。

「他是個極有說服力的人，只要一提到白域的事，那些聽他說的人，心裡馬上浮現出景象，並且渴望能夠立刻去到那裡，但他總是說時機未到。有些人認爲他瘋了，有些人則是能夠理解時機的重要性，儘管能夠理解，漸漸地他們也開始失去耐心。我父親經常喝酒，他酒醉的時候總說，『我必須去錫金，我必須打開通往香格里拉的門。』有人會說，『看吶，督修．林巴又喝醉了！他總是說他得去錫金，但卻從來不去。』有些人則說，『走吧！我們一起去。』而我父親總說，『有一天，我們會去，我們一定會去。』即使那些認爲我父親瘋了的人，一聽到我父親說到古老預言裡白域的事，也無法抑止內心想去的渴望，他們會說，『我們也想去。

8 召喚

快點、快點！要怎麼去呢？』我的父親會說，『我知道路，但我不說。』有時候，有人從遠地來，聽我父親講述白域的事，他會對他們說，『你們下次來的時候，我已經離開這裡，去了隱蔽山谷！』」

但是，首先要完成特定的事。

爲了開啓前往隱地的道路，伏藏師也需要來自靈界的幫助。他們必須透過修法儀式，溝通與安撫「地基主」，也就是土地的守護者，和「土地神」，也就是地方神祇。他們也必須和空行母保持良好的溝通，「達吉尼」是空行母的梵文，意思就是「空中行者」，藏文叫做「康卓」。空行母會出現在伏藏師夢境或禪觀中，和他們進行大量的溝通。她們也會化爲人類，成爲伏藏師的心靈或實際上的明妃，也就是靈性上的伴侶。事實上，伏藏師在執行某些特定任務的時候，他身邊必須有一位康卓或空行母，提供伏藏師與靈界最深層次的連結，扮演中間橋梁和引導者的角色。爲了開啓隱地，必須有空行母和他一起才行。

「因此，」昆桑微笑著說，「自從我父親看到白域的境像後，常有人看到妙齡女子在神祕氣息的圍繞中進入我父親的房間，這種情況其實應該是不足爲奇的。但可想而知，這引起了騷動，重點是我、姊姊和媽媽根本不知道空行母的必要性，因此這對我們來說並不是一件容易的事。

「我們開始看到一個、有時候是兩個年輕漂亮、穿著華麗的年輕女子，在我父親獨處的時候

進入他的房間。她們掩著面容，從來不露出臉蛋，進入我父親的房間後，就沒有再出來過。」

「你說沒有再出來過，這是什麼意思？」我問。

「對啊！就是因爲這樣，我們才知道她們是空行母啊！」昆桑說。

「讓我弄清楚，」我說。「你經常看到年輕貌美的女子進入你父親的房間，然後她們就消失不見了？」

「很瘋狂吧！」昆桑大喊。「但事實就是這樣，你知道她們不是眞的女子，她們是空行母。她們來之前，我父親會修某個法召喚她們，這種法稱爲『隆滇』（lungten）。他會進入一種入定的狀態，出定的時候，他知道空行母即將到來，就會叫所有人都離開。我們也會離開，但是我們會盯著他的房門看。然後我們就會看到她們來了，有時候是一個，有時候是兩個，穿著華麗的衣服，遮著臉。不管有多少人注意看著，就是沒有人看到她們離開。」

「這會不會比較像是，」我口無遮攔地說，「她們一直待到隔天清晨才離開？這會不會是他金屋藏嬌的方法呢？」

「如果眞是這樣的話，」昆桑嚴厲地說，「那麼應該會有人看到她們離開才對。但是每個人都只看到她們進去，我們大家都在那兒看著，從來沒有看到她們離開。」

「她們來的目的是什麼呢？」我一邊問，一邊低頭看著我的便條紙本，試圖保持認眞的表情。

「她們告訴他預言，給他教法和指引。有一次他出定的時候，沒有趕走大家，而是叫我們把他最親近的弟子南卓和米旁找來。他向南卓和米旁解釋，說他收到一個指示，有一位人類空行母會跟著他一起去錫金，開啓白域。這位空行母的特徵是胸前側邊有一顆痣，後背也有兩顆痣。因此他派這兩位弟子前往尋找具有空行母特徵的女子，幾天之後，他們帶回了兩位候選人。督修・林巴淘汰了第一位，因爲她不具備上述特徵，但是第二位完全符合督修・林巴說的各項條件。她名叫企美・汪嫫，她正式成爲我父親的空行母和第二位太太。」

「他們以前見過面嗎？」我問。

「當然有，」昆桑回答。「她和整個家族長期以來都是督修・林巴的弟子，他們彼此當然熟識，只是他先前並不知道她就是命定的空行母。」

「當你父親娶了另一個太太，你母親做何感想？」

「她很生氣，」昆桑說，「家裡多了第二個太太不會有問題嗎？當然有問題啊！」

「那你自己呢？你對於父親又娶另

督修・林巴的外孫久美

空行母企美．汪嫫與雪豹標本合影，這隻雪豹前不久才闖進她的牛棚，咬傷牛隻，反遭牛隻所踢而奄奄一息，最後由人進行射殺。

外一個太太，有什麼想法呢？」

「我不太高興，」昆桑回答。「但我父親的弟子也來找我和我母親，告訴我們，經文裡有記載，他需要一位空行母才能開啓白域。這是注定要發生的事，無可避免，因此他們要我們別感到難過。」

又有一次昆桑跟我說：「我不知道我父親是否有很多女朋友，但很多女人都對他很著迷，他是個美男子。」

我去見了督修．林巴的第二位太太，空行母企美．汪嫫。她住在一個小屋子，從死魔林寺廟越過一座危險的深谷就可到達，

8 召喚

我和她與督修．林巴的孫子久美一起過去那邊，久美也是陪著我走訪拉胡爾區，爲我翻譯的人。

當我們爬過危險山坡前往他祖母的房子時，他告訴我，不要問他祖母任何個人的私事，那有點不禮貌。當我們抵達房子的時候，她正在田裡忙著種馬鈴薯。她從田裡走了出來，和我說話。她很安靜，不多話，而且急著想回馬鈴薯田。很顯然的，對於以往的事，她不想多說些什麼。

※※※

當我向甘拓市外的南嘉藏學研究所資深研究員日津．多康巴詢問有關康卓或空行母所扮演的角色時，他向我說了以下這個故事：

從前在西藏有位伏藏師，有一天他和空行母一同前往一座險峻的高山發掘伏藏。伏藏師就是那樣，沒有邏輯可言，可能某天清晨醒來，就知道那天是發掘伏藏的日子。或許他們夢到什麼，又或許他們在禪觀中看見了什麼；無論如何，他們就是知道那天他們將在未曾見過的曲折山脈的某個岩面裡，找到蓮花生大士早在千年之前伏藏起來的經文。他們會告誡弟子：「不論我說什麼，都不要反對我。只要說：『好、是。』我或許會做出無理的要求，但是不要懷疑。不管我做什麼，都不要質疑。」發掘伏藏並不容易，不是說你知道它在哪兒，然後過去從崖邊

岩石裡拿出來，好像拿一份藏在那裡的手稿一樣。取伏藏，是指進入另一度空間，從那裡帶回一部分寶藏的意思。

這位伏藏師和他的空行母走到路的盡頭，來到他們從未到過的峰巒層疊的山裡。他們爬上狹窄的山壁和剃刀般鋒利的裂縫，直到前進無路，山壁筆直而下成為陡峭懸崖，登上巨大到無法想像的岩山斷崖。遠處的下方，河流傾瀉而下形成一連串自然原始的瀑布，對面則是與他們所處的斷崖一樣陡峭的山崖，只不過更高了些，相形之下他們所處的地勢顯得較低，對面山崖遮住了陽光，冷風從山谷的隙縫裡吹了進來。

伏藏師站在斷崖邊緣，伸手指了對面崖上交疊的岩石，說：「伏藏就在那裡。」問題是，要怎麼到對面去呢？往下到達河那邊，和爬上另一邊山崖，同樣都是不可能的事。

即使是伏藏師，也有感到懷疑的時候。

伏藏師心裡懷疑的種子還未浮現出來，空行母就已經察覺到了，她跑到他身後大喊：「去拿伏藏！」然後將他推下懸崖。

此時剛好有隻禿鷹從他們下方飛過，伏藏師掉在禿鷹上，禿鷹載著他飛到對面山崖，伏藏師得以順利取出伏藏。

※ ※ ※

督修・林巴常常使用名爲「札塔梅隆」的占卜方法，他將一面凸銅鏡插進裝滿白米的碗中，之後修法，然後請人觀看銅鏡，看看他們是否能從擦亮的鈍面銅鏡裡看到任何影像，然後解讀他們看到的影像。能從銅鏡裡看到影像的能力，稱爲「塔密」，字面上的意思就是「圖眼」。擁有「圖眼」的人，能夠看到未來的影像、解開過去的謎團並且與神靈世界溝通訊息。儘管也有年紀稍長的人擁有這個能力，但通常是小孩子較能看得到，尤其是小女孩。大概是因爲小孩子身上與直覺有關的氣脈仍舊暢通，而且想像力較爲豐富的原因吧。

日津・多康巴回憶在札西頂時，督修・林巴如何舉行「札塔梅隆」的占卜法。「不是只有女孩可以看見銅鏡裡的影像，」他說。「當督修・林巴還在札西頂的時候，我還是個孩子，大約十五、十六歲。他和當地的孩童們常常在札西頂寺廟裡的某個大殿裡舉行這個占卜法。我和哥哥都會去，還有其他大約三十個孩童也會一起去，有些是出家的小僧人，有些則是在家眾。他舉行過好幾次這種占卜法，那是小孩子也可以參與的活動，因此我們都會非常興奮。他會先修法，把銅鏡插入盛滿米的盤中，然後要小孩子一個一個去看銅鏡，之後再問我們看到什麼影像。有些人看得到，有些人則看不到，那是一種特殊的能力。

「有一次輪到我的時候，我看著銅鏡，一會兒之後，銅鏡突然消失，取而代之的是一座宏

偉美麗的山，有著數條河流潺潺而下。我看見山裡有許多大佛塔和長串的天馬旗。山頂下著雪，右側有條寬坦的道路拾丘而上，但有些路段被沖刷不見。我把看到的景況告訴督修．林巴，他說佛塔和天馬旗是好的徵兆，但被沖刷不見的路段則不是好徵兆。其他小孩子有些看到氂牛、綿羊和山等等。」

※　※　※

在曾經看過督修．林巴銅鏡的人之中，空行母企美．汪嫫的妹妹耶謝是最有天份的一個，儘管她不識字，但卻有「圖眼」。早在他們去錫金之前，督修．林巴就常常請她去觀看銅鏡。儘管她還是少女，而且十六歲就已經結了婚，她也注定成爲督修．林巴的空行母，而且命運和他緊緊相連。

督修．林巴住在潘高的時候，某天清晨，有位富有的印度商人爬上危險的山坡，來到他的山洞前尋求幫助。這位有錢人剛剛失去他所有的財物，因此驚慌莫名。

「請幫幫我吧！」他懇求著說，「我的保險箱剛剛被偷了，裡面有我所有的財產，而警察對這竊案卻毫無頭緒。拜託，大師，請幫我『莫』一下，好讓我能順利找到保險箱。」「莫」就是喇嘛常用念珠或是骰子來進行的一種占卜。

「不，」督修．林巴說，「這次不下『莫』，在這種情況下，我們必須用『札塔梅隆』的

空行母企美、汪嫫的妹妹耶謝

方式。我們必須使用銅鏡，而觀看銅鏡影像需要耶謝的幫忙。」那時候，耶謝正在離山谷兩個小時遠的馬納里。有人去把耶謝找了回來，當天下午，督修．林巴將銅鏡插入裝滿白米的碗中，開始修法，要耶謝仔細看著銅鏡，注意裡面顯示的每個細節。

她看到的影像是小偷們無法將保險箱搬太遠，所以將它放下，找了大約八個人來幫忙，才把它搬到一條河邊。

督修．林巴告訴耶謝，「你仔細看看是搬到哪條河邊，我們必須去那裡。」影像改變了，太陽下山，小偷們開始慌了，於是互問該怎麼處理這個保險箱，最後他們決定用石頭和樹枝將它蓋起來藏好。

根據耶謝的描述，印度商人知道了那條河流是哪條，就在他房子的下方而已。他們去到那個地方，一切就如同耶謝所看到的一樣。

我是第一次聽到昆桑說這個故事。說實話，我並不相信。之後，又有其他人回憶起這個故事，而他們說的內容又更加精準與詳細。

9 發現

當中國一路從康區進入，入侵西藏，毀壞寺廟，並且將僧人關進監牢的時候，大喇嘛和伏藏師們聚集起來，開了一個祕密會議。他們看見了艱險時刻的到來，無疑宣告了大家無處可去，於是他們自然想到逃往南方，尋找隱藏在錫金的隱蔽聖境。

錫金王國由許多肥沃山谷形成，位於西藏高原南方，藏文名字爲「哲孟炯」（Demojong），意思是「稻米之谷」。而隱藏在錫金裡的隱地，名爲「哲孟雄」，意思是「稻米大谷」。這座隱藏在錫金裡的「稻米大谷」，比起藏覆它的錫金王國，面積足足大了三倍，而且還保持了千年沒人發現；這就好比把一個鞋盒放進一個火柴盒裡，明顯顚覆了邏輯思維。

最近一次試圖去開啓隱地的人是多傑・德謙・林巴，大約是在一九二〇年代。雖然許多錫金的喇嘛知道多傑・德謙・林巴試圖開啓隱地的故事，但其中的細節卻無從考察起，因爲清楚這件事的人都作古了。也因爲這樣，我必須求助於歷史學者，所以我到了甘拓南嘉藏學研究所，與資深研究員日津・多康巴進行密集的訪談，他是很好的藏傳佛法實修者，也是一位學者，同時也是督修．林巴的弟子，這是我第一次遇見他時所知道的。當時我在南嘉藏學研究所裡的博物館，對某個雕像有些疑惑，於是警衛帶著我去了日津的辦公室，日津請我坐了下來，我向他提出了我的問題。

離開他的辦公室之前，我問他是否曾經聽說過督修．林巴，以及他去隱地白域旅程的事。「當然有！」他說。「我是從札西頂來的，我和哥哥都是他的弟子，我們跟著他學習唐卡繪畫。」

日津告訴我，多傑．德謙．林巴是拉尊．千波（Lhatsun Chenpo）的轉世，他是錫金的大聖者。當多傑．德謙．林巴從伏藏裡得到開啓錫金隱地哲孟雄的指示和指引時，他曾寫信給當時錫金的國王卻嘉．札西．南嘉（Chogyal Tashi Namgyal），表明他是「拉尊．千波」的轉世，而且蓮花生大士也曾經預言他將會找到隱地。他希望國王批准他的請求，讓他到甘拓拜見他。國王找了塔仍仁波切（Taring Rinpoche）商議此事，塔仍仁波切是一位大喇嘛，當時正在偏松寺講經說法。塔仍仁波切本身就是以「拉尊．千波」的轉世而著稱，剛好也是國王的親兄弟。因此他跟國王說，因爲自己已經是「拉尊．千波」的轉世了，所以寫這封信的人一定是個騙子，也因爲這樣，多傑．德謙．林巴就沒有被邀請到錫金了。

多傑．德謙．林巴並不輕言放棄，他終究還是出發了，前往尋找那座比國王卻嘉．札西．南嘉的「稻米之谷」面積更大、更美好的國度。他帶了二十位左右的僧人，從多芒寺出發，一路步行越過西藏高原，通過冰雪覆蓋的喜馬拉雅山區隘口，南下來到錫金國，只爲了開啓通往

隱地的道路。

他們在錫金停留的第一個地方是多林寺，那是一座小小的寧瑪派寺廟，位於距離惹凡格拉城不遠的森林之中，寬闊山谷對面就是札西頂。他們在那裡停留了數星期，停留期間，多傑．德謙．林巴也取出了不少伏藏，像是佛像和經文等等。他短暫去了札西頂寺，「札西頂」的意思就是「吉祥中心」，也是錫金的中央心臟。預言中那位會開啓白域哲孟雄的喇嘛會來到札西頂。但由於沒有入境錫金國的許可，他很低調地拜訪了札西頂，沒有停留太久。

他們又去了西錫金離尼泊爾邊境不遠的仁謙朋寺，接著又從那裡去了日孫寺。由於他們要去高海拔的雪山，因此帶了很多馬匹和騾子幫忙搬運物品。日孫座落於深山之中，已達雪線，而且接近哲孟雄的西邊城門。就像《聖經》裡的天堂王國一樣，隱地也有四座城門。

日津．多康巴（1943-2005），
錫金甘拓的南嘉藏學研究所資深研究員。

根據日津．多康巴的描述，就在這個關鍵時刻，出現了非常不好的兆頭。多傑．德謙．林

9 發現

巴和他的二十位隨從，住在日孫區區長偏丘．德卡達家裡，他也是日孫寺的建造者和擁有者。某天夜裡，雷電交加，大暴雨伴隨冰雹而下。多傑．德謙．林巴的隨從平常都睡在帳篷裡，那天晚上，他特別囑咐他們，一定要睡在寺廟裡面，所有的人都遵從了他的交代，只有一個喇嘛例外。這個人是「施身法」的修行者，「施身法」的修習場所，通常是選在危險的地方，像是火葬場或是剛埋下的新墳地。他違反了上師的命令，堅持要在屋外修習施身法。

那個晚上，下了一場可怕的暴風雨，地上全被降下來的巨大冰雹覆蓋，猛烈的閃電照亮了整個夜空。隔天清晨，他們發現閃電不僅擊碎了岩石和樹木，同時也把正在修習「施身法」的喇嘛打死了，而他們帶去的馬匹和騾子等牲口，也被雷電擊斃了一半。這眞是一個不好的預兆，多傑．德謙．林巴打算順應這個凶兆，放棄尋找白域哲孟雄；但是區長的太太伸出援手，她提供了多傑．德謙．林巴需要的馬匹和騾子、食物，以及完成旅途所需的各種糧食物資。他接受了援助，並且登上了覆雪的山坡。

福無雙至，禍不單行，不吉利的兆頭接踵而來（這些之後會談到），最後他只好放棄。他在返回西藏，還沒抵達多芒家鄉寺廟之前就去世了。在他去世之前，他宣布將轉世再來，並且會有三個化身。根據日津的說法，這件事情眞的如實發生了。

「三位化身中的其中一位，」他告訴我，「是吉札．南嘉（Jigdal Namgyal），他是我們最後一任國王最小的弟弟，住在甘拓高級中等學校的下方。另一位，我不太記得他的名字了，

他是由日孫區區長偏丘·德卡達的太太所生，也就是那位提供多傑·德謙·林巴足夠牲口和糧食，讓他繼續踏上旅途的婦人。第三位同樣也是出生於錫金，他是揚唐仁波切（Yangthang Rinpoche）①。他七十多歲的這段時間，大部分住在玉僧。

「德卡達的兒子和揚唐仁波切，他們兩位都被送回西藏的多芒寺接受訓練。他們那時候還相當年輕，大概二十五歲左右吧。兩位都因爲展現了無比聰慧的特質而名聞遐邇。在寺廟的學習系統裡，我們會在清晨背誦經文，一個聰明絕頂的人，一個早上可以背誦二十頁、甚至是二十五頁的經文。我還是學生的時候，可以背誦十五頁。但是揚唐仁波切和德卡達的兒子，他們每個早上可以背完一函經文，那可是超過了一百頁，因此每個人都感到很興奮。

「就在這個時候，西藏和中國之間開始產生問題了，當康區危險的情勢與日俱增時，他們逃到了首都拉薩。儘管如此，有關康區居民反抗和被大規模屠殺的種種悲慘消息，仍舊不斷傳到他們的耳裡。」德卡達的兒子告訴揚唐仁波切，「我們是喇嘛，卻從這些麻煩中逃脫出來了，但這是不對的，我們必須分擔他們的痛苦，竭盡所能幫助他們。」於是德卡達的兒子回到了康區，並且在那裡被殺死了。揚唐仁波切則留在拉薩，但不久後拉薩也被中國占領，他被中國關進大牢，長達二十年之久。

自從一九二〇年代多傑·德謙·林巴開啓白域哲孟雄失敗之後，康區的喇嘛和伏藏師就一直在猜測，誰將是下一個開啓的人。雖然他們一致認爲多傑·德謙·林巴是對的人選（畢竟伏藏顯示出來人選是他），他們把失敗的原因歸咎到時機上，他們認爲那個時候還不是開啓隱地的最佳時機。一九二〇年代，西藏相對來說是平靜祥和的，庇難所的需求沒有那麼強烈，直到一九五一年中國入侵西藏，加上隨之而來的暴行，這時候，沒有比尋找一所庇護之處更重要的事了。於是康區的大喇嘛和伏藏師們祕密聚在一起，召開會議，舉行占卜，好幫助他們找到下一位開啓白域哲孟雄的人。他們修了特別的法，也看到了禪觀中的景象：他們看到了空行母依喜措嘉告訴他們，開啓白域哲孟雄的人具備五個特徵，他們用寫貝葉經經文的型式寫了下來，而不是用一般「尋人啓事」的海報形式，於是乎，數百份貝葉版的複本就這麼手抄了下來，被分送到康區的喇嘛手上。

許多藏人，特別是康區的藏人，開始往南逃到印度。雖然這個時間點還沒發生像一九五九年全員跟著達賴喇嘛大逃亡的狀況，但情勢愈來愈險峻，特別是喇嘛們，他們發現自己成爲毛派反宗教狂熱下的攻擊目標。許多人冒險越過高山隘口來到印度，過著不確定的生活。爲了生存，這些初來印度的藏人難民，只能去乞討、當日間勞工和修路工人來生活。雖然西藏和印度比鄰而居，卻被世界上最高的山脈分隔開來，兩國生活截然不同。對於一個生長在寬闊高山平原上，財產以牲畜群大小來計算的人而言，突然間把他們丟到印度人群裡掙扎求生，這有多麼

①揚唐仁波切已於二〇一六年十月十五日圓寂。

困難啊！

蘇曼．格隆是參與康區祕密會議當中的一位喇嘛，他越過高山隘口逃往印度時，背上只背了一份貝葉版手抄複本和幾件衣服而已。手抄複本裡面提到，即將開啓隱地哲孟雄的喇嘛出生在康區，但找到他時是生活在「朵區」，「朵區」意思是「西藏上區」，這個區包括了喜馬拉雅山西邊的拉胡爾區、斯皮提區、奇瑙爾、藏斯卡和拉達克。蘇曼親身經歷了中國的入侵，他知道當務之急是必須找到開啓白域的喇嘛。

他抱著希望，祈求能夠找到替西藏人民開啓避難之地的喇嘛，以這樣的心情來到了喜馬拉雅山西邊。但是一路上，迫於生存所需，勞役逐漸占據了生活，他加入了一個工班，負責修築前往庫盧山谷的道路，每日敲碎石頭的繁重工作把他累得筋疲力盡，就像神話故事裡的英雄一樣，逐漸忘了當初來到印度的目的。他住在道路下方比亞斯河岸邊，由木條和河邊石頭搭建起來的臨時帳棚裡，這個區域住滿了百來位一起修路的同僚，同僚裡有離鄉背井的印度家庭、遊蕩的無根之人和像他一樣的西藏難民。

他居住的帳棚上方是巨大的山壁，後來他開始聽到山壁上方住著一個喇嘛的傳聞。一開始，他聽到那位喇嘛是個瘋子而且常常喝醉。白天拿著重重的榔頭敲碎石頭，已經讓他筋疲力盡，實在沒有多餘的力氣爬上山崖去找那位喇嘛。而且蘇曼來自康區，他自己認爲沒有任何當地的喇嘛可以和康區的喇嘛相比，所以就沒太在意那位喇嘛的消息。可是他還是不斷聽到住在

9 發現

山洞裡的這位喇嘛的事情，最後他終於發問了，「那位喇嘛是誰啊？」當他聽說那位喇嘛來自康區時，他變得感興趣了。他抓起貝葉版手抄複本，爬上山崖，來到督修．林巴居住的山洞。

當這位康巴喇嘛穿著修路工人的衣服，腋下夾著貝葉版手抄複本，爬上山崖來到洞前的時候，昆桑也在場，因此當場發生了什麼事，我們有第一手的資料可以了解。

「他渾身髒兮兮的，」昆桑跟我說，「衣服沾滿了石頭灰。當他開口的時候，我父親馬上聽出他特殊的康巴方言，兩人稀鬆平常交談起來，我父親開始問他：『你從哪裡來？待過哪間寺廟？』等等之類的話。

「客套話結束之後，那位喇嘛開始將話題轉向白域哲孟雄。這讓我嚇了一跳，因爲一向是我父親在說白域的事，說他將帶領隊伍前往那裡，但是現在他卻默不吭聲，好像完全不知道這麼一件事，讓那位喇嘛一直說下去。我知道這當中一定有什麼玄妙之處；跟著我父親總有新鮮事發生。我很感激我的父親，總是讓身爲獨子的我參與很多有趣的事。他很瘋狂，這點無庸置疑，但是事情總有不同的角度，到最後，從某個觀點來看，一切都是合理的。

「我父親用極爲淡定的口吻，不經意說出空行母依喜措嘉曾經來找過他。你眞該看看那康巴喇嘛的眼睛瞪得有多大，他重新打量了我父親。我知道他心裡揣測惦量著什麼，既是歡喜，又是懷疑。他帶著的那本貝葉版手抄本，裡面描述了開啓白域哲孟雄的喇嘛需要具備五種特徵，不僅是要在喜馬拉雅山西邊被找到，也就是我們現在所住的地方，還必須是來自康區。其

他四個特徵是：身形高大、有著長髮辮、雙眼有如老虎般，而且必須是一個「紐巴」，翻譯過來就是狂人或是瘋子的意思。

「當他看著我父親時，你可以看得出來，他正根據這些特徵一個一個審核著。審核到最後一個條件時，他稍微猶豫了一下，直到他仔細想了我父親的名字、看了我們所居住的山崖裂縫，以及他和太太兒女住在一起的事實。

「蘇曼．格隆決定更進一步切入重點，於是他問了我父親，是否聽過多傑．德謙．林巴這個人。

「『當然聽過，』我父親回答，『我還是個孩子的時候就認識他了。他不僅幫我舉行了坐床典禮，還賜給我這個名字。』」

「蘇曼．格隆雙手顫抖，打開了包經布，說了喇嘛和伏藏師召開祕密集會的事，也念了幾行手抄複本裡描寫白域的內容。

「我父親伸手到岩縫中，拿出一本他自己手寫的貝葉版經文，那是他見到空行母依喜措嘉後所寫下來的。他打開來，念了同樣的內容，那是他在禪觀中見到依喜措嘉時，她一個字一個字口述給他而寫下來的。

「蘇曼．格隆將經本按在額前，臉頰掛滿淚水，『當您去白域的時候，』他懇求我父親，『請您一定要帶我一起去。爲此我已經祈求了好久，這是我夢寐以求的。』」

9 發現

漸漸地，愈來愈多人聚集到督修．林巴身邊，聽他敘說白域的故事。

昆桑記得他父親說的：「有一天，我必須去香格里拉。任何想跟我一起去的人都可以來，只要你心無懷疑。如果你心中有疑慮，那麼請不要去，留在這裡！」特別是功德主獻上大瓶好喝的酒給督修．林巴時，昆桑記得他父親總是這樣說。可想而知，督修．林巴因此而名聲大噪。有人認為他瘋了，有人則是不停催促他。「大師，我們什麼時候去呢？到底哪時去呢？」特別是死魔林的人，他們對這位把他們從毀容與食人魔女手中拯救下來的喇嘛，有著極大的信心，他們想和他一起去，就連他最親近的弟子也不斷催促。但是他拖延了多年，沒有成行。

「時機不對，」他告訴他們。「我們必須多做些法事，我們必須淨化自己而且準備妥當。直到心中沒有一絲懷疑的念頭，那時候我們才算準備好了。」

「當父親說起白域的時候，」昆桑告訴我，「他用的是經文裡的語言，一般藏人無法理解。因此人們總是來問我，我父親到底說些什麼。」

昆桑大笑。

「那時候我只是一個小孩子，一個青少年。他們會圍在我身邊，眼神充滿好奇。因為我是督修．林巴的獨子，他們會問我，到了隱地之後要怎麼找吃的，衣服又是從哪兒來，還有那邊的氣候如何等等問題。我告訴他們，我們必須爬過高山才能到那裡，一旦到了那裡，有些地方會很熱，有些地方會很冷。

「他們會跟我說：『到了香格里拉之後，也不知道你父親會活多久，他死了以後，你要接替下去。你一定會從隱地取出伏藏的！』只是他們並不明白，在隱地，人是不會死亡的，而我也沒有糾正他們。

「他們會問我，要怎麼進入隱地，而我總是告訴他們，肉眼是看不到白域的。那裡會有一顆巨大的石頭，石頭上面有河流過，然後你跳進瀑布裡，從另外那頭出來。其他人則認為督修．林巴應該會先進入白域，然後從裡面拋出一條繩索。之後我父親的兩位親近弟子南卓和米旁才告訴我，我說的並不對，那裡沒有瀑布。『前往白域的路，』他們告訴我，『極為崎嶇難行，充滿了冰雪。』這是真的。我父親說過，他走的路線是最難走的。我之所以會提到瀑布，是因為我曾經聽過另一個叫做貝瑪貴的隱地，位於錫金東邊數百哩，雅魯藏布江在那裡下降流經喜馬拉雅山區，形成一連串的瀑布，而後成為布拉瑪普特拉河。」

「進入白域之後，你最期待發生什麼事？」我問昆桑。

他豎起大拇指。「快樂！」他說。

人們總是告訴我，督修．林巴擁有進入白域的鑰匙，但這點說的並不明確，究竟他們所說的鑰匙是不是一把真的鑰匙。然而在某些人的想像裡面，這把鑰匙會慢慢變大，直到變成像鐵撬那樣大，然後期待督修．林巴將它插進我們周圍世界的某個裂縫，把它打開，好進入另一個地方。

錫金與大吉嶺，標示故事中幾個重要的地點。

10 勘查

西元一九五九年，中國入侵西藏的暴行，以接管西藏首府拉薩並一度封鎖拉薩而達到高峰。達賴喇嘛要求他的子民，不要對中國殘暴的入侵行為做出暴力的反擊（估計中國完全掌控西藏之前，已殘殺了超過百萬名藏人），他領頭逃往南方，越過喜馬拉雅山，在印度得到了政治庇護。

當督修・林巴得知這些消息時，他知道西藏的佛法和人民正陷於空前的危難之中，因此，開啟白域哲孟雄的時機也漸趨成熟了。於是，他帶著明妃和幾位親近的弟子去了一趟錫金，勘查那裡的地貌（我們稍後會看到），並且和當地的本尊神祇與護法接觸。

督修・林巴把這趟旅程中的所有經驗，寫成了一本貝葉經形式的書，透過此書，我們得以一窺他對自己的內在證悟及所見景象等不凡的洞察力。他形容這本書是「道路之歌」，書名是《心的藤蔓》（*The Creeper-Plant of the Mind*），昆桑把書給了我。在這本督修・林巴親自撰寫的書裡，我們可以看到他依照自己所見到的禪觀境相，從中得到隱地的知識與經驗。

此時已達最後五百年的衰微時期，野蠻敵軍摧毀了人類的和平與快樂，佛陀教法從根被刨起，世界上的快樂與財富，已經少到猶如射進山隘口的光束那般微渺。

聽聽我到哲孟炯（錫金）的故事吧！我把它寫成了一首歌。

如果你誠心跟隨我的教法，必定得到快樂。我所做的一切，並不是爲了我個人的利益，而是爲了滿足眾生對於安樂與福祉的渴望。他人對我是褒是貶，我一點兒也不在意。

督修．林巴寫下了和弟子出發前往錫金確切的日期：

鐵陽鼠年十一月二十一日傍晚（西元一九六一年一月八日，星期日），此年四大元素調和，我離開了位於潘高的家，前往首府庫爾盧塔。

庫爾盧塔是當地佛教徒對庫爾盧城的稱呼，是該區的行政中心，是座相當大的市鎮，位於潘高南方三十英哩左右。

某天傍晚，我進入一種睡眠與自然心性相融的狀態中，本尊多傑・雷巴（護法神）以僧人的樣貌出現在我面前。他向我微笑，如此說道：

「喔！偉大聖潔的人啊！由於你純淨的心和高貴的情懷，儘管熾盛憤怒的負面能量或許會侵擾你，但這些邪惡的鬼神和惡魔卻無法傷害到你。因爲一切皆是空性且不存在，所以你將長久住世且累積更多福德資糧，而善行也將更增盛。儘管如此，你仍舊必須小心謹慎，不要與愚癡之人共事，要和追隨你堅定心志且對你虔敬的人在一起，盡你最大的努力，對抗造成魔障的力量。記住要盡可能的多做供養，多誦經和祈請。因爲你已累積足夠的福德資糧，你將可以毫無畏懼地前往想去之處，我會提供一切所需來幫助你去除障礙。」他說完這些話之後，我也從似夢的狀態中醒了過來。

對督修・林巴來說，他的行經之地，僅僅只是名義上處於二十世紀的六〇年代初期。他和隨從們，從庫爾廬出發，經過曼地，他稱爲「紮霍國王皇宮」的地方，而紮霍國國王就是八世紀時，試圖活活燒死蓮花生大士的國王，他也是蓮花生大士明妃的父親。他們搭火車往東行進約一千兩百英哩，穿過印度平原北部，再次進入喜馬拉雅山區，然後往北去錫金。他們停留在錫金國南方名爲卡林邦的城鎮（督修・林巴在書中稱它爲卡林卡〔Kalinka〕），然後去見了

10 勘查

督修・林巴的根本上師敦珠仁波切。

秋希，這位當初把督修・林巴帶去死魔林的年輕人，在這趟旅行中也跟著同行。他告訴我，他們是祕密離開的，旅途中遇見的人，沒有人懷疑他們這次旅行的任務是爲了日後前往另一個世界而做準備，甚至沒有人知道督修・林巴是一位喇嘛。他穿著一般人的衣服，留著一頭長髮，只有偶爾才穿上喇嘛袍。當有人問起，他們就說是要去朝聖。

敦珠仁波切住在卡林邦外面，一個名爲馬杜班的村子。秋希向我解釋爲何卡林邦到處都是西藏難民，這是因爲中國軍隊那時武力占領了傑勒布拉，這個主要往來西藏進入拉薩貿易路線的隘口。驚慌、恐懼、飽受創傷的藏人大量湧入卡林邦，以及印度喜馬拉雅山區的城鎮，倖存的人們想起了尋找隱地的重要性。

當他們前往馬杜班的時候，途中經過一個小村子，在敦珠仁波切居住的英國殖民式大房子的附近，在那裡他們有了一次對談，談話內容根據秋希的轉述，大致如下：

「拜託！大師！我們將去見一位偉大的喇嘛。您也是偉大的喇嘛。您不能穿著旅行時穿的舊襯衫和褲子去啊！拜託，換上您的喇嘛袍吧！」

「一個人的穿著並不重要，」督修・林巴回答，「人的內涵才重要。況且，最好不要鋒芒外露，將內在表現出來。」

「但是，大師，拜託，我們是您的弟子啊！」

督修．林巴順應了他們的請求，這並不是說弟子們的要求是正確的，督修．林巴被他們說服了，而是出於他對弟子的慈悲之心。馬杜班翻譯過來就是蜂蜜森林，在這個包圍著村子的森林裡，他脫下了平常穿的衣服，換上了白袍子。

秋希告訴我，他們和敦珠仁波切相處了三天，督修．林巴向他的上師報告，此行的目的是爲了查訪空行母依喜措嘉向他顯示的禪觀，以及一路上他所接受到的徵兆。敦珠仁波切本身就是一位大伏藏師，也是一位成熟和博學的喇嘛。

在與上師的會面之中，督修．林巴寫下了幾行字：「他微笑贊同表示支持我，向我說：『前進吧！所有一切珍貴的文獻寶藏和有關隱地哲孟雄的預言，都一致顯示你將會到達這個地方。』」

秋希也想起，敦珠仁波切同時警告督修．林巴，他的任務必須保密，只能帶著心思清明純淨之人同行，最重要的是應該慢慢前進。他察覺到這位年輕的弟子有些性急，可能會招來障礙。必須等待時機成熟才能開啓任何一個隱地

「那些你帶去的人，」敦珠仁波切告誡他，「他們將決定你的成敗，每一個人都必須拋開所有一切，不僅是物質上的，還包括內心最深層的想法。」

他們從馬杜班走了幾個小時，到達大吉嶺附近一個名爲久朋加洛的小城，到寺廟裡拜見夏札仁波切，他被公認爲是當時最偉大的西藏瑜伽士。夏札仁波切聽了督修．林巴的故事之後，

他把督修·林巴的弟子聚集了起來，給他們念了一段很久以前取出來的伏藏內容，這個伏藏是由蓮花生大士所封印的，裡面詳細描述了白域的事。

夏札仁波切給了他們一些實用的建議。「當你們在高山上尋找通往白域的大門時，不要在夜裡生火，那會招來動物和神鬼。來，用這個，」他把一支人腿脛骨做成的號角交給他們。「在夜晚的時候吹，」他告訴他們，「它不僅能把動物嚇跑，也能讓你們避免神鬼的干擾。」

第三天他們還在那裡的時候，一位名叫滇津·諾蓋的人來見夏札仁波切。這位滇津·諾蓋就是幾年前，和紐西蘭登山家艾德蒙·希拉里成功登上世界第一高峰艾弗勒斯山（聖母峰）的人。儘管他出生於尼泊爾，這個壯舉不僅讓他聞名世界，也讓他成爲大吉嶺的寵兒。他之所以來拜見夏札仁波切，是因爲他兩位太太當中的一位生了重病，群醫束手無策，於是他希望夏札仁波切能夠治療她。滇津·諾蓋不但是夏札仁波切的弟子，也是他的功德主。當他把情況向夏札仁波切稟告之後，喇嘛笑著說：「你今天來實在很幸運，如果你明天才來，那位能夠幫助你太太的人就離開了。」

他把偉大登山家滇津·諾蓋介紹給督修·林巴認識，告訴他說督修·林巴擁有偉大的神奇力量，可以治癒他太太，要他趕緊請督修·林巴回家去幫他太太看一下。於是滇津·諾蓋帶著督修·林巴和他一小群隨從，回到大吉嶺的家裡。他們在那裡修了很多座法，也提供西藏藥草給病患服用。滇津·諾蓋的太太很快就好了起來，從此，督修·林巴不僅多了一位新弟子，

還多了一位功德主。「不管您什麼時候來大吉嶺，」他告訴督修．林巴，「您一定要住在我這裡，」而督修．林巴也眞的這麼做了。但督修．林巴對滇津．諾蓋隱藏了他們此行的眞正目的，其實是要去勘查前往白域的道路。敦珠仁波切的警告深深烙在他心裡，而滇津．諾蓋交遊廣闊，名聞天下，斷不可能守住這個祕密。

他們從大吉嶺往北走，前往錫金，展開勘查。錫金於西元一九七五年成爲印度的一個邦，在那之前，它與印度是分開的獨立王國，並且與西藏保持密切的盟友關係。因此，當督修．林巴和隨從們從大吉嶺一路而下，穿越產茶區域，來到這條形成印度和錫金兩國的天然國界的藍吉河時，必須經過位於橋另一端的移民檢查哨。由於督修．林巴是溜進印度移居的西藏人，沒有任何正式的官方文件，所以需要花點時間和官員仔細溝通，而督修．林巴用他典型瘋狂的方式完成了──他用了一瓶烈酒。這不僅讓他和官員們酩酊大醉，而且也成了朋友。這個方法日後證明了很有用。

在督修．林巴描述這趟旅程裡，他說他們是在藏曆的十二月一日，或是西曆的一月十七日抵達新譚城。在新譚的時候，他寫道，「在極度的混沌之中，我看到了成群的神靈和惡魔，祂們顯示了對我的喜歡與厭惡。說實在的，我對祂們的行爲一點兒也不感興趣。」

他們繼續走下去，「我向其他人打聽那個地方的地名和它起始的歷史，由於不懂當地的方言，於是我求助於密法，直接來到頗負盛名的聖地，空行母所在的神祕山洞。」

10 勘查

那天傍晚，督修．林巴舉行了「內火供」。之後，他告訴我們：

我進入一種淺眠的狀態，在那裡，世界變成了三角形的形狀，中間有一位赤臉的年輕女子，表情既微笑又忿怒，雙手拿著金鋼鉞刀和人頭顱器，對我說了以下的話：

出發，出發前往隱地，
莫要，莫要與你喜歡的朋友分離，
莫要，莫要聽信愚癡而沒有信心之人的言語，
莫要，莫要忘記蓮花生大士的預言，
達到證悟，要爲了利益眾生達到證悟，
鞭策，鞭策神鬼遵守祂們的神聖誓言，
讓祂們，讓祂們培養出利益他人的心，
生起，生起清淨的念頭，
這是可能的，聖地之門可能將再度開啓。

說完後，祂用雙乳乳頭觸碰了我的唇三次，跟我說我完全獲得空行母三佛身的加持、灌頂和口傳，對我沐以十足的慈愛，然後消失不見。我從夢中醒來，全然喜樂。

他們從空行母的山洞出發，前往錫金王國的神聖核心札西頂寺。札西頂寺位於山脊終端，兩條河流匯集之處，可三百六十度俯瞰四周環繞的山群，也因此得了「吉祥中心」（札西頂）的美名。札西頂是錫金的「中心」，就好比心臟是一個人的「中心」一樣。

據說蓮花生大士曾經親自加持過這個地方。

在那個年代，要去札西頂只能徒步，沿著崖邊行走，涉過湍急河流上的人行步橋，穿過壯麗的景色，才能到達。

他們抵達之後，督修．林巴描述了他禪修的覺受：

我感到全然的平靜與快樂。這股大樂的感覺，轉化為大悲心和任運自然的快樂。對於六道以及現今的眾生，我對他們生起了難忍的大悲之心。在這透過深度的禪修所生起的大悲心之下，我所看到的景色或是聽到的聲音，我所經驗的一切，全部轉化成為大悲觀音菩薩的身、語、意。出定之後，我念誦了祈請文與迴向文，以增長和保持睡眠明光。

那天晚上，許多空行母前來找我，其中一位作了許多特別的預言，另外一位給我許多經本，裡面含有祕密的口訣，她也給我很多祕密的預言和教誡。

兩天之後的清晨，督修．林巴開始勘查附近地區，試著尋找哪些地方具備吉祥的特徵與記號。

我向當地神祇獻上祈請文，並且縱覽檢視了整個地區，許多特徵與記號顯露出吉祥與快樂的訊息。我感到歡喜且鼓舞，讚頌著說：「啊！最善妙的就是此地，哲孟炯！這個由奇特方式而形成的善妙地方，就好比藍色蓮花花萼綻放一樣。」

蓮花生大士有五座大山洞。紅白二河匯聚往南流，意味著居住在南方的一些眾生將證得佛果的徵兆；絢爛的彩虹與祥瑞雲海莊嚴高懸，代表著星象家與信差的歡迎；青綠色的丘陵與山谷，綴滿了吉祥的樹木與花草；珍貴石山上的花朵與果實低垂，盈滿甘露般的汁液，甜美香氣隨著微風吹拂四處飄散。法會中，祥雲如穹頂般覆蓋在供品上方，無數具信之空行母聚集，對於此地無限的神奇之處，

我只有讚嘆。我如此發自內心地讚頌此地之後，在這兒四處漫遊，看到了許多神奇的景色。

那天傍晚，一位名叫朗波．果謙的空行母來到我夢中，給了我許多指導，幫助我消除煩惱和昏沉，之後又向我展示哲孟炯的許多文獻寶藏。之後，空中聚集了無數神靈鬼怪，試圖以祂們忿怒的相貌威嚇我，企圖讓我受到傷害、危害我的生命。

當這些神靈鬼怪彼此這麼議論著的時候，空中傳來文殊師利菩薩的聲音，說：「此人乃是蓮花生大士的使者，不該受到任何傷害。這個神祕國度的東門或西門，不論是哪個門被開啓，都是爲了眾生的福祉與利益，因此大家必須朝著這個目標，齊心合力幫忙。」

隱藏在當地的一群地方神祇，也是干城章嘎峰的守護神，百來位聚集在一起，領頭者說了：「此時此刻不要打開聖地之門。首先你應仔細檢視現況，當今時刻，人們表現出來的只是假的信心，沒有人打從心裡誠實無欺地展現自己的信心。」

「唉！這只會讓你徒勞無功。

「那些由衷相信你話語的人，數量猶如白晝的星星那般稀少，而辱罵和引誘他人的外道之徒，則多如夜晚的星辰。因此要找到成功的道路，非常困難。人們對他人的遭遇幸災樂禍，也無法兌現自己修行上的承諾，這些人到最後只會減損你的壽命啊！因此，你最好是祕密行動，只帶幾個眞心誠意的弟子一起去，不是比較好嗎？」

對於這個問題，我做了以下回答：「蓮花生大士曾經告誡我：『藉由開啓祕密國度大門，你將爲受到加持的三千位追隨者帶來快樂、財富和榮耀。』因此，我必須接受並且竭盡心力完成這項艱鉅的任務。至於你們，何不放下忌妒和苛刻的心，伸出援手來幫忙，讓這個隱地成爲友善的國度呢？」

說完之後，我繼續禪修一切神靈鬼怪的本質其實只是人心造作出來的，祂們並不存在。當我這麼想的時候，這些所謂的鬼神精靈，通通消聲匿跡了。

這個如夢般的狀態消失之後，空中傳來美妙的聲響，吽～吽～吽的持續了好長一段時間，然後轉化成一個聲音，說：「朝西方前進，去蓮花生大士禪修的山洞吧！該地叫做『努・德謙・普』（Nub Dechen Phug[1]），在那裡觀修忿怒本尊卓

[1] nub 是西方，而 phug 是「洞穴」的意思。Nub Dechen Phug 即是「西方大樂山洞」。

窩・洛（Drowo Loe），直到自己和祂無二無別，然後對神靈做廣大的供養。」

於是我到了「努・德謙・普」山洞，在那裡禪修。我把自己觀想爲忿怒本尊，之後做了廣大甘露般的「色謙」神飲供養，也對八類世間鬼神做了朵瑪供養。

然後我離開了那個地方，花了三天的時間，來到一個名叫密蘭・普莫（夢洞）的山洞。在那裡，我見到了密續本尊黑魯嘎，祂裝扮如隱士一般，頭髮豎起，身上戴著人骨莊嚴，手持天杖，天杖上方有人的頭顱裝飾。「來吧！」祂說，「讓我們去看看外面的風景。」

於是我們去了。

片刻之後，我們來到千城章嘎峰的頂端，看到了白域哲孟雄，這個迄今完全隱藏的國度。空中充滿彩虹般的光束，空行母以非人的型態出現，她們在雲間唱歌與跳舞抒發時間。青山綠水散發出藥草的香氛，整個大自然的景色，充滿了無法想像的神奇。

接著，這位隱士用手指打了幾個手印，以極爲悦耳的聲音對我說：「哎呀！隱地的東邊，這五座白雪覆蓋的山峰，呈現出獅子般的神態。下方是珍貴的湖泊，充滿牛奶般的甘露，還有許多隱藏起來的山洞，洞中藏滿了珍貴的寶石與水晶。南邊，由彩虹和祥雲覆蓋住的黑森林裡，你可以找到豐富的絲綢和食物。西邊，有著藥草森林，和金、銀、銅、鐵等礦脈，也有興建房舍所需的其他材料。北邊，冰雹和雨水降下的覆雪山巒中，有著充滿各式武器的驚人寶藏洞穴，也有許多寶庫保存了佛像和佛所寫的經文等宗教聖物。在所有的四個方位、中間以及交界的地方，也同樣有數不清的家用物品可供使用，能夠滿足每個人的需求。在山谷、丘陵和森林裡，你可以找到數不盡的各類藥品和食物，還有織成絲綢、衣服和各式長褲的基本材料，同時也有用來烹煮美食的多種穀類和飲品。

「在那裡，也可以找到無窮盡的俗世物品和消遣，滿足每個人的感官。除了東邊和西邊的路徑之外，沒有其他的道路可以通往這個地方。前往這裡的方法、各處的地名和其他重要的關鍵等等，就好比一本道路指南，說明了如何開啓此處的大門，它就在札西頂的五大山洞裡面。如果你能不被這些不信守承諾、傲慢自大、對他人心存惡念的鬼神所誘騙，能夠從祂們的邪惡影響中逃脫，那麼，毫無疑問的，你將擁有這片神聖之地。不要忘記我剛剛說的，要謹記在心。」最後一句話，祂重複講了三次，然後我就醒了過來。

之後我們又去了名叫德謙的山洞，在那兒我們發現了許多不祥的徵兆，顯示印度、西藏和其他地區會發生爭鬥、流行病以及政權的瓦解。在這裡我就不多加

贊述了。

我在蓮花生大士的山洞停留了兩天，徹底觀察了整個地方。期間有一位凶狠的惡魔直接衝著我來，用各種方式欺凌我。我無法立刻判斷這是眞實發生的事情，還是發生在夢中。於是我借助禪修，由觀修空性調伏了這個惡魔。之後，我看見一個徵兆，顯示出我已經降伏了祂。

某天清晨拂曉之際，我夢見怙主蓮花生大士坐在高高的石台上，祂微笑著，渾圓的雙眼直視廣闊無垠的天空，極爲慈愛地對我說了以下預言：

「哎呀！哎呀！濁世已經到來。不久之後，哲孟炯（錫金）將遭受外來的威脅，該是打開隱藏國度的時候了。除此之外，人們將變得愈來愈極端，僅有少數人保有信心且珍惜正念。不遵守承諾的邪惡神靈造成的紅色風暴障礙將不斷增加，惡靈已入侵每個人心裡，縱使如此，仍然有少數人因自己的善行，將與你緊緊相繫，甚至能親見我的容顏。

「不僅如此，他們若是觀修蓮花生大士和他的明妃，而且恪守神聖誓言，依循我的預言行相對應的事，此生將能得到無上成就，證得佛果。

「那些對我這個名爲蓮花生的人所作預言心存懷疑的人，對此生親友和這個世界仍然執著的人，他們的慾望是無法滿足的，那麼他們又如何能享受來到這個隱蔽聖境的福份呢？

「那些不相信我和我的化身的人，那些對於我們的作爲抱持邪見的人，以言語誹謗詆毀我們，反而相信僞善者的詭計，因此這些人是無法遵循神聖教導的，他們將會墮入地獄之中。因此，你必須只和信守神聖誓言的人交往，這點極爲重要。

「當你開啓隱地大門的時候，必須盡可能做廣大的供養，繞行四座山洞，焚香禮拜當地神祇，舉行修法儀式預防內在紛爭。此外，你應該以空行母的名義進行火供，這點很重要，這有助於降伏神靈、鬼怪和惡魔，讓祂們成爲你的助力，讓你的內外障礙得以消除，你將可以帶領眾多幸運者前往那神聖之地。

「放下你的遲疑，你們所有人！要獻上祈請！你所立下的神聖誓言是正確無誤的。此外，要根據前往隱地哲孟雄的指引書行動，遵行空行母給你的祕密指示，不要弄錯能達到法教目標的道路和方法。要善巧，將你的本然心性護守於正見上，安立禪修的命力。由行持的大無畏精神，遠離希望與恐懼，不要喪失自利和利他的勇氣。切莫忘記我的教導。」

說完之後，蓮花生大士消失不見，然後我時而直接、時而潛意識感覺到虛空中出現了許多不可思議的神奇徵兆。

督修．林巴用淺顯易懂的文字，爲《心的藤蔓》這本書做了結語：

爲了圓滿前往白域哲孟雄的旅程，所有的懷疑和猶豫都必須徹底摒棄。你們這些受著過去善業和福份所牽引的人啊，如果你們渴望進入這個路途崎嶇的國度——蓮花生大士的隱地，那麼，放下你們猶如毒藥般的質疑，在心中增長你們的信心和清淨的念頭。在這墮落的時代，要避免和作惡之人爲伍，要與對佛法有信心且遵循佛法的人爲伴，不要讓自己執著於世間的事物。來吧！加入我一同前往哲孟雄的旅程吧！但願它能成爲一切有情眾生和平與快樂的起因。

11 給四百

某部典籍裡記載著一個預言，當白域哲孟雄開啓的時刻到來，那位開啓聖境的喇嘛，首先會在札西頂寺表明自己的身分。但是寺廟裡沒有一個喇嘛知道這個預言是寫在哪本典籍裡，聽過這個預言的人也不知道，更不用說拿給我看了，這只是一個家喻戶曉的錫金傳說。這個信仰改變了許多人生命的方向，因爲當督修．林巴和隨從到達札西頂的時候，儘管他們很低調，沒有大肆宣揚，但是已經有人守在那裡，離鄉背井從不丹等地遠道而來，只爲了等待預言中的喇嘛到

來。

給四百就是這些人當中的一個，他現在大概已經八十五歲了。他在三十六歲的時候離開了祖國不丹，特地來到錫金的札西頂寺，只爲了等待預言中開啓隱地大門的喇嘛到來。同時也有很多人已經在札西頂等了好多年，有些人甚至等了幾個世代，由於給四百是一位非常有名的占卜師，精通預言，當他聽到中國入侵西藏、大舉破壞寺廟、製造大屠殺，且達賴喇嘛也流亡出國的時候，他知道這種種不好的兆頭都指向同一個方向，那就是開啓白域哲孟雄的時機已經成熟了。給四百只比督修．林巴首次從谷地登高上山前，早了幾個月到達這裡。

給四百的父母在他一歲的時候便雙雙過世。他的祖父是一位有名的瑜伽士，當給四百還小的時候，他的祖父在禪修中坐化圓寂了。他們保持了祖父往生時金剛跏趺坐的坐姿，而且，像許多西藏喇嘛成就者圓寂時一樣，他的屍體並沒有腐爛。

起初，這位小男孩並不懂死亡是什麼意思。他的舅舅藉著鄰居家的狗最近剛好死掉這件事，向他解釋死亡的意思。給四百聞過死狗身上發出的味道，也看過腐爛的死狗招來蒼蠅和身上長的蛆。當他明白死亡代表什麼之後，他不相信祖父已經死亡，因爲他的身體仍栩栩如生，不但沒有腐爛的味道，周圍甚至散發出花香。他的舅舅向他解釋，那是因爲祖父已經達到修行上的成就，才能保持肉體不腐敗。由於給四百從小開始，就經常看著他的祖父處在深層禪修的狀態中，一動也不動，可以維持數天之久，所以他無法把祖父那樣的禪修狀況和現在死亡的狀況連結在一起。爲了釐清兩者的差別，他舅舅把小男孩的手放到小男孩自己的嘴前，問他有什麼感覺，他說他感覺到自己吐出來的氣息。之後，他舅舅又把他的手放到祖父的嘴前。

「你感覺到什麼？」他舅舅問他。

「什麼也沒有，」他被動著回答，「冷的。」

直到這時候，小男孩才明白祖父在世時所探索的一些祕密——保持禪修姿勢、好像死亡一樣，但現在他已經死亡，卻又表現出活生生的樣子，並且保持肉身不腐爛，不同於那死狗屍體的命運。

也在這個時候，小男孩決定，將終其一生致力於探索同樣神奇的祕密。

他成爲一位大喇嘛的弟子，大喇嘛是一位厲害的占卜師和預言家，同時也是不丹國王御用的祈雨法師。在訓練的過程中，首先他接受了三年三個月又三天的禪修閉關；大部分的喇嘛都是在接近二十歲或是二十多歲時，才接受這個禪修閉關訓練，但是給四百卻在十幾歲就開始了。

由於給四百沒有什麼食物可以吃，他只好吃自己採集而來、用柴火煮過的蕁麻。因爲吃了太多的蕁麻，導致他的皮膚呈現出綠色，就像西藏瑜伽詩人密勒日巴一樣。

他繼承了祖父的經書，就是在這次飢寒交迫的閉關裡，他在祖父的經書中發現有關隱地的記載。他在經書裡面讀到，在隱地永遠不用擔心沒有足夠的食物。

「早上播種，」他讀到，「傍晚就可以收成。」你也永遠不用擔心沒有足夠的衣服穿，不管天氣有多冷，都能讓你保持暖和。

飢餓、寒冷、獨自一人在洞穴，經書裡的這些話，深深印在給四百的心裡，難以忘記，他決定要致力尋找這個隱地。現在，他已經八十五歲了，而且沒有再回去過不丹，他住在玉僧區札西頂的北邊，這個進入高山前的最後一個村子，也是隱地的西邊城門。

村裡富有的大地主雅巴拉家，同時也是督修．林巴的主要功德主之一，他提供了牛棚上方的木屋子給給四百居住，我就在那裡和給四百見了很多次面。

給四百大概是我所見過最快樂的人了，他不僅有著孩童般的赤子之心，同時也具備賢哲的智慧，他的信仰直接且有感染力。就是在跟他相處之中，讓我感受到，比起其他人，他最讓我覺得尋找白域這件事情是可能眞實存在的。

我第一次去玉僧見給四百的時候，是雅巴拉家成年的兒子陪我去的，他不僅受過良好的教育，而且說著流利的英語，他幫我翻譯。當我向給四百說明此行的目的是想談談關於督修．林巴和白域的事時，他沉默不語。

「這些是很祕密的事，」他說。「密續。我沒有什麼可以跟你說的。」

我試著緩和他的立場，但是因爲我的口譯員基於某些因素必須到別的地方，他把我們兩個各有心思卻語言不通的人單獨留在一起了。儘管給四百已經在錫金生活超過四十年，他對於當地通用的尼泊爾話，還是只懂簡單的基本詞彙。他所處的世界和我們截然不同，那是一個會讓人不由自主深深被吸引進去的世界。僅僅只是看著他，你就知道他掌握了偉大神祕力量的鑰匙，不單是因爲他舉手投足都像東方聖者，而且也過著如同他們一般的簡樸生活。

在我前往玉僧途中，每每提及給四百的名字的時候，人們告訴我，他的占卜術和控制天氣的本領聞名全錫金。他擅長造雨，每當哪裡有乾旱出現，人們就來找他，同樣地，如果是在雨季時節需要天氣放晴的話，人們也會來找他。就在我去拜訪他的不久之前，附近一個新蓋好的寺廟要舉行落成典禮，並且舉行爲期三天的法會，有些大喇嘛將會搭乘直升機前來，其中一位還是達賴喇嘛的代表。那時候正處於雨季的時節，而雨季在錫金是很嚴重的，大雨持續不斷連下數日，如果有二十四小時的雨停時間，那才眞是稀奇。這座新寺廟裡的喇嘛來找給四百，給四百修了法，那是當他還是個孩子時，跟在不丹國王御用的祈雨法師身邊學來的。結果那三天的天氣晴朗乾爽，這件事情是有記錄下來的。

又有一次，給四百跟我說了一個故事，這事發生在當他還在學習祈雨術的時候。某天，不丹國王的三位使者帶了國王的信，來到錫金東部他老師閉關的地方。由於雨水短缺，王國境內的農田莊稼已經逐漸乾枯。這封由國王親自彌封的信裡，指示他的老師要設法造雨，他的老師欣然接受，依照指示做了。

雨下得極大，不用三四天的時間，王國裡的人早已忘了乾旱的事，這下反而變成嚴重的洪

水危機。國王又派了使者前去，這次沒有詼諧打趣的信函，而是直接下達命令，要他馬上停止降雨。使者們帶了厚實的繩索，因爲國王下令，要是在他們抵達後一天之內，雨沒有停的話，就用那繩索將他綁起來，浸到水裡，只剩鼻孔露出來呼吸，直到他把雨停下來爲止。

那一天，第一次我倆獨自相處，彼此間幾乎沒有共同的語言，給四百從床底下拿出一個煤油爐，又從塑膠瓶裡倒了一些水到一個鍋裡，把煤油爐注滿準備就緒後，開始燒水煮茶。他蹲坐在屁股上，調著茶和糖，雖然我們試著溝通，可是彼此卻無法對話。於是我說了一句腦袋裡塵封已久的尼泊爾話，我說：「凱　軋努」（Kay garnu，怎麼辦）？

給四百覺得非常有趣，在所有我可能知道的尼泊爾話中，我說了這句話，他反應極爲平常且單純地接受了我所說的，並在當下尋找快樂。這就是給四百看起來像是一位大師的原因，在時間的河流裡，他總是保持著單純的快樂。他笑得前俯後仰，蹲在煮茶鍋前，說著：「凱　軋努，凱　軋努！」然後又說：「英格雷希？」他想知道那句話的英文該怎麼說。

「凱　軋努，尼泊爾話，」我說。「英文是：華突杜。」

「哇杜杜」他試著說，我不斷重複念給他聽，直到他發音正確爲止。

接著，他拿出一本老舊、書皮破損的書出來，用藏文字母先寫下「凱　軋努」的譯音，然後又寫下「怎麼辦」的英文，不斷重複念著它，笑得跟彌勒佛一樣。這對他來說似乎很重要，他把這個詞也寫在其他不同的地方，好讓自己不要忘記這句話的英文。

11 給四百

第二次我去見給四百，是九個月以後的事情了。在大吉嶺的時候，在我和昆桑的訪談之中，旺秋居中扮演著稱職的口譯員角色。現在我們一路合作，探訪和他祖父故事相關的人物以及錫金境內的相關地點。旺秋說著一口流利的尼泊爾話和藏文，不僅幫我翻譯，還是一位好同伴，同時也藉由此次旅程，發掘他祖父的事蹟，那些故事他從小聽到大，卻從未聽過我們現在發掘出來的種種細節。

我們從玉僧一路過來，走過灰撲撲的道路，爬上老舊木頭階梯，來到牛棚上面給四百住的房間，向他獻上卡達（那是一種禮儀用的白色圍巾，用來表示對喇嘛的敬意），同時我們也帶了一袋水果和餅乾做為伴手禮送給他。給四百瞪著我看，顯然他記得我，只是腦袋裡在想著到底是在哪認識我的。

所以我伸出了食指，指向天空，轉了轉，說：「怎麼辦？」

給四百差一點從他的斗篷裡掉了出來，「怎麼辦？」他重複著說。「怎麼辦？」他大聲笑著說。「他叫你怎麼辦先生，」旺秋一邊說著，一邊把水果和餅乾拿給給四百，然後他們開始用藏文交談。我坐在給四百對面床上，並沒有留意他們在談些什麼。後來我發現給四百在同樣那本老舊書皮破損的書上，寫了些東西，而旺秋正在幫他一字一字地念。

給四百轉向我，他把紙張放到眼前好看清楚，小心地說了這些字：「要死了，怎麼辦？就要死了，怎麼辦？」然後哈哈大笑，甚至比剛才還激動。他指了自己的胸膛，說：「就要死

了。」

之後他又用藏文和旺秋說了些什麼，旺秋翻譯給我聽：「他說他已經很老了，而且就要死了。」

「怎麼辦？」給四百詼諧地又說了一次，好像希臘左巴面對塔樓墜毀時那般戲謔輕鬆的樣子。

旺秋有一個女朋友住在德里，他一直試著打手機找她聊天。但是，在錫金呢，電塔與電塔的距離是非常遙遠的，加上山又高，雖然他老是把手機掏出口袋外想接收訊號，但訊號總是不夠強，無法撥出電話。正當我們在給四百的房間進行訪談的時候，他悄悄拿出手機，開機，儘管已是黃昏時刻，屋內光線昏暗，我仍然可以看到旺秋滿臉驚訝的表情。

「你看，」他說，「這裡有訊號耶！」

這是真的。他急忙打給德里的女友。電話接通的時候，他走出給四百的房間，來到老舊木頭樓梯間給自己一點講電話的隱私。但是一跨出給四百房間的門檻時，訊號就斷了。在整趟旅

程中，他的手機只有在給四百的房間裡才有收訊。

第三次我去玉僧拜訪給四百的時候，昆桑和旺秋兩個也一起去了。昆桑和給四百已經有四十年多沒見面了。這次當我們到達的時候，通往牛棚上方給四百房間的搖晃木頭樓梯間裡，都是黑狗，準確來說，一共有十三隻黑狗，對著我們狂吠而且擋住了去路。由於牠們一邊叫著，又一邊搖著尾巴，看起來似乎是沒有攻擊性，我們倒有點像是被牠們擠進給四百的房間一樣。

闊別四十多年後第一次碰面，昆桑和給四百彼此寒暄問候，這是再自然不過的了（他們最後一次見面時，給四百當時將近五十歲，而昆桑則是十八歲）。當他們寒暄過後，我問給四百，爲什麼房門口有那麼多隻黑狗在那兒守衛。

「這是因爲『迪興』的關係。」他回答。

我問了我可靠的翻譯旺秋，什麼是「迪興」。他也不知道，所以他問了他父親昆桑。

昆桑十分清楚。

「並非所有的喇嘛都知道『迪興』是什麼，」他說。「只有伏藏師才知道。是一種能夠隱形的藥劑，我記得我父親教過給四百、南卓和米旁有關『迪興』的事，所需要的一些原料是很難拿到的，給四百花了數十年在蒐集這些原料。」

給四百開始說了起來，而旺秋能做的，就是盡力跟著翻譯。

「黑狗這事兒說來話長，」給四百開始說，「直到兩年前，我都住在札西頂。督修・林巴在這裡的時候，我就開始蒐集這些原料了。當中有些原料很好找，像是黑貓的胎膜，南卓就有，他把它曬乾，放在一個小袋子裡，繫在身上隨身帶著。我們前去開啓白域的時候，他就帶著它。」

「最困難獲取的原料，也是最高的機密，這個我不能說。」他繼續和昆桑說著，但音調低沉到旺秋聽不清楚他們在說些什麼。

有關最高機密的談話持續一陣子之後，給四百從床上跳了起來，以他這個年紀來說，敏捷得讓人驚奇。他從布滿灰塵和蜘蛛絲的書架上，拿了一本用布捆包好的經書下來，坐回床上，打開它，翻到正確的頁數後，輕聲念起這最高機密的原料給昆桑聽，旺秋認爲那可能是人體的一部分。

接著，給四百用較高的音量說話，旺秋又開始翻譯：「第二難找的原料，也就是這個藥劑的名稱。這也是最重要的，就是烏鴉的鳥巢。你需要一根來自烏鴉鳥巢的細枝，一種非常特別的烏鴉鳥巢。」

旺秋在我耳邊小聲地說，「迪興」在藏文裡，意思就是隱形的樹枝。這裡說的樹枝，就是烏鴉築巢用的那種樹枝。

「隔壁鄰居的小男生，」給四百繼續說，「他常常爬樹，我帶著他一起從札西頂走到惹凡格拉。這已經是好多年前的事了，我們走到城鎮上方一座巨大又古老的森林裡，走著走著，直到聽到遠處傳來烏鴉的叫聲。我們跟著聲音走，直到看到烏鴉之後，又跟著烏鴉走到了山後頭，接著繼續又走了三到四天，終於找到了牠們的鳥巢，就築在高聳的樹上。我之所以帶著那個小男生跟我一起去，是因為他動作敏捷地像隻猴子。我讓他帶了條繩子後，便叫他爬上去拿一個烏鴉鳥巢回來。繩子是讓他一頭用來綁在樹幹上固定，一頭綁在自己身上，方便在樹枝間移動，避免掉下去，但他拒絕用繩子，我愈是堅持要他用繩子，他愈是爬高，直

給四百和昆桑

到超出我可觸及的範圍，然後他開始在樹枝間盪來盪去，嘲笑著我。

「他跳到烏巢前，戲弄這些烏鴉，烏鴉發出叫聲抗議。我大聲告訴小男孩要他注意，烏鴉必須是全黑的才行。有時候烏鴉的尾巴或是翅膀會是紫色的，這樣的烏鴉就不合格。他跟我保證烏鴉是全黑的，因此我要他把烏巢從樹上摘下，拿給我。

「這個烏巢大小和小男生差不多，由數百根細枝所組成。我急著檢查它，但小男生說我們應該把烏巢藏起來，這樣別人才看不到我們在做什麼。雖然那裡沒有其他的人在，但他說的有道理，這些是祕密的事情，是密績，所以我們把烏巢放進一個麻袋裡。

「那天晚上我們又睡在森林裡，隔天清晨往下走到河邊。並不是任何一根從黑色烏鴉烏巢取下的細枝，都可以拿來製作隱形藥劑，你必須做測試。

「於是我們走到河邊，那是一條高山溪流，由山上流洩而下，但水流快速所以應該很適合。我從烏巢取了一小部分，一根約三英吋長的細枝，把它丟進溪流裡。小男生對於我的舉動摸不著頭緒，但是他看到的景象，足以讓他目瞪口呆了，因爲當樹枝碰到湍急而下的流水表面時，竟然逆流而上，而這正是富有力量的烏巢所會發生的情形。小男生又從烏巢上拿了一根細枝，親自丟進河裡試了試。」

「住手！」我大叫。「我們很幸運可以找到這樣的烏巢，別人花了多年的時間都還不一定找得到呢，別浪費了！」

「小男生不聽我的勸阻，繼續摘了鳥巢的細枝丟進河裡，看著這些細枝逆流而上，眼裡充滿了驚奇，直到我一把抓起鳥巢，把它丟回麻布袋裡，然後走回山坡，回到札西頂。

「我們回到札西頂後，我把鳥巢和其他原料放進一個鐵箱子裡，擺到床底下。由此你可以知道，要蒐集製作『迪興』的材料有多麼不容易了。我曾經蒐集到黑色烏鴉的鳥巢，至於黑貓的胎膜就容易多了。」

「當然，」我玩笑地偷偷跟旺秋說，「你只要找一隻黑貓，讓牠懷孕，然後等著。」

給四百雖然不知道我跟旺秋說了什麼，但也是笑了起來。之後他繼續說，「製作『迪興』要花好多年的時間，但是值得。完成後，你只需要在額頭雙眼中間抹上一滴，就隱形了。」

「可以製造隱形藥水變成隱形人，」我說，「至於是不是眞的有用，那又是另一回事了。」

「是可以的，」昆桑用英文簡潔地說，彷彿要斬斷一切疑慮似的。「你需要一根烏鴉鳥巢樹枝，和黑貓的出生。」

「他是說黑貓出生後的胎膜，」旺秋補充翻譯著說。

「這兩樣，」昆桑接著說，「第三樣是黑貓的大便；第四樣，非常有用，可是也是最高的機密，我知道，但是我不能說。我放了一些在我的袋子裡，然後把袋子綁在一隻鞋上。持咒，我的袋子就消～失～了。每個人都注意到袋子不見了，他們看不到它，我也看不到它。」

「綁在鞋子上？」我問旺秋。「他到底在胡扯什麼呀？」剎那間我感覺好像進入一個錯亂的顛倒世界。身爲昆桑的兒子，和西藏有史以來最爲瘋狂的伏藏師的孫子，旺秋當然懂得這些咒師的用語。儘管如此，他還是站在他的世代這邊，抱持懷疑精神、理性、而且外表摩登。旺秋不僅是一位好的口譯員，而且是溝通不同世界的很好橋梁，他尊敬他祖先的事情，但卻不盲從。

「綁在鞋子上，」旺秋解釋，「因此當袋子變成隱形看不見的時候，你才不會弄丟它啊！」

「正是如此！」昆桑附和著說。「只能看得到繩子。如果不綁住的話，袋子會弄丟的。烏鴉的巢非常有力量。」

「讓我把事情弄清楚，」我說。「你需要一小部分黑色烏鴉的鳥巢，上頭的樹枝放進河裡會逆流而上，然後還需要黑貓的胎膜。」

「喔，這個非常重要！」昆桑大聲說。「第三個，黑貓的大便。」

然後昆桑又用藏文和給四百說了關於黑貓大便的事，接下來給四百開始說他如何保管他的收藏品的故事。

旺秋翻譯：

「我沒有黑貓，所以到村子裡去找。我已經不年輕了，找貓這事對我來說有些困難。我看到某戶人家的後面有隻黑貓，追了過去，親手抓住了牠。抓到之後，我把牠放進麻布袋裡，帶了回家。我把牠的腳綁在繩子上，等著牠大便，但是隔天清晨，繩子斷了，貓也不見了。牠爬到附近的樹上，而且喵喵叫個不停，繩子被樹枝纏住了，貓被困在那裡，於是我坐在樹下等待。我知道遲早牠都會大便，幾個小時過後，果然看到牠大便下來。我把大便鏟起來後，找了小男生爬到樹上，放那隻貓自由。黑貓不重要，重要的是黑貓的大便。」

「這是第三樣，」我跟昆桑說。「那第四樣呢？第四樣是什麼？」我想乘機向昆桑套出這個神祕的成分是什麼。

「第四樣是……，」昆桑說到一半，突然打住。「第四樣是什麼，我忘記了。給四百給我看了簿子，但是我不知道。他知道，他才知道。」「你剛才說你知道的啊，」我回嘴說。「你說：『我知道，但是我不能說。』現在你又說你不知道。」

「我不知道，眞的。他知道。我忘記了，他給我看過在書裡，很難找，非常難找。」

「人也可以變成隱形的嗎？」

「當然了！沒有人會看見你。很不可思議！但是我不做這種事。第四樣原料很難找，給四百找到了。」

「爲什麼會想要隱形呢？」我問。

「有時候是必須這樣。」

「爲什麼？爲了躲警察嗎？你做了什麼？」

笑聲。

「你曾經隱形過嗎？」

「沒有。」

「你知道有誰曾經有過嗎？」

「不知道，只是聽過故事而已。」

「第四樣原料是來自人體嗎？」

「不、不、不，我忘了。」

「你不想說嗎？」

「給四百有這個神祕的原料，」昆桑說，「我記得幾年前，給四百跟我說：『如果哪一天我去隱地的話，我會帶著一個小皮囊，裡面裝著曬乾的蛇肉和蛙肉，還有乾的黑貓和黑狗肉。我會把所有的東西都曬乾，然後一起帶去。』但是怎麼辦呢？每樣他都有了，甚至還有大象的肝臟，切成小塊小塊的。可是都被偷走了。」

「被偷了？」

「是的，」昆桑說。「被偷了。」

「發生什麼事？旺秋，問給四百發生什麼事。」

11 給四百

「蒐集這些東西要花好幾年，」給四百說，「我幾乎蒐集齊全所有的材料了。那時候我住在札西頂寺，每當我找到一種材料，我就把它放進上鎖的鐵箱裡，擺在我的床底下。然而有一天，當我想要放其他東西進去的時候，那個鐵箱已經不見了。不是那種隱形看不見的不見，而是被偷走了的不見，連同我的一百五十盧比也不見了。所以我得從頭再蒐集一次，這也是爲什麼我的門口有那麼多黑狗的原因了。」

我無法揣測其中的關聯性，我想，這是第一次我問了一個有點無知的問題。情急之下，我又問了一次，「爲什麼全是黑色的狗呢？」

給四百從盤坐著的床上起來，蹲坐在煤油爐前，開始生火煮茶。他把水倒進鍋裡，打開茶葉罐，抓了一大把丟進去。接著拿開壓在生鏽舊鐵罐上的扁平石頭，伸手進去，抓了一把粗糖又丟進水裡，也不管罐子裡的螞蟻。

給四百用一種就事論事的口吻，敘說非常神奇的事情，讓人家很容易想像它的眞實性。他身上有種溫和的氣質，單純而有別於任何狡詐。跟他無邊無際豐富的想像力比較起來，他倒是不太在意外在的物質世界，他過著簡單的生活。他的眼神單純又深邃，目光閃耀，像是要表達什麼不可言喻的事，包含八十六年來雙眼所看過的一切神奇事情。他所看到的世界比起大部分我們看到的要有趣多了。

幫我們四個倒完茶後，他又坐回床上。

「黑狗嗎？」他說。「牠們也是必須的。爲了製作『迪興』，需要用到黑狗肉。事情是這樣開始的：有一天，我走過村子的時候，看到一隻黑狗躺在路邊死了。製作『迪興』就是這樣，有時候你必須等待時機。製作『迪興』需要用到全黑狗兒的肉，我是一個佛教徒，當然不能找來一條黑狗把牠殺了，所以我必須等待。我把那隻死狗，很大一隻，抓了起來，拎著前腳掛在肩上背了回家，把牠的肉剝下來曬乾。」

昆桑轉頭看著我，大笑著說：「黑狗肉和會逆流而上的烏鴉鳥巢樹枝。太不可思議了！太不可思議了！瘋了！瘋了！」

「如果你已經有了黑狗肉，」我帶著猶豫問了給四百，「那爲什麼門口還有十三隻黑狗呢？」

「喔，牠們嗎？」他說，一副理所當然的樣子，「那是爲了蒐集牠們的大便，而不是要牠們的肉。牠們不是用來隱形的，跟『迪興』沒有關係，而是跟造雨有關。雖然也有其他造雨的方法，但是用黑狗屎是最有效的。必須把黑狗的大便曬乾後磨碎，把它和糌粑粉混合後，揉成一小糰一小糰；接著把糌粑粉和水和一和，捏成金剛杵的形狀。首先拿起金剛杵，用金剛杵尖端碰觸剛剛那個大便糰子，之後把它浸在天然的泉水中，這樣就可以讓雨停止。同時也必須把大便糰子丟進火裡。」

儘管我不太相信自己竟然會跟別人有這種對話，我還是問了：「你需要多少狗大便呢？需要結合這十三隻黑狗的大便才行嗎？」

「不用，」給四百彷彿像個神學家，討論著教義上的細節那樣回答：「事實上，必須是一隻黑色的狗，而且胸前要有太陽和月亮的白毛記號，在心臟的位置。」

「那麼，其他的狗是用來做什麼的？是用來作伴的嗎？」

「事情是這樣的，」給四百說，「我對功德主，也就是這間大房子和牛棚的主人雅邁拉說，我需要一隻非常特殊的黑狗，於是乎，某天他看到一隻黑狗的時候，就花了兩千盧比向狗主人買下。雖然狗主人非常愛那隻狗，但是牠價值兩千盧比啊，狗主人還是把牠賣給了我的功德主，我的功德主又把狗帶來給我。但是狗的花色不對，他不知道關於白毛記號的事情。他以為狗愈多愈好，所以隔沒幾天，他又帶回另一隻狗，這隻狗是他在格津買的，花了兩千五百盧比，但是花色一樣不對。直到他帶回第十三隻黑狗，這隻總算有正確的記號了，牠的胸前有一個白色的月亮和星星的記號。所以我要他別再帶黑狗回來了，可是我覺得他還是時時刻刻在留意更多的狗。」

昆桑給我使了一個眼色，他起身暫離，穿過重重黑狗，到屋外找地方小便。他去了好一會兒。

「我剛剛看到雅邁拉了，這個大地主，給四百的功德主，」當他回來的時候，這麼說道，「他也是我父親的大功德主，我們已經有四十多年沒見面了！給四百對於再嘗試一次前往白域

這件事，似乎是認眞的。雅邁拉要我承諾我會說服給四百不要這麼做。他年紀太大了，而且心臟有問題。雅邁拉說給四百的心就像是小孩子一樣，雖然這個老人也許太過瘋狂，但卻是他身邊這個年輕人在幫他尋找黑狗，而且還花錢把牠們買下來呢！」

昆桑眼睛睜大大的開心地看著我。

「這些全是眞的？」我問昆桑，「還是瘋狂的？」

他的回答簡潔有力，「這眞的很瘋狂！」

當昆桑、旺秋和我帶著愉快的心情走回村子的時候，有隻黑狗正躺在某戶人家門前。

「你們看，」我說，「我覺得牠有白色的斑點！」說時遲那時快，那隻狗跳了起來，豎起脊背上的毛，低頭咆哮。

「不要碰我的大便，」昆桑用腹語的方式吼了回去，嘴唇一動也沒動。「不要碰我的大便！」

「聰明的狗，」他說，「牠可能是某個喇嘛的轉世，我不知道。某個瘋狂的壞喇嘛！」

昆桑和旺秋，攝於錫金的玉僧。

12 吉祥中心

從札西頂村往上走，穿過山中濃密林徑，約四十五分鐘後就到達札西頂寺。在吉祥日那天，督修．林巴和空行母以及隨從們，首次爬上山中小徑，於此同時，給四百正從寺廟往下走，要到村裡。給四百說，當他轉了個彎，看到了那個穿著白袍的喇嘛，長長的髮辮盤在頭上，身邊跟著空行母和隨從，他突然產生了一個直覺。還記得嗎？給四百離開他的家鄉不丹來到札西頂，正是因爲他已經算好那位開啓白域喇嘛到來的時間。

給四百停下來，等著督修．林巴走過來，他合掌低頭。

「請問您從哪兒來？」這是他問督修．林巴的第一件事。

「我從康區來。」督修．林巴回答。

給四百不由自主地彎下腰來觸摸督修．林巴的腳。他知道預言裡那位開啓白域的喇嘛是來自康區，也因此他才會問了那個問題。當他直起身子時，雙頰已經掛滿了淚水。

「我們已經等了很久了。」給四百說，然後帶著督修．林巴一行人回到寺廟。

札西頂寺，背景是干城章嘎峰。

札西頂裡的喇嘛，很多是跟家人住在一起的，他們的房子就在寺廟周圍。督修．林巴到來的消息，很快就祕密地傳開來了。

札西頂寺由許多棟寺廟建築集合而成，寺廟群的後方是佛塔區。這裡有一條繞行寺廟群和佛塔的「廓拉」（繞塔）小徑，是虔敬的人們手持一百零八顆的念珠，一邊繞塔，一邊念誦著咒語逐漸走出來的。

在通往佛塔後方的繞塔小徑上，可以看到一塊岩石，這塊岩石便是寺廟名稱的由來。這個寺廟的全名是「札嘎．札西頂」（Drakar Tashiding），「札嘎」意思是白色岩石，「札西頂」意思是「吉祥中心」，寺廟的名字翻

譯過來，意思是「吉祥中心白岩」。這塊岩石的表面，確實有一處有著淡淡的顏色，呈現長方形，宛如一個小門的大小，也是這個緣故，寺廟才會有這個名字。從古老久遠之前，錫金人就普遍相信，這塊岩石的白色區塊，就是通往哲孟雄的大門。岩石上甚至有一處凹洞，洞裡有一塊鬆動的石頭。儘管凹洞洞口是敞開的，任何人都可以把手伸進去撥弄石頭，但卻無法將石頭拿出來。聽說這是開啓大門的「鑰匙」。

札西頂的一個喇嘛告訴我關於貝瑪揚澤寺一位喇嘛的故事。貝瑪揚澤寺位於札西頂附近的山上，某天那位喇嘛來到札西頂修法，他在札西頂待了一段時間，每天早晨和傍晚都去「廓拉」繞塔多次。每繞一次塔，都會經過那塊白色的岩石，每次經過，他都會想起先人如何說著哲孟雄的事，包括那個地方是什麼樣子，以及如何知道開啓它的適當時機。這事將會發生在「七火一水大劫」，藏文是「嘎巴．梅敦．秋記」。一個「嘎巴」代表一個大劫，「梅敦．秋記」意思是「七火一水」。整個詞的意思是，現在一個太陽所散發出來的熱能——也就是說，無論我們現在接收到多少熱能——到時候會增爲七倍，所有的一切都會被燒毀，作物全都會乾枯，無一倖免，接著會降下大雨。這時候，就是開啓哲孟雄的時機了。

這位僧人每天早晚都去繞塔，每次繞塔經過白色岩石門的時候，就更深刻觀想哲孟雄。某次繞塔時，他站在白色石門前面，開始祈請。根據告訴我這個故事的喇嘛說，當這位來自貝瑪揚澤寺的喇嘛開始對著岩石祈請的時候，突然發現自己被傳送到門後面的世界去了。在那裡，他遇見七位空行母，空行母給他一種名為撒庫夏的植物。撒庫夏是錫金話，說這個故事的喇嘛不知道這種植物的英文名稱是什麼，可是他跟我保證，這種植物生長在哲孟雄裡，札西頂附近是沒有的。空行母把植物給了喇嘛後，要他承諾不能向任何人透露有關隱地的事，並且要他把植物帶回貝瑪揚澤寺。

一瞬間，他發現自己已經被傳送出隱地，又站在那塊白色岩石門前面，手裡捧著撒庫夏植栽。在沒有告訴任何人發生什麼事的情況之下，那位喇嘛拿起他的袋子，開始往山下走，走到雷格夕普小鎮旁的藍吉河，準備渡河回到貝瑪揚澤寺。當他抵達河邊的時候，已經汗流浹背，於是他脫下衣服，放在河岸，只帶了植物跟他一起去到河裡，他把植物放在一顆石頭上後，就開始在河裡洗起澡來。當他洗著澡的時候，河水漲了起來，就把植物沖走了。

⁂ ⁂ ⁂

第一天他們把督修．林巴帶到「札嘎」岩石前面時，他靜靜站在岩石前，詳細檢視它。「這塊石頭裡有伏藏，」他這麼說，「但我不是那個取藏的人，取藏的時間還沒到。」

督修．林巴拿起一顆小石頭，在岩石門上方劃出「哈　啊　夏　薩　瑪」（Ha A Sha Sa Ma）的密咒字。人們問他那是什麼意思，他說，「有一天，有位伏藏師將會到來，他會知道這是什麼意思，他將會是打開這個門的人。」

給四百和札西頂裡其他的喇嘛，對於這位即將實現他們最終夢想、開啓神祕之地的喇嘛的到來，儘管心中非常興奮，但對外還是保守祕密。對其他人來說，只是一個偉大的喇嘛到來，整個事件被當成是節日慶典般，大家成群結隊來領受他的加持。

這個地區裡最強而有力的家族之一，就是玉僧的雅巴拉家族。從以前到現在，雅巴拉家族一直是玉僧的大地主，也是他們於幾年前提供了牛棚上方的房子讓給四百住，我才能在那裡見到他。玉僧雅巴拉家族裡有六位兄弟，他們當時是重要人物，現在也是。他們在錫金經營旅館，同時也擁有釀酒廠。其中五位命中注定成爲督修．林巴的親近弟子，唯一一位不相信督修．林巴和白域的，是年紀最小的那位，人稱「堪薩」。他的命運注定把他帶往另一個因華而不實而充滿議論的神奇舞台——他現在是印度知名的寶萊塢明星，專門扮演反派角色，藝名是丹尼．鄧宗帕。

兄弟之中最早和督修．林巴接觸的，是排行老大的雅邁拉，他是國王的稅務官。他帶了水果、衣服和幾瓶烈酒來見督修．林巴，他對督修．林巴留下極深刻的印象。當晚回到玉僧之後，他做了一個有關督修．林巴和隱地的吉祥夢境。當初，多傑．德謙．林巴來到錫金，嘗試開啓隱地的時候，雅邁拉的父親也在場，所以他非常清楚這個故事。他準確猜到督修．林巴此行的目的，其實是爲了白域，因此他又回到札西頂。那個年代沒有給機動車行駛的馬路，他步行了幾個小時才抵達，而督修．林巴也私下向他承認，自己此行的目的確實是爲了白域。雅邁拉自此成爲督修．林巴的功德主。「當您前往白域的時候，」他向督修．林巴請求，「一定要帶我一起去！但是，現在您應該離開札西頂，」他警告說，「這裡太多人了。您來這裡的理由必須保密。何不考慮和我一起回去玉僧呢？您可以住在我家裡。」

於是督修．林巴帶著空行母和死魔林的弟子們，走上山谷前往玉僧，這個入山前的最後村落，過了村落之後，就是樹林茂密陡峭的山坡，一路往上直到雪線和干城章嘎峰的冰川。督修．林巴離開之前，把給四百叫來。在這個時候，給四百還不叫做給四百，大家稱他爲鞏切拉，意思是「大修行者」。督修．林巴說，「我給你取個名字，叫做給四百。」給四百在藏文裡的意思是「四百」。「我把你取名爲給四百，是因爲你將跟著我一起到白域，而且你會從那裡取出四百本伏藏書。『四』是白域城門的數量，你會知道的。」

錫金境內，屬於蓮花生大士的神聖山洞主要有四座，那是蓮花生大士爲了未來的世代，用來封印伏藏的山洞。督修．林巴離開之前，囑咐給四百在特定的某一天，到其中一個名叫「洛．康卓．桑普」的聖洞去見他。那是一個位在南方的山洞，就在藍吉河岸邊，離印度邊境不遠的地方。

當督修．林巴和雅邁拉前往玉僧途中，滇津．諾蓋正好帶領一批登山客下山而來，由於他成功登上聖母峰，找他當登山嚮導的人絡繹不絕。當他們接近的時候，雅邁拉警告督修．林巴不要向滇津．諾蓋透露任何關於隱地的事情。「這事必須保密，」他警告著，「滇津．諾

蓋太有名了，如果他知道這件事的話，消息就會傳開，甚至連國王都會知道。其實最主要的是，我們必須瞞著國王，因此……」然後把手指擺在嘴唇中間。因此直到最後，即使滇津·諾蓋是督修·林巴的功德主，他從來不知道督修·林巴到錫金的眞正目的是什麼。

札西頂寺管理員，鑰匙持有者。我們第一次見面時，他用手勢示意，向我解釋，當他還是個孩子時，有天灶火掉進眼睛，把一隻眼睛弄瞎了。

在玉僧停留一段時間之後，督修·林巴曾經回到札西頂一小段時間，之後宣布他要回死魔林。無論知道或不知道他到錫金目的的人，都害怕他離開後不再回來，於是他們請求他留下來。「我們會供養您住的地方，」他們告訴他，「我們會供養您食物和衣服，以及一切您所需要的東西，您什麼都不用擔心，只管留下來住。」

約定的那一天，督修·林巴和給四百在「洛·康卓·桑普」山洞見了面。「洛·康卓·桑普」這個名字的意思，就是「空行母密處南方山洞」。我們不知道他們在山洞裡做了什麼祕密的事情，總之在那之後，督修·林巴完成了他的調查，並且回到死魔林。

13 重返

督修．林巴從錫金回到死魔林將近一年後的某天，他說，「那些想去淨土的人，想去永恆不朽的隱藏之谷的人，時候已經到了。我們走吧，我們明天就走！」之後他花了快一個月的時間準備，才眞正離開，但是消息已經傳遍了死魔林、潘高和周圍地區。在村民之間、在家人之間，在相信督修．林巴的人和認為他是酒鬼、瘋喇嘛的人之間，充滿了爭辯的聲音。那些想跟著督修．林巴同行的人，需要時間處理他們的財物，變賣足夠的旅費，其餘的則送人。昆桑跟我說，一開始的時候，大約有七十戶人家想要一起去，但最後成行的只有一半左右而已。

督修．林巴說得很清楚，只有那些眞誠有著堅定不移信念的人，才能考慮跟著他一起去。打開通往隱地的路是一件了不起的大事，因為開啓者必須擁有過人的體力、修行和富於想像的創造力。他知道整件事情的成敗，取決於跟隨他的每一個人的命運上，想去的人，信念必須全然一致，而考驗更在出發之前就已經開始。只有那些不執著於親人和財物，甚至沒有返回的念頭，樂於捨棄一切的人，才適合這次的旅程。如果你還想種田，把它當成萬一旅程失敗後的保

險，或是你只是把房子出租，做爲日後回來的藉口，而不是把它賣掉或送人，這只顯示出你的信念不夠堅定宏大；那麼，你不夠堅定的信念，只會變成眾人的障礙，阻擋大家的去路而已。

超過一百五十個人離開家鄉來到錫金，對於他們來說，有著這樣堅定的信念並不困難。我曾經和當中多位交談過，他們都樂意把握機會變賣財物，籌措足夠的旅費，把多餘的施捨出去，甚至是他們的房子。房子的價值對他們有什麼好處呢？他們所需要的只是前往錫金的旅費，以及抵達錫金高高雪山裡的城門之前的食物而已。就像慶雷的岳母告訴我的，所有前往隱地的票，都是單程票。

人們問督修．林巴該帶什麼，他告訴這些追隨者，只需要帶著食物和被褥就好，到了白域之後，他們就不需要這些東西了。不過他也告訴他們帶著一些種子，這樣他們就可以在那裡種植自己喜歡的作物。

督修．林巴帶著空行母和一些親近的弟子離開了，其他人則在數月之後才分批前往。就在督修．林巴已經離開，而其他人也在準備跟著離開的時候，警察來到死魔林盤查。警察對留在寺廟的喇嘛們說，「我們聽說這個村子快要空無一人了，你們都要跟著你們的喇嘛去隱地了，這是不是眞的呢？」「沒有，」他們謊稱：「這不是眞的。我們是要去錫金和住持喇嘛碰面，但只是去朝聖而已，我們不知道什麼隱地的事。」警察離開後，隔沒幾天又回來，這次開始詢問村裡的居民。喇嘛聽到消息後，向警察抗議，「爲什麼你們一再到這裡，問些蠢問題呢？之前就跟你們說過了，我們沒有要去隱地啊。」警察後來離開，從此沒有再回來死魔林盤問。

同一時間，昆桑和他的母親正住在潘高的山洞。一位督察帶了三個員警，冒著掉下山崖底部比亞斯河的危險，來到山洞向他們盤問。「聽說你的丈夫已經去了錫金，而且這裡很多人也準備不久之後跟著去，他們要一起去香格里拉。這是眞的嗎？」

昆桑的母親謊稱：「沒有，這不是眞的，我們只是去朝聖而已。」他們不相信她的話，於是她只好煮些食物來招待他們，試圖拉攏。印度的官員一向喜歡這個調調。

當她忙著煮東西的時候，昆桑跑到村裡，找來一位大地主，一個有影響力的大人物。他來到洞裡，斥責這些警察來找他們喇嘛太太的麻煩。警察離開後，沒有再回來騷擾過他們。

就在昆桑、昆桑的母親和姊姊噶瑪拉離開潘高前往錫金之前，昆桑想起他的父親曾經說過，山洞裡某塊石頭中有伏藏，有一天他會取出來。但是父親已經去了錫金不會再回來，而且他們也即將跟著一同前往，他想，自己身爲伏藏師的兒子和孫子，應該有辦法把伏藏取出來吧。於是，某一天母親不在的時候，昆桑和噶瑪拉把他們父親說的那塊石頭挖了出來，那塊石頭放在山壁凹處，在他們拿來當作佛龕使用的地方。石頭底下，還有另外兩顆石頭。昆桑用手指頭敲了敲其中一顆，傳來中空的回音。他把石頭拿了起來，裡面有一條大黑蛇，正把頭抬了起來，朝他吐著蛇信。昆桑向後拔腿逃跑，「這肯定不是適當的時機，」他跟我說，「而我也不是適當的人選。」

離開家鄉前往錫金的時刻愈來愈近，昆桑變得有些憂鬱，他向我坦承，必須和留下的人道別、離開一切他所熟悉的事物，讓他覺得有些傷心。

「我從來不曾離家過，」他解釋說，「錫金在印度的另一邊，而香巴拉又更遠了。我知道我們不會再回來，我雖然很興奮，但也感到害怕。」

「這時候，有人跟我說：『你不用擔心任何事，百分之一百不用擔心。你的父親將成為香巴拉國王，而你將成為王子。』」

「這麼一想，我變得非常開心，我，香巴拉王子！」

昆桑告訴我這個故事的時候，他狂笑著：「我，香巴拉王子，香巴拉王子！」

昆桑對於他父親以及他要去隱地這件事的態度，是深信不疑的，他不僅全然相信父親在修行上的成就，也相信白域存在的事實。每當故事裡出現荒誕不經的情節，甚至是整個事件就發生在他身上，他從不閃避，他會試著表達說明。

他的見解犀利，可以一口氣解釋白域存在且不容質疑的眞實性，緊接著又用幽默的方式調侃荒謬怪誕的情節，以增添趣味。在他這些看似不敬的行為背後，是一種對於眞理的深刻體會，而這個眞理既不在事實中，也不在邏輯中，只能在矛盾中找到，就好比他父親的傳奇一樣。

他曾經多次驕傲地說：「我父親，他是有史以來最最最瘋狂的喇嘛了。」我總有一種感覺，他的父親不只教他佛法，也把他自己的瘋狂遺傳給他了。比起其他的管道來源，昆桑猶如一扇窗，透過他，我更能看見督修・林巴的特質。

當督修・林巴再次回到錫金時，他住在札西頂，把那裡當成自己的基地。他和來自死魔林以及庫爾盧區的追隨者，在寺廟旁邊的山坡上紮營而住，對此行的任務有所保密。來自錫金、大吉嶺和不丹的人，聽到消息後，紛紛搬來札西頂，使得住在寺廟和寺廟周圍房子裡的人口，從原本大約七十五人，增加到超過四百人。很多住在札西頂直至今日的喇嘛，當初之所以搬到那裡，就是因爲當預言中的伏藏師來開啓白域的時候，他們也想在場。至於其他人則是因爲他們聽說督修・林巴到來，才搬到那兒去。

※ ※ ※

撰寫此書的期間，我和昆桑以及他兒子旺秋一起去了札西頂，昆桑已經四十三年沒去過札西頂了。我曾經獨自去過，也和旺秋去年一同去過。我親眼見到札西頂的喇嘛聽說旺秋是督修・林巴的孫子之後，是何等恭敬地對待他，因此我知道，如果督修・林巴的法嗣傳人昆桑突然到訪的話，對他們來說將會是一件多麼震撼的大事。

「你想想看，」前往寺廟途中，當我們坐在陡峭的路邊石頭上休息的時候，我對昆桑說：「香巴拉王子要來了，他們竟然不知道！這怎麼行呢？這是不對的。」

我站起來向昆桑建議，由他帶隊前往寺廟，旺秋走在中間，我則殿後。我雙手假裝吹著嗩吶那樣，鼓起雙頰，從嘴裡擠出空氣，發出嗩吶的聲音。

「邦～貝～爹　邦，貝～爹～咚！香巴拉王子駕臨！邦～貝～爹　邦！」

「香巴拉王子，」我誇張地通報昆桑的到來，幫他吹了一段音樂。「王儲，」我繼續說著，用手指了指旺秋。最後我比著自己，說「還有他們的記錄官。」

我們三個就像胡言亂語的瘋子，一路瘋癲玩笑的到了札西頂。「邦～貝～爹　邦！香巴拉王子、王儲和他們的記錄官駕臨了！」

我們到達的消息迅速傳了開來，很快地，所有的喇嘛以及六〇年代初期就居住在那裡的老人們，全都聚集到昆桑身邊，開始說起故事。然後，我們所有的人都起身前往「札嘎」，那座通往香巴拉的石門。人們是如此關注與期待開啟大門的伏藏師的來臨，也許他們認為昆桑正是他們所等待的那個人，而現在正是開啟的時機。可是，不論昆桑從先人承襲何種能力，不論他從不凡的成長生活中累積了多少經驗智慧，他總是馬上回答他不是一位伏藏師。

昆桑並沒有開啟石門，相反地，他和札西頂的喇嘛們一起詳細檢視了岩石，發現石門的顏色變得比以前深，這狀況被解讀為反映出我們所處的黑暗年代。他們搜尋著以前被刻在石門上方位置，蓮花生大士心咒的起頭種子字「嗡　啊　吽」，卻發現這些字母被移到石頭正面，他們把這些字指出來給每個人看，大家一個比一個更充滿希望，交相指著這些移動的字母出現在這神奇的岩石上，這扇通往其他界處的大門。雖然我知道藏文字母，可是我不會閱讀，對於他們在岩石表面縫隙指出來的字母，我一個也認不得，或許是我的想像力不夠豐富吧。

爲了看看誰是那位能夠開啓通道的人，札西頂裡穿著僧袍的老喇嘛們開始輪流玩起一種類似西方釘驢子尾巴的遊戲方式。每個喇嘛面對岩石，往後退五步，然後目不轉睛地看著那把打開石門的「鑰匙」，也就是岩石上那個拳頭般大小凹洞裡的那顆鬆動的石頭。然後右手平舉伸出食指表示方向，接著用左手遮住眼睛轉圈後，帶著踉蹌的步伐往前走向石壁，直到手指碰到岩石。傳說是這麼說的，如果你能夠在蒙著眼睛的情況下，準確地把手指伸進洞裡，那麼門就會打開。等到這些期待已久的可敬喇嘛輪流試完之後，最後輪到我嘗試，看看我是不是那位開啓大門的人選。我試完，結果傳說完全不準；我睜開雙眼，我的手指是放進洞裡的，但是洞裡的石頭卻一動也不動。這時候，一位老喇嘛帶著生氣的口吻對我說，你這個孟加拉來的觀光客，從哪聽到這個鑰匙洞和岩壁裡神奇鬆動石頭的神祕傳聞的啊！趁著沒有人注意的時候，他拿出摺疊小刀想把石頭撬出來，但是過程中卻永久把它卡住了。

宗教領袖的追隨者最惡名昭彰的一種錯誤就是，他們常把上師的智識貶抑到自己的程度，可是又用各種方式頌揚上師的成就。因此我們無需根據弟子的行爲，去評斷一位伏藏師的程度。喇嘛們很認眞地蒙著眼睛，步伐踉蹌，伸長食指，碰觸石壁，這些行爲都無法反映出伏藏師對世界裂縫的理解，以及他會透過什麼方法來開啓。

在事實與虛幻之間，或者是在隱喻與眞實之間，督修．林巴會在哪裡畫上分界線呢？在他試圖打開隱地之前，他必須圓滿什麼呢？我們知道他在開啓之前，必須完成某些事。例如，他在錫金境內蓮花生大士親自造訪過的兩座山洞裡，會有一些事情要做。

其中一個是位於北方的山洞，名爲「拉日．寧普」，翻譯過來的意思是「神山心洞」。督修．林巴曾經一度帶領五位親近的弟子，包括給四百、南卓和米旁，離開札西頂前往那裡。當昆桑、旺秋和我還在玉僧的時候，給四百向我們描述了當時發生什麼事。

從札西頂離開數日之後，他們到達了山洞。督修．林巴開始修法，之後他撿起一根樹枝，在洞裡的地上畫了一個圓圈，並且要他的弟子挖洞，由於沒有任何工具，他們只能靠石頭和雙手來挖。洞愈挖愈大的時候，督修．林巴開始盯著裡頭看，忽然間，他要他們停止挖洞。「好了！」他說，「把洞塡回去。」當弟子們回塡的時候，他告訴他們，說他看到裡面有伏藏，但現在不是取藏的時機。「我看到一支石製的金剛杵，」他告訴他們，但他們沒有人看到。「是一對裡面的其中一支，」他繼續說，「另外一支在哲孟雄裡。我只是來確認一下而已，這一支並不適合由我取出。」

我們知道通往哲孟雄有四個城門，每個方位各有一個，而每個城門也各有一座山洞與之相關。督修．林巴也去了位在西邊，名爲「努．德謙．普」的山洞，意思是「西方大樂洞」。同樣，他也帶了給四百、南卓和米旁等五、六位親近的弟子一同前往。這次弟子們做了十足的準備，也帶了工具以備不時之需。督修．林巴又修了一次法，並在洞口外面的地上，比了一處，要弟子開挖。弟子們對於自己早已準備挖洞工具的先見之明甚感得意，開始挖了起來。挖到三、四英呎深的時候，他們的鏟子和十字鎬全都被岩塊彈了開來，那是一塊由奇怪棕色物質包覆住的平整大岩塊。

「把它翻過來，」督修．林巴命令說，「我將取出一個不凡的伏藏。」

「但是，上師，」南卓抗議，「它太大了，沒辦法翻過來，我們沒有工具，而且背會受傷。」

督修．林巴暴怒了。當伏藏師取伏藏的時候，永遠不要去質疑他。他正在跨越維繫這個世界邏輯的缺口，因此，不應該用自己認爲可能或是不可能的這種毫無價值的標準去阻礙他。

督修．林巴把手伸進袍子下的腰帶裡，拿出那支普巴杵，也就是當初在西藏，多傑．德謙．林巴測試他的時候所取出的那支。他把普巴杵拿在身體前方，往上指。之後將它放在手裡轉，接著一揮手跳進挖好的洞裡，站在平整岩塊上面，用普巴杵的尖端碰觸岩塊。儘管他只用普巴杵尖端碰了一下岩塊，那岩石卻裂了開來，掉下了一小塊。督修．林巴走到裂縫前，從裡面拿出一捲小小的、綑得緊緊的黃色紙卷。

從洞裡跳出來後，他命弟子們把洞填滿，便走開了。

回到札西頂，他將黃色紙卷裡的內容解讀出來，用口述的方式，請一位弟子將它書寫下

來。通常他會叫南卓當他的記錄員，可是他仍在氣頭上，因爲南卓在取藏的關鍵時刻，對他的指示表達懷疑。謄寫下來的內容，只有三頁，僅是一小部分的伏藏，是關於前往哲孟雄途中，用來取悅神祇的祈請文。如果弟子們按照指示，將大岩石翻轉過來的話，督修・林巴能取出來的會是哲孟雄裡所有伏藏的取藏指引。有些弟子勸請督修・林巴帶著合適的工具，再次回去大岩塊那裡取出該取的伏藏，可是他說取藏的時機已經過了。

督修・林巴來自於喜馬偕爾邦的大部分弟子是死魔林的居民，村裡有一半以上的人都去了錫金，他們變賣家產籌夠了可支付旅費的錢之後，其餘的都送人了。還有兩戶人家是來自若塘隘口北邊，名爲扣薩村子下方的山谷，其中也包含了督修林巴的佛母、佛母的妹妹耶謝以及她們的母親。村裡的人試圖阻止打算跟著督修・林巴一起走的人，他們說督修・林巴是個瘋子，跟著他只會讓他們變得更慘而已。但這兩戶人家是督修・林巴的追隨者，他們祕密準備好一切，沒告訴任何人，半夜偷偷離開了。他們穿過若塘隘口來到馬納里，再從馬納里搭巴士到印度的平原。

來自喜馬偕爾邦的人潮湧進札西頂之後，整個氣氛熱絡了起來。預言中的喇嘛抵達的消息，很快就傳遍錫金和大吉嶺山區，每個人都必須趕緊做決定。人們的信心太強烈了，許多人甚至沒見過督修・林巴，只是聽說他是傳聞中的那位喇嘛而已，就決定變賣土地房子等家產跟隨他去。許多農田都休耕了。還有更多人準備好一切，留在家裡等候，只待時間一到，便能立刻出發前往干城章嘎峰，趁著聖境大門還開啓的時候趕緊進入。我曾經和某些人交談過，他們還事先跑到北邊的深山山洞裡去藏糌粑、玉米和其他糧食，以方便通道開啓時，能迅速出發，不必再買食物背去深山。看起來好似一旦督修・林巴成功開啓大門，半個錫金王國的居民都將離開，前往隱地的樣子。

聚集在札西頂，準備跟隨督修・林巴走的人，來自各個藏人世界，包含拉胡爾、不丹、錫金、尼泊爾和大吉嶺山區。他們說著各種不同的語言，來自同區的人，彼此說著自己區域的方言，分群而居，紮營聚集而又彼此保持距離。每個人都對拉胡爾人心存懷疑，因爲他們是最初跟著督修・林巴一起來的人，也是他最初和最親近的弟子，當中有些人甚至認識督修・林巴超過二十年的時間，他們通常用一種其他人聽不懂的語言和督修・林巴交談。其他人擔心時間一到，督修・林巴只會帶著這些拉胡爾區的老弟子和功德主前往，因爲他對待他們猶如自己的孩子。這是一位不丹的婦人跟我說的，即使經過這麼多年，她的言語中仍然充滿了嫉妒之意。儘管督修・林巴的親近弟子是拉胡爾人，這是事實也很自然，但也沒有理由認爲他會將其他人留下啊！但會這麼想也是人之常情，即使是對那些想離開這個世界，進入一個遠離戰爭和種族紛擾世界的人來說，也是一樣。

⁂

昆桑告訴我，人們來見他父親的時候，總是會帶上食物做爲供養。可是等到每個人離開之後，督修．林巴會命令他們把食物全部丟掉，因爲他們害怕被下毒，特別是家釀的啤酒「羌」，更是危險。

我在錫金旅行的時候也是如此，人們總是警告我，要我小心不要被下毒。起初，我以爲他們的警告是因爲衛生條件有時不盡理想的關係。但是，我被警告的小心下毒，與昆桑所說的下毒，卻不是意外而是人爲刻意的，甚至是致死的。

第一次聽到這種事情，是我在北錫金旅行的時候，有位好心的陌生人收留我在他家過夜。有天晚上我告訴他，我要走路去一個小城鎮，我姑且稱它X好了（這樣才不會給整個城鎮招來罵名），屋主給了我一個嚴厲的警告。

「你要去X的話，」他跟我說，「自己帶著水和食物去，在那邊不要接受任何東西，連飲料和茶都不要喝。」

我問他爲什麼。

「食物有毒，」他說。

「X的衛生不好嗎？」

「在那裡，他們會對人下毒。」

「故意的嗎？」

13 重返

「是的，」他說，「暗黑術，用活人當祭品。那邊有人信奉用活人獻祭的黑神尊。他們相信藉由殺死對方，可以獲取對方一生中所累積的一切財富，也相信可以藉此獲得對方的好運。聽好，你是一個西方人，你可以實際旅行到這麼遠的地方，表示你既有福報又有錢，至少依當地人的標準來看是如此。因此，你是一個完美的獵物，所以要更加留意！」

隔天我走下提斯塔河谷，穿過寬廣山中的一些小村落。河的另一邊是濃密參天的森林，那裡即是宗谷的所在地，也就是原住民絨巴族的保護區，不對外國人開放。我非常享受林間的漫步，穿過山裡小小的村落，走走停停，佇足在平坦的石頭上，向下俯瞰深谷，吃點零食，脫下鞋子，稍作休息。原本想在X住上一晚，但那屋主的警告讓我改變了主意，選擇從那裡搭吉普車回甘拓。

在抵達X的幾公里前，我遇到一個男人，他邀請我去他家裡喝茶。他是一位農夫，主要種植荳蔻，他也有一座繁殖場和許多豬隻，相當富有。他的房子又寬大又新穎，我們在他的起居室聊天，他問我要去哪裡，我告訴他我要去X，然後再去甘拓。「你到X的時候，」他鄭重地說，「不要吃任何東西，有毒。」

我假裝不知道關於那邊的任何事，問說：「他們那邊衛生不好嗎？」

「不，」他低聲地說，「他們會對你下毒。暗黑術，用活人當祭品。他們相信殺死某人後，可以獲取對方財富。在那邊，你連茶都不要喝。」

「他們用哪一種毒呢?」

「那種毒藥叫做卡帕。」他說。

他告訴我中了卡帕毒之後,會有什麼症狀出現,「首先,你的喉嚨會開始疼痛,然後變得乾燥。接著,雙眼會變得蒼白,嘴唇會變薄變乾。指甲會變黃,牙齒會變藍且裂開;關節會疼痛,接著頭暈目眩,心臟絞痛。依照服藥的劑量,快的話五分鐘,慢的話六個月你就會死亡。」

「他們從哪兒拿到這種毒藥呢?」

「市場。但是,一旦有人看到某人買這種毒藥,他們就會在村裡吆喝『某某人買了卡帕!』這樣就沒有人會在那個人家裡吃東西。」

「你認爲有用嗎?有人眞的因爲用活人獻祭而得到財富嗎?」

「有用,」他說,「我看過,有人眞的變有錢了,但只有一陣子而已,之後一切每況愈下,最後他們變得很窮,像乞丐一樣。他們會變成社會的邊緣人,因爲大家知道他們幹了什麼事。」

當他告訴我這件事的時候,他太太正好爲我送來一杯茶。突然間,我覺得自己好像身處《陰陽魔界》(*The Twilight Zone*)的影集裡,我彷彿聽到觀賞影集的觀眾齊聲大喊,「不要喝那杯茶!你覺得一個平凡的農夫住得起這棟値錢的大房子嗎?」

「我怎麼知道有人要下毒害我呢？」我問。「例如，我怎麼知道這杯茶裡有什麼呢？」我語帶關心開玩笑地問。

「你可以看著我，知道我並不會毒害你，是吧！」

我把茶喝了，他們也給我一頓美味的午餐，而我到現在還活得好好的可以說出這個故事。之後我的確時不時就去看我的指甲，但它們到現在為止都還沒變成黃色。

我走進X。那裡只是又一個小小的、髒亂的市集小鎮，好像西方電影裡的好萊塢場景一樣。我花了一個小時在那裡等待前往甘拓的吉普車，期間只喝自己帶的水，吃自己帶的餅乾。

下毒這件事，並非都是別人故意下毒的。督修．林巴有一位弟子，他就自己給自己下毒。他的名字叫久巴，從各方面來看，他都有點瘋狂。他曾經是曼哲的學生，曼哲是督修．林巴的親近弟子之一，專精西藏醫學和藥草治療。有一天，久巴生病發高燒，他決定自己醫治自己，他不分青紅皂白抓起各種藥草，磨成粉，用水和一和，喝了下去，可想而知，他的狀況變得更糟糕了。於是他開始爬到樹上，把樹枝折斷，把樹皮磨粉後，吃了它。他開始出現腹瀉和劇烈的頭痛，反覆高燒，直到死亡爲止。

在札西頂告訴我這個死亡故事的老婦人最後說道，「我想，這應該是告誡你不要去吃磨碎的樹。」

14 絨巴傳說

「白域」意思就是「隱地」。有關它的存在和開啓都蒙著一股神祕色彩，而且是必須被保密的。督修．林巴的上師夏札仁波切和敦珠仁波切也曾告誡他要保持靜默，只帶著幾個弟子前去就好，他們也警告過不能用暴力開啓「白域」。然而，事件好像有自己的生命一樣，兀自發展了起來。督修．林巴位居錫金核心寺院裡的舞台中央，他的追隨者與日俱增，從他們來到在這個後來被稱爲錫金的地方定居開始，每個人都希望從這個世界中消失，脫離世界上所有麻煩，進入那個存在於干城章嘎峰山上的國度。

絨巴人（Lepchas）①是錫金的原住民，他們是古老的一個民族，久遠之前就流傳著他們的聖山干城章嘎峰上有一座隱藏之谷的傳說。爲了了解絨巴人對於隱地的知識，我去找了蘇南．勒嘉，他是絨巴區文化保存者，也是一位音樂人，同時也熟知絨巴族的古老傳說。

「我們稱這塊地叫『絨巴之地』，其他人叫它大吉嶺山區和錫金，也就是馬耶．里昂，」他跟我說，「『馬耶』就是『隱藏』，『里昂』就是『地』的意思。我們也把它叫做馬耶．馬陸．里昂，『馬陸』是『上升、升起』的意思。絨巴族的神隱藏了一批寶藏，這批寶藏有一天會被發現。所以，『馬耶．馬陸．里昂』代表的意思就是『隱藏的寶藏現起之地』。」我們絨巴人叫自己是「馬坦其．絨古」，意思就是「母親的摯愛」。

「儘管我們叫自己居住的地方是『馬耶．里昂』，但是『馬耶．里昂』實際上卻是干城章嘎峰山上一個山谷的名字。

「它之所以叫做『馬耶．里昂』（隱地），是因爲山谷是被隱藏起來的緣故。第一位男神和女神用高山上純淨的雪，創造了第一位絨巴人，這就是我們絨巴人的由來。西方人自己寫的書裡眾說紛紜，說我們是從東邊、北邊、西邊和南邊遷移過來的，他們彼此爭辯沒有定論，因爲他們全都錯了，我們沒有從哪一邊遷移過來，我們是從干城章嘎峰山上來的。我們的語言比他們的語言古老，絨巴語比希伯來文古老，也比梵文和藏文古老，甚至比你們的英文古老，絨巴語是世間最早的語言，是在伊甸園使用的語言！乃至西元一九八七年，我們的書寫文字已經有五千六百七十五年之久了。這些研究人員並沒有到處去訪查，也沒有去各個村落裡訪問，他

①查自網路：絨巴人，Rongpa，被印度、尼泊爾人稱為雷布查人（英語：Lepchas；尼泊爾語源：लेप्चा／लेप्चे／लाप्चा／लाप्चे，Lepcā/Lepce/Lāpcā/Lāpce），主要分布在錫金，亦分布於不丹西部、尼泊爾東部以及印度的西孟加拉邦。操絨巴語（雷布查語），是第一批抵達錫金的居民。該族原為藏族的一支，與藏族在經濟、文化方面保持著密切的聯繫、並長期通婚。人口大約五萬。

們只是參考其他研究人員的書，然後自己寫出新的書，就這樣以訛傳訛，他們以為『馬耶．里昂』只是一個傳說中的山谷而已。

「如果你把這個寫出來，人們或許以為那只是一個故事，說『馬耶．里昂』只是存在某些瘋子的想像中而已。但是我要告訴你一個故事，它可以證明這個地方是真實存在的，它不是一個謎樣的地方，只是被隱藏起來而已。

「從前，有一位名叫堤空．納納克的老人，有一天他去打獵，他的獵物是一種岩羊，這種岩羊出沒在野外高山裡。他越過波南山丘後，開始攀登高山，然後雲靄降下山峰，暴風雨來襲。等到暴風雨結束之後，天色也暗了，此時他看到一個村落，村裡有七戶石頭做的房屋。岩羊通常容易受到驚嚇，而且害怕人類，但這時卻在其中一戶人家前面休息。當他到達那間房子的時候，一對老夫婦走了出來，跟他說他可以留下來過夜。

蘇南．勒嘉

儘管那房子蓋在高高的雪山上頭，但是花園裡卻有小黃瓜、南瓜和其他蔬菜。或許是因爲海拔太高的關係，他感到有些頭暈，老夫婦用黃金做的碗盛了食物給他吃，黃金碗上還有一個黃金的小蓋子。他不知道老夫婦給他吃了什麼，總之菜餚非常的美味。當晚準備入睡時，他發覺那對給他食物的老夫妻似乎又變得更老了一些。他睡了，覺得溫度不冷也不熱。

「隔天早晨當他醒來的時候，沒有任何人在屋裡。他喊了喊，可是沒人回應。於是他打開兩位老人家睡覺的房門，躺在床上的是一男一女兩個小嬰兒。由於屋裡沒有其他人，他也無法任由兩名嬰兒獨自留在那裡而離開。時間一分一秒經過，兩名小嬰兒也慢慢長大，等到中午的時候，他們已經長成中年人，到了晚上，他們又變成他前一晚遇到的老人家模樣。他們用同樣的黃金碗盛食物給他吃，黃金碗裡裝滿了食物，而且熱呼呼的。當他們轉過身去的時候，他拿起黃金碗藏在外套裡，跑出屋外。他跑走的時候，老夫妻還在他後頭喊著，『你得在這裡吃那些東西。』但他才不搭理他們呢，他沿著小路跑走，可是當他回過頭去看的時候，卻看不到他跑過的路徑了，森林如此茂密，而且山坡又是那麼的陡峭，怎麼看都不可能是他剛剛走過的地方。一片雲低空飄了過來，讓他看不見任何東西。他走到壤勇河，河邊有一座小山丘。他停下來，把黃金碗拿出來，可是那並不是黃金做成的碗，只是幾片樹葉縫在一起，而裡面的食物，只不過是幾片腐爛的葉子而已。可是它還是熱的。

「他停下來的那座山丘，叫做卡仍彭，那位獵人來自林田村，位於宗古行政區裡，獵人名

叫納納克。他去的地方就是『馬耶．里昂』，只是現在沒有人知道它在哪裡。」

「這意味著什麼呢？」我問他，「『馬耶．里昂』的居民每天從嬰兒變成老人，只是爲了再變回嬰兒嗎？」

「這表示他們是永生不死的呀，」他說。

「我去了宗古，」他繼續說，「去到一個名叫薩瓊的偏僻村子，那裡是納納克出發去獵捕岩羊的地方，是那邊的一位老人家告訴我這個故事的，他還帶我去了卡仍彭山丘，也就是納納克發現黃金碗變成樹葉碗的山丘，山丘的下方正好有一座溫泉。」

干城章嘎峰橫跨於錫金與尼泊爾的邊境上，因此兩邊都流傳著許多關於牧民誤入隱地的故事。故事的內容隨著敘述者而有些許的不同，但發展大致如下：

有位牧羊人走進積雪的干城章嘎峰高山，尋找一頭迷路的羊。他跟隨雪地裡的羊蹄印，直到羊蹄印消失在一處綠意盎然的美麗山谷。他來到一間屋前，屋主問他爲何來到此處，他告訴他們是爲了尋找他的羊而來，並且問他們是否看見他的羊。這就好像一個人尋找掉進水溝裡的銅板，反而卻找到金條一般，他們叫他不要爲了那隻羊傷腦筋，那不算什麼，他們告訴他，他已經到了隱藏之谷。

另一個版本是這樣的：有一位牧羊人，在干城章嘎峰的山上放牧羊群，羊群裡的某隻羊，每天身上都沾了新鮮的種子和綠葉回來，這些植栽並不是生長在高海拔地區周圍的植物。於是牧羊人決定跟著那隻羊，看看牠到底跑去了哪裡，就這麼瞎打誤撞地進入了隱藏之谷。

山谷裡的居民提供他食物和住的地方，隔天又送了他一顆南瓜。他們告訴他走出山谷的路線，並警告他不要對任何人提起他到過山谷的事情。他們也告訴他不要在路上切開南瓜，一定要回到家裡才能切開。可是在返家途中，他早就把他們的警告拋諸腦後，沒耐性加上好奇心的驅使之下，還沒到家前，他就把南瓜切了開來，看到一半的南瓜裝滿了金幣，另一半則是裝滿了南瓜子。如果他等到回家才切開的話，那麼整顆南瓜裡面應該會有滿滿的金幣。

還有一個版本是：有一位牧羊人到了隱藏之谷裡，看著招待他的東道主在烹煮食物。他看見他們放了一點點米進鍋裡煮，可是等他們打開鍋蓋後，裡面卻裝了滿滿的米飯，足夠每個人食用。山谷裡的一切事物都極爲美好，他也發現自己變得聰明，而且心思清明。

他在山谷裡很快樂，所以也想把太太和小孩一起帶過來。他跟東道主說了他想離開山谷，但是並沒有告知他想離開的理由。當他離開的時候，他們給了他一把特別的米，並要他別讓任何人知道關於隱地的事。他可以用那神奇的米煮飯給其他人吃，一粒米就可以餵飽一千人，可是就是不能讓人知道。

出了翠綠的山谷之後，他發現自己又回到雪地裡，他知道日後會很難再次找到山谷，所以他在某個關鍵地點脫下外套，把外套壓在石頭下面，方便知道通往山谷之路的起點。之後他繼續往下走，回到放牧羊群的地方，所有的羊都還在原地，除了他要找的那隻讓他意外發現隱藏

之谷的羊以外。他把羊群聚集後，將牠們從山上牧區趕下來，準備去接他的家人。靠近傍晚時分，他來到一個小屋，裡面已經有其他七位牧羊人在那，他們全都要在那兒過夜，他也停下來在那兒過夜。但他們找遍了屋子，裡面沒有任何東西可吃。他想到他有神奇的米，於是提議來煮點東西。他們嘲笑他說，「都沒有東西了，你要拿什麼煮呢？」

他們用木頭生火燒了一鍋水，當大家被屋外樹叢沙沙聲吸引而分心的時候，他趁機丟了一顆神奇的米到鍋裡。大家圍在鍋子邊將近一個小時左右，打開鍋蓋時，裡面有著滿滿一鍋米飯，每個牧人都驚訝不已，怎麼會有這種事情發生呢？

「我在鍋裡放了米。」他說。

可是其他人並不相信他說的話。

「我們一直坐在那裡，可是並沒有看到你放米進鍋裡啊！」

他們吃了味道鮮美至極的米飯，這下更不放過他了，整個晚上纏著他，想知道他如何煮出那鍋飯。一直到凌晨，他招架不住，才向他們坦言，他如何去了隱藏之谷和拿到神奇的米粒。

太陽升起後，他們堅持要他帶領大家一起去山谷。大家強迫著他，他只好帶著他們，爬過放牧區進入雪地，儘管他知道已經接近了，可是就是找不到前往那裡的路。然後他看到了自己留下來的那件外套，那是隱藏之谷入口的記號。雖然外套壓在同一塊石頭底下，可是石頭卻是在陡峭山壁上，變成山一般大小，連山鬚羊都爬不上去，更何況是人呢。

大吉嶺、錫金以及前往白域哲孟雄路線之特寫

15 王室計謀

督修．林巴與日俱增的追隨者，占據了錫金王國裡的主要寺廟，消息早晚傳到國王的耳裡。他和國王兩人之間的第一次會晤，其實是由督修．林巴發起的。爲了替開啓白域哲孟雄大門之路增加吉祥的緣起，並消除障礙，督修．林巴決定興建五座不同顏色的佛塔，他認爲這是一件重要的事情。在蓮花生大士四個主要的聖洞旁，分別興建一座佛塔，還有一座在札西頂。東邊山洞的佛塔是黃色、西邊是綠色、北邊是紅色、南邊是藍色，而在吉祥中心札西頂的佛塔，則是白色。

當玉僧大家族的長子雅邁拉聽到督修．林巴的計畫時，他警告督修．林巴，如果先行興建佛塔的話，國王可能會來找麻煩。「首先，我們要先徵得國王的同意才行。」他說。於是雅邁拉去見了國王。由於雅邁拉是國王的全國地區稅務官，他可以輕易進入王宮，見到國王。他向國王提出了興建佛塔的請求，可是國王拒絕了。「如果我要興建這種佛塔的話，」國王說，「我會徵詢我們錫金的大喇嘛，自己興建。」

督修．林巴聽到消息時，他說，「國王在這件事上的愚昧無知，只會替他自己招來障礙，如果能夠興建這些佛塔的話，錫金會變成一個更好且更富強的王國。」

直到今天還有很多人相信，如果當初國王允許督修．林巴興建佛塔的話，錫金也不會被印度接管，或許還能保持獨立。

督修．林巴的日常生活就是修法和準備前往白域的事宜。有一天，他宣布，前往干城章嘎峰的時候到了。

昆桑記得非常清楚。「當我父親宣布前往的時候到了，引起極大的騷動，每個人都不想被留下來。『接下來要做的事，』我父親說，『相當棘手。我無法帶走每一個人，如果有什麼重要消息要傳遞的話，我會派人回來說清楚。』

「拉胡爾人用自己的方言說，『仁波切，我們覺得只有拉胡爾人才能跟您一起走。』

「但是督修．林巴說：『不，我將帶一些拉胡爾區的人、一些不丹人和一些錫金人一起走。』

「就這樣，督修．林巴挑選了十二位親近的弟子，他們大都是來自喜馬偕爾邦和錫金的強壯青年男子，當地的居民則有阿唐喇嘛，他對山區瞭若指掌。父親說我也應該一起去。

「但是，我的父親實在是太瘋狂了！在準備離開的時候，我們問他該帶些什麼，他說，『不用，只要帶點衣服和一些糌粑就好。』我們抗議，這趟旅程路途遙遠，雪山上的夜晚又寒

冷，但他語帶自信，要我們別擔心，他的自信心也感染了我們。『我們的途中將毫無阻礙。』他這麼跟我們說。

「雖然我父親很嚴肅面對眼前的事情，但對那些被留下來的人們，他卻和他們談笑風生。雖然他們不會一起去，可是卻也感到興奮，同時暗地裡又感到害怕，害怕督修．林巴和我們這十二位幸運兒就這麼消失得無影無蹤。他們怕白域的大門開啓，守護神讓我們進入之後，又將大門關起，消失不見。

「就在我們離開之前，我父親正忙著其他事情的時候，札西頂和西囊的喇嘛把我們這些被選中的人叫到一旁，嚴肅地告訴我們：『在督修．林巴身邊要非常謹愼，』他們說，『不論他說什麼，不管他有多麼瘋狂，都要聽從他的話，絕對不要說不，也絕對不要反駁他，那會招來壞兆頭。不管怎麼樣，就是聽從他的指示，好好地保護他。最重要的是，不要讓他迷路了。』

「當我們離開札西頂的時候，我父親走在隊伍前面，到現在我仍依稀能看見他的身影。他穿著一件絲綢的襯衫，披著一件白袍，頭髮紮成兩條髮辮，垂在後背上。焚燒松枝冒出的煙供雲，將我們呑沒其中。往山下走的頭一百碼距離，路邊擺滿了水桶，桶裡浮滿了鮮花，依當地的習俗來說，這代表著吉祥的意思。所有札西頂寺廟的居民，陪著我們下山走到了村子的邊緣，在那裡，督修．林巴要他們全都回到寺廟，因爲他不想要引起注意，畢竟百來個人一起越過村子是會引人側目的。他們向他獻上數不清的卡達（絲製宗教圍巾），祝福他旅途平安。

15 王室計謀

「『回寺廟等候，』他告訴他們，『下一次我們再見面的時候，或許是在白域哲孟雄裡了。隱地的守護神將會手拿卡達，掛在你們的脖子上，歡迎你們的到來。』」

他們當天走到了玉僧，那是入山前的最後一個村子，過了之後，就一路上山，穿過濃密的松樹林帶，接著就是陡峭的山坡、深厚的積雪、寬廣的冰川和高聳入天的山峰。

「當我們到達玉僧後，」昆桑回憶著，「事情很快就失控了。我們要來的消息，早在我們抵達之前就已經傳了開來。所有的人站在入村前的道路旁，彎著腰，向我們獻上卡達。我們穿過陣陣的香雲，前往雅邁拉的家，準備在那兒過夜。雅邁拉的家擠滿了人，一個比一個還要焦慮，深怕督修・林巴開啓隱藏之谷大門的時候，自己被留了下來。」

雅邁拉是個聰明人，當他進王宮向國王稟告督修・林巴想興建佛塔一事的時候，並不是以督修・林巴的弟子或是功德主的身分，而是以當地稅務官的身分向國王提出請求。但是王宮在拒絕這件事情的態度上，讓雅邁拉清楚知道王宮裡面潛藏著反對督修・林巴的勢力，儘管一開始的時候他並不清楚是什麼原因。雅邁拉的弟弟雅・間特瑞恰巧是王宮安全部門的主管，他見到督修・林巴之後，也變成他的弟子，他和督修・林巴也是偷偷地見面。

沒有人會想到王宮最信任的人會是一個間諜，身爲王室安全部門的主管，他正好可以藉此知道王室對於督修・林巴和他的白域之旅有何想法。由於他滿心期待能夠早日出發，離開錫金王國，去到一個更偉大的國度，而這個國度又在不遠之處，所以他常常和他的兄弟保持聯繫，

把王室對於督修・林巴和他的白域之旅的想法告訴他們。

錫金的喇嘛，特別是那些國王身邊統治階級的喇嘛，他們認爲如果要開啓「馬耶・里昂」的話，也是由他們自己的喇嘛來做，而不是由一個西藏喇嘛來開啓。

安全部門的人員也有自己的考量。時間是在一九六二年的早秋，當時中國入侵西藏的事才剛發生，每個人都持續在關心這件事。中國一直以來都處心積慮想把錫金納入自己的領土，她背叛了與印度之間的兄弟情誼關係，入侵印度轄下的喜馬拉雅山區領土，而這個舉動導致兩國陷入戰爭，也就是一九六二年十月二十日爆發的中印之戰。在這樣的氛圍之下，安全部門的人開始提出一種說法，說督修・林巴其實是中國派來的間諜，要尋找通往西藏的新路線，讓中國藉此路徑入侵錫金。

有了這樣的背景因素，也難怪雅邁拉看見督修・林巴領頭，帶了一堆人聚集在他家的時候會感到恐慌。雖然大部分的人是村裡的居民，但有些是他不認識的，或許他們是王宮派來的間諜。他想了辦法把督修・林巴拉到一旁，並且警告他。

督修・林巴掌握了失控的情況，並且用他典型的瘋狂方式將情勢扭轉了過來。他在大廳裡，盤坐在事先爲他準備好的法座上。大廳裡擠滿了人，再也無法容納更多，事實上大家已經是前胸貼後背，擠到門口去了。房裡的嘈雜聲，不外乎是談論著希望督修・林巴說說關於開啓白域的事情。

但是，督修．林巴不僅沒有談起白域的事，相反地，他開始一串冗長的演說，詳細解釋佛法裡面艱澀難懂的教義，正如他所預期的，大廳裡原本充滿興奮之情的群眾，熱情開始漸漸消退，大家的雙眼變得呆滯無神。擠在門邊的人漸漸散去，原本坐在大廳裡的人感到疲憊也陸續離開。兩個小時過後，坐在裡面的人有了足夠的空間可以活動筋骨，三個小時之後，後面的人甚至開始打起瞌睡，四個小時過後，整個大廳裡幾乎空無一人了。到最後，除了和督修．林巴一起旅行的人之外，其他人全都走光了，也包括那些可能是間諜的人。儘管開啓隱地這件事，已經從他們的祖先流傳了好幾代下來，每個人現在都認爲督修．林巴要開啓隱藏之谷這件事只是一個謠言罷了，要不然的話，他怎麼可能在離開的前夕還給大家這種無聊的演說，解釋什麼是三十七菩薩戒❶，以及菩薩達到佛果前的十地過程，包含各個菩薩地的不定轉化和如何登地呢？

雅邁拉準備了一頓豐盛的晚餐給督修．林巴和他的弟子，然後提供了糖、鹽巴、和茶，好讓他們酌量摻入糌粑中混合食用。他也提供他們被褥及繩子，方便將被褥捆在後背上。

雅邁拉趁著督修．林巴到屋外上廁所的時候，試著給每個弟子更多的補給，但是他們不

❶此處有可能是指「佛子行三十七頌」，而不是三十七菩薩戒（thirty-seven bodhisattva vows）。

要，「我們如果拿更多的話，督修．林巴會責罵的。」雅邁拉偷偷地說，「你們有十二個人，你們背負著所有的責任，要小心照顧督修．林巴，別讓他迷路了，他或許會到處遊蕩，也可能會受傷，所以你們必須就近看好他。但是記住，不論發生什麼事，都不要反駁他。」

督修．林巴回來的時候，雅邁拉建議他們趁著日出之前趕緊出發，因爲村裡有這麼多人想跟去，而且他們當中或許有些人是間諜。

督修．林巴和他的十二位弟子，藉著月光，偷偷摸摸溜出村裡開始旅程，前往高聳入天的聖山。

中午時分，他們碰見一位名叫札西的牧民。札西聽到他們要來的消息，特別來到宗格里牧民營地下方迎接他們，他把他們帶往宗格里後，再去一座事先爲他們準備好的山洞。他供養他們奶油和奶酪等食物，這是牧民們能供養的最好的東西了。

隔天清晨，牧民札西來找昆桑，他是全員裡年紀最輕的。他給昆桑看了他的投石器，那是一個簡單的裝置，由一個中間可以放小石頭的支架和兩條繩索組成，旋轉揮舞這個裝置，釋放一條繩索後，石頭就會飛出去。

「你爲什麼給我看這個呢？」他問牧民。

「羊走失的話，我們就會用這個，」牧民解釋說，「羊走失的時候，牠們也會感到驚恐，當牠們看到石頭飛過，聽到石頭落地的聲音時，牠們就會過來。」

「你們將要前往高山，」他繼續說，「而且你父親有點瘋狂，他將帶你們去到罕無人跡的遙遠地方。或許你會喪失方向感，這在高山上是常發生的事，特別是你們要去的山巒高聳入雲霄。你把這個隨身帶著，萬一迷路的話，往天空發一顆石頭，這樣其他人就會知道你在哪裡了。如果你在雲層裡，他們看不見石頭，等石頭落地的時候，也會有聲響。石頭落地後，再吹口哨，其他的人就能找到你。」他教昆桑如何使用投石器。

他們要離開的時候，牧民請求和他們一起走。「我非常熟悉所有的路線，」他跟督修・林巴說，「帶著我，你們就不會迷路了。」

「不用，」督修・林巴說，「你不需要告訴我怎麼走。雖然我沒去過，但我已經知道路線了，你最好留在這裡照顧羊群。」

離開的時候，牧民給了他們每個人一些蒜片，萬一高山症發作時可以吸吮。他給他們忠告：「不要離開彼此，這樣可能會走失。儘管我們這些牧民已經非常熟悉這個區域，還是害怕會迷路。有時候我們的牲畜會走失，兩三天都找不到牠們，干城章嘎峰實在是太廣大了。」

他們開始登上宗格里後面的高山。當牧民的營地消失在眼前時，督修・林巴停了下來，環顧四周的地形，看著穿透湛藍天空的陡峭高山。

雪浪由山頂上降下，好似飄揚的旗幟。沒有任何跡象顯示有人曾經到過那裡。

「從這一刻開始，」督修・林巴說，「我們與外界不會再有聯絡，我們不會再遇到任何人

類。從現在開始，我們只會和哲孟雄的守護神有接觸。」

就像昆桑描述當時他們的心情一樣，「我們很開心，開心之餘又有點害怕。」對他們十二個人來說，這是他們旅程的關鍵時刻，每個人的內心興奮與害怕交加。他們愈爬愈高的時候，有些人開始頭痛，於是拿出繫在腰帶下的蒜片來吸吮。

不久之後，他們停下來用餐，喝茶吃糌粑。巨大的岩石在頭頂高聳入天，數不清的如蜂窩般的山洞，交織成此地的景觀。他們爬累了，就停下來休息一會兒，接著，繼續往更高的山上爬去。山坡愈來愈陡峭，岩石愈來愈巨大，山洞更是多到數不清。督修．林巴走進其中一個山洞，說從這個山洞可以通到尼泊爾。經過一兩個小時的攀爬之後，督修．林巴停了下來。他們不知道是什麼原因，不知道是督修．林巴累了，還是有其他的事要做，他們始終注意著督修．林巴不尋常的舉動。

「你們全都以爲我們要去白域，」他說，「可是白域並不近，它離這兒還很遠呢！所以不要以爲我們很快就會到達白域，它還在很遠的地方。」

「我會留在這裡，」他告訴他們，「當我在這裡的時候，我希望你們分成四組，前往四個不同的方向，分散開來，看看你們能夠找到什麼。你們前往四個不同的方向，會看到四種不同的東西，要留意任何不尋常的東西，回來這裡向我報告。如果有發現什麼就帶回來給我。」

一開始的時候，他們並沒有分組，因爲山勢太過險峻，而且只有一條路可走。他們想起離開札西頂之前收到的忠告，他們害怕把督修．林巴獨自留在山洞內，害怕他到處遊走而走失。於是每前進幾步，便回頭看看，確定督修．林巴沒有移動，然後再往前走幾步。他們繼續走著，直到督修．林巴坐著休息的那塊石頭消失在雲層裡。

他們來到一處稍微平坦的地方後，才照著督修．林巴的吩咐，分成四組，朝四個方向前進。

分組的時候，南卓看到昆桑繫在腰上的投石器。「這是什麼？」他問。「你之前沒這東西，從哪兒拿的？」

昆桑說這是牧民給他的，以及萬一迷路時，該怎麼使用它。

南卓說，「嗯，這是個好東西，我要拿過來。」

「不行，」昆桑說，「我不會把它給你的。」

南卓是一位成年男子，昆桑只是一個十八九歲的小孩。

「你只是一個小男生，」南卓說，「你沒有力氣投擲這東西的，這東西在你手上沒有用處。」他從昆桑那裡搶走它，把它繫在自己的腰帶上。

他們發現自己所在的地方實在太廣闊了，他們害怕自己眞的會迷路，因此每一個人撿了兩顆石頭，可以用來互相撞擊，製造聲響。

南卓說，「從現在起，我們開始分組行進。如果迷路的話，就開始敲擊兩顆石頭，我們會

找到你的。如果沒有用的話，就吹口哨，再不行的話，我會用投石器。」

他們分好組，朝四個方向前進，也的確迷了路。昆桑那組有三個人，大約爬了一個小時之後，他停在一顆大石頭後面小便，當他尿完出來後，他的兩位同伴已經把他丟在後頭，消失無蹤了。

他喊了他們，可是沒有回應，他敲了石頭，也沒有用處，他落單了。這時他聽到前方山谷旁傳來口哨聲，他確定同伴們沒有人是往那個方向去的，所以判斷那應該是牧民。他往山谷上方走了一小段，可是除了布滿石頭的山坡，陡峭向上延伸到雪地和山谷前端的冰川之外，他什麼也沒看到，他知道那邊並沒有人，猛然想起，這一定是山中鬼魅企圖讓他偏離正途。

昆桑並不是第一個聽到這種高山裡由非人吹出來的哨音。斯文・赫定（Sven Hedin），二十世紀初期旅行於西藏的探險家，曾在他寫的《我的探險家生涯》（*My Life as an Explorer*）一書中，引用千年前某位中國旅行家的話，「你會聽到的幾乎都是刺耳的口哨聲，或是大的呼嘯聲，當你想去探究它的來源時，你會因爲什麼也找不到而感到驚恐。這時常會令人迷路，因爲那裡是邪惡鬼魅居住的地方。」

踉踉蹌蹌回到山谷下方，昆桑的思緒變得有些混亂，他完全喪失了方向感，不知自己從何處來。然後，他突然注意到地上躺著的神奇石頭：有平的、圓的、白色的，還有各種顏色的蛇形石頭，以及各種他沒見過的奇形怪狀的石頭。他想起父親說過，要告訴他有什麼發現，如果找到特殊的東西，也要帶回去給他看。昆桑一輩子沒見過那麼漂亮的石頭，石頭有著漂亮的形狀和顏色。他想起了潘高和死魔林的家，是在那麼遠的地方，看著這裡布滿大量的奇特石頭，他相信應該已經接近白域了。他撿起一些石頭放進口袋。

他完全迷失了方向。當太陽落到雪山之後，傍晚的涼意忽然向他襲來，他意識到他連時間感都沒有了。

恐懼再度來臨，他拿起兩顆石頭敲了敲，可是沒有人回應。他感到疲累和前所未有的孤單。他開始哭了起來，他迷了路，不知該往哪兒去。他眞希望有個指南針，他認爲有了指南針一切就會沒事。

他試著從他以爲原先走來的路往回走，一路上都拿著兩顆石頭互相敲擊。他知道他已經徹底迷路，而且開始覺得冷了起來。

接著他看到南卓投石器拋出的石頭，劃破天空，他往石頭走去，同時也看到其他人從不同方向走了過來，大家聚在同一個地方。他們也同樣迷了路，每個人都敲擊著手上的石頭，回應別人的聲響，直到所有人被南卓的石頭聚集在一起。每個人都在，大家都非常高興。夜晚就要來臨，所以他們開始回頭去找督修・林巴。他們害怕督修・林巴或許已經走失了，他們想著，也許當他們回到山洞時他早已經不見，出發去了白域。

但是當他們回到獨自留下督修・林巴的地方時，他還坐在當初他們離開時的那塊岩石上。

夜晚很快降臨了，他們開始要升火煮茶，可是督修．林巴說：「現在已經天黑了，記得夏札仁波切給我們的警告嗎？他說不要在夜裡生火，否則可能會引來雪豹，更糟的是，甚至會招來魑魅魍魎。」督修．林巴拿出夏札仁波切送給他們的人腿骨號角，開始吹了來。

他們分散到不同的山洞裡，身上裹著雅邁拉送給他們的被褥入睡。

因爲寒冷，隔天他們早早就醒了過來，升火煮茶，準備糌粑。他們看見督修．林巴在遠處，寫著東西。

當他們把茶和糌粑準備好之後，送了一份給督修．林巴，可是他並不感興趣，他正忙著寫東西。他並沒有問他們在四個方向看到了什麼，也沒有說自己看到了什麼。他只是專心書寫，於是他們就不打擾他了。

昆桑記得他們坐在遠處喝著茶，吃著糌粑，看著督修．林巴在遠遠的地方埋頭寫東西。南卓和米旁討論著，認爲他之所以派他們前往四個方向，一定是因爲他知道空行母將會來找他，給他伏藏。空行母來見喇嘛的時候，是不能被其他人看見的。

督修．林巴寫完之後，向他們走了過來。「工作完成了，工作完成了，工作完成了！」他說。「多年以前在拉胡爾區的時候，空行母依喜措嘉曾來看過我，她說我們以後還會再見面。昨天你們都離開的時候，她出現在我面前，告知我們該往何處走。」

「來吧！」督修．林巴說，「我們出發！」

他們把火弄熄後，收拾好行囊。他們離大門已經愈來愈近了，大家都感到害怕。

他們跟著督修．林巴來到一處陡峭的山谷，山谷頂峰上還覆蓋著白雪。他們踏雪而上，來到崗拉的最高點，一個隘口形成了與尼泊爾的交界，海拔超過一萬六千英呎。

督修．林巴指著尼泊爾那邊的方向，一塊小小相對平坦且綠意盎然的土地，其他則是陡峭的地形。土地中央有一座牧民帳篷，就搭在一條梯狀小瀑的山溪旁，溪水是冰川融雪後直接形成的。

「那裡，」他說，「那裡就是空行母依喜措嘉告訴我，我們要去的地方，我們要從那裡前往白域。她甚至告訴我那個地方的地名叫做策染。」

來自札西頂和西囊的阿唐喇嘛，膝蓋開始沒有力氣。他熟知這些山區，他也知道尼泊爾那邊那個營地的名字。

當冒險接近考驗的時候，他們心中興奮的情緒，伴隨著恐懼油然而生。每個人心臟不停狂跳，那些知道如何爬過陡峭山巔的人，心裡早就想好前往策染的路線，可是督修．林巴好像要印證他的瘋狂性格一般，在有了這樣的發現之際，突然宣布，「現在我們要回去札西頂。開啓大門的時間還沒到，我們來到這座高山的主要工作已經完成了，我們還有其他的事要做，現在回去吧。」

儘管他們都感到震驚，但也暗自鬆了口氣，這種感覺只有和他們身處同一情況的人，那些

準備永遠拋開一切的人，才能感同身受吧。

當他們經過宗格里的時候，又遇到了那名牧人，昆桑從南卓那裡拿回投石器交還給他。「我跟他說他的投石器很有用，」昆桑告訴我。「我說，『要不是你的投石器，我們現在還全都迷路在山裡面呢！』牧民大笑。『我知道這是會發生的事，』牧民說，『我知道你們被一個謬巴（瘋子）帶著，才會把投石器給你啊！』我們全都大笑了起來。」

他們在玉僧上方的森林裡等待，等到夜晚來臨才前往雅邁拉的家。雖然雅邁拉一直在住家附近等待開啓的消息傳來，準備登上雪線往上攀爬，可是當他看見他們回來的時候，卻也不感到驚訝。這就是伏藏師的行事風格：即便說要離開，再也不回來，結果隔幾天又回來了。你能奈他何？

隔天一早，他們就溜出了玉僧。那天下午，當他們經過札西頂村，前往札西頂寺的時候，引起了一陣騷動。對於督修．林巴的信徒而言，沒有任何事情可以動搖他們對督修．林巴的信心。但也有人從頭到尾就認爲督修．林巴是一個瘋喇嘛，對這些人來說，看到督修．林巴和他的十二名弟子，在這麼短的時間內就結束永恆之旅返回札西頂，更確定了他們對督修．林巴的看法。

他們看著這些勇敢的登山者以及他們的喇嘛上師經過時，便開始閒言閒語了起來，同時流言也四處竄了開來。他們回來的消息，早在他們抵達之前就已經傳到寺院，不多久時間，就傳到甘拓和王宮裡了。

礙於情勢，督修．林巴必須公開露面。當天晚上，督修．林巴坐在札西頂寺廟裡，身邊圍繞著他的弟子和那些充滿好奇的反對人士。毫無疑問的，當中也有國王派來的間諜混在裡面，整個氣氛非常緊繃。

對昆桑而言，這次的雪山之旅，是一個非常特別的經驗。

「獨自一人在那座山上，」昆桑透露，「嚇死我了，但即使我若眞的迷路了，永遠找不到了，不知爲何我就是知道那不會是我的結局，或許是因爲我只是個小孩子吧。不過，記得嗎？我們可是在另一個世界的邊緣啊。我父親派我們外出探查，並要我們向他報告所發現的事物。當我看到腳邊這些奇特的石頭時，我相信那是一個重要的發現，表示我已經接近了，這也是爲什麼我會把它們裝滿口袋的原因。然而我們又回到了札西頂，我父親已經在他的弟子前面坐好，我以爲要報告探查期間發生的事情，可是他連一次都沒有問過我們發生了什麼事，也沒有問我們有什麼新發現。這些石頭在我的口袋裡沉甸甸的，因此我把它們倒了出來，拿給我父親看。

「當我父親看著我認眞地從口袋裡拿出石頭，倒給他看的時候，他大笑了起來。『我們到那裡去不是爲了那些石頭！』他低沉有力地說。

「這事讓我受到打擊，原來他要我們往四個方向出發只是想打發我們，就好像那次在玉

僧，他的演講只是爲了讓大家離開或是睡著而已，他對我們做了一樣的事。我被父親幽默的督修式瘋狂行爲打了一記悶棍。事情應該是這樣，一定是這樣——他把我們派往四個方向，他知道把我們派往遠方時，有位空行母會來找他，他一定知道空行母依喜措嘉會來找他。他派我們前往不同方向，只是爲了擺脫我們而已，這樣他和空行母才能單獨碰面，其他任何人都不應該看見她。我們白白地被派到很遠很遠的地方，就好像當初在玉僧的情況一樣。

「我父親拿出在山上時，空行母依喜措嘉給他的伏藏經卷，大聲地念了裡面的內容，裡面有各種祈請文和修法儀軌，用來滿足和取悅『達瑪帕拉』和『瑪哈帕拉』，也就是守護白域大門的男、女護法神。」

「達瑪帕拉」和「瑪哈帕拉」是護法神的梵文名相，藏文裡叫「席大」和「薩大」。「席大」是指當地的「土地神」，祂們會指引道路；而「薩大」是指「地基主」，「薩」就是「土地」，「大」就是「擁有者」。白域哲孟雄的四座城門，分別有不同的「席大」和「薩大」，除非你能滿足和取悅祂們，否則城門是不會開啓的。

昆桑解釋說，一開始這些守護神會以忿怒的形象出現，戒護城門，但這城門是「外城門」；通過外城門之後，會來到「內城門」，同樣的守護神會再度出現，但不是用忿怒的守護姿態，而是親切歡迎你，無間斷提供你食物、衣服和各種生活所需。因此，督修．林巴從空行母依喜措嘉那裡獲得這個伏藏，是開啓白域的必要步驟。

「這就是我們去那高山的原因，」督修．林巴說明，「還有去看策染，現在我知道策染已經非常接近西邊城門了。」

這番解釋滿足了督修．林巴的追隨者，可是對於那些反對他的人來說，這只是個藉口，以往潛在的緊繃情勢終於浮上檯面。一直以來，總有人相信、也有人懷疑督修．林巴和他的白域之旅，這樣的想法，不時使得家庭分成兩派，也讓村民分成兩邊，有人想一起去，有人則不想去。就在大家以為他前往高山完成開啓白域大門任務時，沒想到他只去短短幾天就回來，讓那些原本就反對他的人，反對的聲浪愈來愈大。在王宮裡流傳的謠言，開始傳到村民的耳裡，說督修．林巴是中國的間諜、是個騙子、是吹牛大王、是酒鬼、是個瘋子。

督修．林巴並不是沒有注意到傳聞和爭議開始繞著自己打轉，他只是不太在意這些事情。他不在乎去平息人界可能對他造成的傷害，他的努力多半直接是和隱藏界的神靈有關。他忙著滿足干城章嘎峰以及白域城門的守護神，並藉由禪修和修法來淨化自己和他的追隨者。

因為開啓城門的時間比預計的時間更晚，那些跟隨督修．林巴的忠心弟子，儘管並沒有對他喪失信心，盤纏卻漸漸用罄，特別是那些來自喜馬偕爾邦的人。當初他們賣掉家當，把其他東西送給別人，只帶了要去錫金和高山上的旅費而已，他們並沒有想過會在那裡待上幾個月的時間。就連那些來自錫金、大吉嶺和不丹的人，也是把他們的物品施捨出去，沒繼續在田裡種植作物。督修．林巴的主要功德主們，雖然是富有人家，但他們的資金也日漸減少當中，他們

試著對督修・林巴施加壓力，讓他早日開啓大門，但他是施壓不得的。圓滿適當的修法是必須的；開啓白域大門也有特定的吉祥月份，例如藏曆的四到九月，而時間才是一切的關鍵。有些他的弟子，開始往玉僧上頭走，進入深林中蒐集松枝，製作成松香「桑」，帶往大吉嶺銷售。雅・間特瑞在王宮裡聽到的狀況更爲險峻，有些王宮裡的人，想要逮捕督修・林巴，甚至把他關進牢裡。他把情況向哥哥雅邁拉報告，而雅邁拉又跟督修・林巴說了這個情形。

16 與歷史有關的題外話

皇室反對督修．林巴的態度，將成爲影響接下來發展的主要因素，也是整個故事裡最難調查研究和理解的部分。

有人或許會認爲，那些坐擁隱祕知識的喇嘛，知道通往這個藏有世界一半財富的隱地的方向，應該會保持沉默，不輕易開口和探頭探腦問東問西的老外交談，但事實並非如此。每一個與督修．林巴與探尋白域哲孟雄之旅相關的人，心胸都很開放，樂意告訴我他們所知道的一切。有些學養豐富的喇嘛則清楚說明，故事裡有些部分和「密續」有關，不能透露給未接受過灌頂的人。然而，明白的是，儘管他們心中所嚮往的地方是一個隱藏起來的地方，他們也沒什麼好隱瞞的。

可是一旦牽扯到皇室的話，顯然就不是那麼一回事了。當我向他們問起皇室反對督修．林巴這件事的時候，就好像撞上一堵沉默的牆一般，顯然這堵牆後藏著什麼祕密。

隨著時間的推移，我對皇室反對立場的理解也跟著改變。在一開始進行打聽，意識到這堵

沉默之牆的存在之前，我有兩個主要的理論，這兩個想法應該都很天真吧！第一個理論是建立在國王對於督修．林巴沒有信心，甚至認爲他是個瘋子的基礎上；另一個理論則是建立在國王眞的相信督修．林巴擁有進入隱地的鑰匙的基礎上，而他的王國只是進入隱地的一個通道而已。

就第一個理論來說，如果國王認爲督修．林巴不是開啓隱地的喇嘛，懷疑隱地的存在，甚至認爲督修．林巴是個瘋子，那麼他的反對立場，只是基於統治者對於轄下平民老百姓的父執輩一般的關心而已。儘管錫金國的地貌以冰雪覆蓋的干城章嘎峰爲主，只有少數錫金人體驗過高山和冰川，跟隨督修．林巴的人一定會因爲高海拔而生病，經歷凍瘡的痛苦，甚至冒上死亡的風險。他們早就沒在耕作田地，捨棄了自己的房子和財物，從各個方面來說，國王只是關心子民的幸福安樂，就像父親一樣想要保護他們。有哪個國王不想要保護自己的子民遠離瘋喇嘛，防止瘋喇嘛像哈梅林的吹笛手那樣，把人帶往山邊的洞穴一去不回呢？

這指的是一個情節相差不遠的古老傳說，羅伯特．白朗寧（Robert Browning）在他的詩作〈吹笛人的故事〉（*The Pied Piper of Hamelin*）裡，描寫吹笛人將小孩子帶往迷途的那刻，他是這麼描述的：

當他們抵達山邊的時候，

一個神奇的入口開啓了，
就像山壁上突然出現一個大洞一般，
吹笛人在前面走著，孩子們跟隨於後，
直到所有人全部進入之後，
山壁上的門迅速關了起來。

如果從第二個理論來看，國王相信督修・林巴掌握了開啓之鑰，那麼他一定知道那些放棄一切、跟隨督修・林巴前去札西頂的數百錫金子民，只是出走錫金的先鋒而已，一旦大門開啓的消息傳來，他的王國將面臨空城的窘態。我曾經訪問過錫金裡認識督修・林巴的許多長者，他們只是等待著開啓的消息傳來。

他們兩邊押寶，一方面不放棄自己的屋子和財產，而且持續在田裡種植作物，一方面又有所準備，等到大門開啓的消息傳來，就可以馬上拴

吹笛人，哈梅林市場教堂，德國。

上大門離開。有些人甚至在沿路的山洞上藏好糧食，方便離開錫金前往隱地時不必再隨身攜帶，特別是如果還有老人和小孩隨行的話，因爲，沒有人知道大門何時會關閉。錫金各地許多長者眼裡透著亮光對我說，他們就是這麼等著消息。這中間甚至包含了輕微的反叛之意，爲了去一個更好的國度而離開錫金王國，這個舉動將觸怒國王。

這將會是一個空前的出走潮，也會讓國王陷入窘境，他要如何向多疑的世界解釋自己這個沒有國民的國王之位呢？當他試著辯解自己的王國統治權來自於繼承而非仁澤的時候，想必心裡一定會有些許的不快吧。自己國家的子民全數離開，只爲了前往他們認爲更美好的國度，有什麼比這個能讓國王感到更難堪的事呢？

當我愈深入探究，王室反對的其他可能因素就慢慢浮現出來。有可能單純只是因爲督修·林巴是個西藏人嗎？部分的錫金喇嘛和西藏喇嘛之間，彼此互不信任、相互厭惡，這點並不難看出來。錫金王國是由西藏喇嘛所建立，而錫金的宗教信仰不論其來源或是分支又是藏傳佛教，在這種狀況之下，許多錫金的喇嘛當然覺得聲明自己的獨立性和優越性是極爲重要的事。另一方面，西藏喇嘛卻認爲錫金的喇嘛沒受過完整教育，只接受過錫金王國裡許多鄉村寺廟中的某一兩個寺廟的訓練而已，錫金缺乏像是西藏境內設立的大型佛學院。

我曾經和一位藏人交談過，地點就在甘拓上區他的私人豪華佛堂。他的父親曾經是皇家寺廟裡西藏大喇嘛的祕書，而他自己也是在皇家寺廟裡長大的。他率直地跟我說，錫金所有的喇嘛都是沒有受過教育的人。他的發言是何等傲慢且大膽，著實讓我震驚——「他們懂啥？」他問我，「他們只在鄉下受過一點教育而已。」

錫金喇嘛對於西藏喇嘛宣稱自己受過「高等」教育，顯然相當不以爲然，因爲他們的土地是蒙受蓮花生大士加持過的，無論是俗世的事物或是佛法上，都理應由他們來管理。有人告訴我，國王並不是學者，因此每當遇到宗教事務時，總是得徵詢身邊喇嘛的意見。既然他們本來就不信任西藏喇嘛，當然會對西藏喇嘛前來開啓他們的隱地一事感到生氣，難免要挑撥一下，讓國王對督修・林巴產生反感。他們的態度大概是這樣：「爲什麼我們需要靠一位西藏喇嘛來開啓我們的隱地呢？」

隨著和其他人的交談，我對皇室爲什麼要反對督修・林巴的想法逐漸改變，我想盡了各種方法，試著從那些與皇族和宮廷有關係，可能知情的人身上問出他們的看法，但效果不彰。我追著諸多線索，在多次造訪甘拓的過程中，一戶一戶拜訪那些與皇室有關係的人家。我曾訪問一些八九十歲的長者，家裡豪華的會客室炫耀地掛著國王簽名的肖像；說起旺秋・南嘉的時候，他們會說旺秋・南嘉是我們現任的「法王」（宗教上的領袖，他是錫金最後一任國王巴滇・敦珠・南嘉的兒子，西元一九七五年，錫金王國終止，錫金併入印度，國王退位）。當我向他們問起是否知道關於督修・林巴的事情，以及他在錫金王國政府手上遇到什麼麻煩的時候，我發現常遇到被回絕的情況。很快地，我意會到這其中顯然有什麼蹊蹺，或許皇宮中有什

麼祕辛，從這些參與其中的人身上我當然問不出所以然。

無論如何，我發現處於菁英圈之外的錫金居民，那些住在札西頂和玉僧的村民與喇嘛，以及督修．林巴其他地區的追隨者，都非常樂意告訴我他們對於王室反對的背後理由有什麼想法。當他們提供許多環環相扣的想法，佐證許多王室反對的理由時，我同時也常覺得自己被那些守口如瓶的局內人處處牽制。

從那些與督修．林巴有關的人身上，我聽到最共同的一點，就是持反對立場的主要核心人物不是國王，而是王后。在錫金所有的人民中，這點好像普遍被大家所接受。

皇室家族和錫金的大部分佛教徒都屬於寧瑪派，它是藏傳佛教四大派別裡最古老的一支。人們告訴我，王后瑪哈蒞尼．昆桑．德謙在當時的王國宗教事務裡有著極大的影響力，她帶來了另一支格魯教派的喇嘛，擔任主要的修法儀式工作。這就好比天主教西班牙王國的伊莎貝拉王后，找來路德教派的牧師舉行彌撒一樣。有些人甚至說錯了，說瑪哈蒞尼是格魯派的。錫金的「法王」，傳統上會迎娶西藏的貴族女子，既然瑪哈蒞尼是西藏的貴族之女，那她一定是屬於寧瑪派。不過巴滇．南嘉的保衛隊隊長永達確實曾跟我說，王后一家人都是格魯派的強烈擁護者。巴滇．南嘉是錫金最後一任「法王」，直到今日也仍舊以身為王室成員而聞名。

⁂ ⁂ ⁂

爲了對錫金的歷史和隱地的歷史背景有更廣泛的認識，在典型既濕又冷的秋天下午，我踏著腳踏車，穿過牛津大學裡宏偉的石造建築，閃避路上的小水坑以及濺起的水花，去和一位學者碰面；他剛結束在錫金爲期兩年半的研究，回到英國。他的名字是所羅．穆勒（Saul Mullard），曾經在錫金的菁英份子家中以及私人圖書館裡，找到關於錫金王國建立的文獻資料。他也曾經旅行到偏遠地區，參訪那些被綠色植被所覆蓋的歷史遺跡，有些甚至是第一批藏人移居的痕跡，時間比錫金在西元一六四六年建國時再早兩百年。所羅是第一位如此嚴謹調查和研究這些古文獻的學者，他將之與陡峭叢林裡的古老地基和防禦城牆做聯結，對錫金的早期歷史做了很多思考，也有自己獨特的見解。

我穿著鞋子站在他的門邊，考慮到我那雙浸滿雨水的鞋子的狀況，加上我們兩個都曾經長期在東方待過❶，我們決定坐在他三樓公寓的窗邊，那是一棟維多利亞式的建築，或許曾經是某位單身牛津閣下的寓所，現在則用來租給學生和客座學者。他身邊的窗戶是開著的，迎著陣陣的雨勢和大學裡古老的尖塔，如此一來，他的香菸煙霧便能夠散出去，而不是吸到我的肺裡。他仔細聽了我簡要陳述關於督修．林巴的故事，以及督修．林巴尋找白域哲孟雄的過程。

❶作者可能意指東方人不會把鞋子穿進別人屋子裡，把地板弄髒。

我說完之後，所羅的評論既快速又直接，「你必須了解，隱地並不是在這個世界之外。我曾經看過相關文獻，上面說的並不是像你的喇嘛說的，必須通過一個門，進入一個不存在於地圖上的地方。隱地就在這個世界上，它就像是香巴拉王國一樣，躲在某排高山之後。雖然沒有人找到過，但它就在那裡。我們實際上是可以到那裡去的，不需要『通過世界上某個隙縫』才能抵達。更重要的是，你還是能夠再回來。雖然香巴拉王國的地理位置並沒有明確被標示出來，但是白域哲孟雄卻是曾經被找到過，早在五百年之前，它就已經被開啓過，西元一三七三年時被仁增・果登間開啓過。在重回西藏之前，仁增・果登間在那裡待了十一年。日後他還曾回到隱地，並於西元一四〇九年時終老於該處。」

所羅停了下來，點上另一支香菸。

「喔，對了，」他說，「我也曾去過隱地。」

「你曾經去過白域哲孟雄？」我懷疑地問他。

「你也是啊，」他冷淡地回答，頓了一下，加強我的印象。「白域哲孟雄等同於錫金，它和錫金的地理位置完全重疊，它存在另一種平行的時空裡。它實際上就是錫金，但卻有著別於錫金的各種特質。白域就在錫金實際的地表上，你可以親身到那裡，我們不都去過札西頂嗎？所以我們都曾去過隱地的中心位置，但我們不知道自己去過，原因是我們沒有正確的覺悟。」

所羅長長地吸了一口菸，若有所思地把煙吐向窗外，香煙融入籠罩牛津的濃霧之中。

「與其爭議白域是否是經緯座標以外的一個地方，倒不如說它取決於人的心理狀態。」

「白域？取決於人的心理狀態？」

「根據許多舊文本，依著不同的覺悟程度，會產生出不同層級的白域哲孟雄。如果你只是凡夫俗子，你可以去札西頂，到各個不同的山洞，然後說：『哇！這是蓮花生大士加持過的山洞。』你就像是觀光客，跟著路邊的大路標：『錫金，隱蔽天堂』走，或許甚至會拍幾張照片。就像一個觀光客，你的認知只會被局限在表面上，這是屬於外在的層級，這就是觀光客到白域哲孟雄的感覺，他進入的是西錫金。儘管他毫不知情，但他其實已經到了隱地。這就是重點：白域是一個實際存在的地方，但是如果沒有修行上的成就，你是無法覺知它的。

「從另一方面來說，如果你有修行上的成就，雖然進入相同的地方，可是那裡會是白域哲孟雄，而不是西錫金。」

所羅．穆勒，沃夫森學院，牛津。

「所以，這有點像是《綠野仙蹤》裡，桃樂絲發現自己又回到堪薩斯那樣嗎？」我問，「在奧茲王國裡，她看到她的鄰居全都變成不同的角色，她跟他們說：『你在那裡，你也在那裡。』」

「我不知道是否可以延伸解讀成那樣。」所羅說。

「那麼，這或許比較像是遇到一位證悟的大師那樣，」我說，「有些人在路上碰見他，以爲他只是個流浪漢，施捨給他一個銅板；另外有些人看到他，就知道他是一位成就者。這完全取決於接受者的覺察。」

「類似那個意思，」所羅同意地說，「錫金的隱地確定是立基在西錫金的地表上的。」

「這跟我從錫金人那裡聽說的不一樣，」我說，「你從哪兒得知關於隱地的事呢？」

「從古老的文獻，是桑傑．林巴和仁增．果登間所寫的資料，還有從整個北伏藏傳承，以及從錫金建國的相關文獻與傳說裡知道的，裡頭說白域的開啓是關鍵。」

「但這些沒有一個符合督修．林巴所追尋的隱地的概念啊，」我說，「也跟那個區域裡我所訪談的對象所說的不一樣。古老文獻裡所說的，似乎和一般現今大家對於隱地的了解不太一致。就連那些現在住在西錫金和札西頂的人，也不會說他們已經住在隱地啊。他們反而跟我說他們是如何準備捨棄這個世間上的一切，只爲了進入另一個更好的地方。他們非常清楚——這不是意識的轉換，在家裡等待就好；也並非說突然間就恍然大悟，發現札西頂即是白域的中心。他們全都談論著干城章嘎峰的雪山，和他們要進去的那個山洞，他們會通過一個門或是通道進入一個地方，從此以後可能不再回來。這和你經卷上寫的好像不大相關。」

「確實如此，」所羅說，「你所說的那個喇嘛的作爲，和經典裡的傳說並不一樣。」

從一位學者和歷史學家的觀點來看，這似乎是最終的定論了。言外之意相當明顯，他認爲督修．林巴只是一個徹底的瘋子。

「那麼，這個傳說到底是什麼呢？」我問，「白域在史學中是什麼概念呢？」

「首先，甚至在開始討論經典之前，」所羅邊說邊把身子坐直，「你必須用西藏的觀點去勾勒白域的模樣。想像著：你住在僅有少數植被覆蓋的高原之上，風雪凜冽，實在不是什麼居住的好地方。然後你到了錫金，有了肥沃的山谷，隱地的概念就是這麼來的。在這麼美好的地方，沒有西藏政府忙著屠殺其他派別的佛教徒，只因爲他們不信這個、不信那個或是不信其他的。這就是他們想去的地方。」

「你找到第一個關於白域哲孟雄的文獻，是在什麼時候呢？」我問。

「就我所知，桑傑．林巴是第一個提到白域哲孟雄的人，他的年代大概是從西元一三四〇年到一三九六年。他是一位偉大的伏藏師，是偉大西藏法王赤松．德贊第二位兒子的轉世。赤松．德贊就是歷史上記載於八世紀時迎請蓮花生大士入藏的藏王。西元一三六四年，桑傑．林巴發掘出偉大的伏藏《上師意集》（*Lama Gongdu*），一共有十三卷。經文裡面我們發現首次

提到了白域哲孟雄，還有許多其他的隱地。

「第二位是仁增．果登間，他是『再伏藏』或北伏藏傳承的始祖❷。伏藏傳說裡，與白域哲孟雄關係最密切的就是仁增．果登間，他掌握了所有的開啓之鑰。記載中，他確實開啓了隱地，也造訪過其他隱地。他與桑傑．林巴是同時期的人物，也是西藏最偉大的林巴之一，西元一三三七年出生於西藏，西元一四〇九年圓寂於白域哲孟雄。出生時的名字是鄂珠．嘉千，之後才有了現在『仁增．果登間』這個廣爲人知的名字，翻譯過來的意思是頭上有著禿鷹羽毛的人。傳說是這樣的：在他十二歲的時候，他頭上長出了三根禿鷹羽毛。雖然我沒親眼看見，但是我懷疑那只是看起來很像羽毛的一撮頭髮而已。他二十五歲的時候，又長了五根出來，他的一生似乎和禿鷹有著特殊且罕見的緣份。當他在白域哲孟雄的時候，他從干城章嘎峰的中峰取出伏藏，也在白域取出其他伏藏，他把這些伏藏連同其他東西，像是佛像等等，掛在禿鷹脖子上一起送回西藏。

「藏傳佛教藉由殊勝非凡的上師及弟子間不間斷的傳承，得以廣爲流傳下去。這些傳承不斷開枝散葉，也增加了彼此之間的紛爭。儘管第一位提及白域哲孟雄的桑傑．林巴和仁增．果登間二人所關心的是一個遠離紛擾的淨土，但他們也無力阻止紛爭四起。仁增．果登間的第一次白域哲孟雄之旅，在那裡停留了十一年之久，當他回來敘說這個故事的時候，桑傑．林巴的追隨者卻嘲諷他，說：『老兄，你說的全是狗屎！』他們壓根兒不相信仁增．果登間眞的去過隱地。

「此二人圓寂三個世紀之後出生的第五世達賴喇嘛，被稱爲『偉大的五世』，在他研究北伏藏傳承時，也曾經針對這兩位寧瑪派大師的傳承做過論述，他委婉地說：我必須說，桑傑·林巴和仁增·果登間二人的弟子之間，的確存在『爭執』，而這個爭執引起了彼此間『些許』的敵意。雖是如此，仁增·果登間的確是記載上第一位將西藏佛法帶入錫金的人。」

「如果他『開啓』了隱地，」我問，「他要把佛法帶給誰呢？」

「當仁增·果登間抵達白域哲孟雄的時候，絨巴人已經在那裡了（錫金），他們是錫金的原住民，沒人知道他們從什麼時候開始就住在那裡，也沒有任何關於他們移居的記載。在那兒，他也遇見有著藏人血統的人，說著西藏的方言，甚至錫金第一位『卻嘉』（法王）彭措·南嘉的祖先也早就在那裡了。我猜想他們應該是從西元一二七〇年左右就在那裡了。事實上，從札西頂往上一點的西囊村，是仁增·果登間安頓下來的地方，也是錫金皇室家族的發源地，而仁增·果登間也是在西囊圓寂的。」

❷仁增·果登間是北伏藏傳承的始祖，北伏藏裡有些是再伏藏：果登間除了取出主要的北伏藏以外，也是從他開始有了再伏藏開取的最初先例。果登間應該是最早取出再伏藏的伏藏師。

「等一下，」我說，「現在我眞的搞迷糊了。我可以理解，基於人性，這個西藏人仁增·果登間抵達這個新地方，發現那裡只有絨巴人，依存於森林過著簡單的生活，膜拜樹木和山巒；就歷史的角度來說，應該會記載他『發現』，或者以這個例子來說，他『開啓』了這個地方。畢竟這就像我們學到的，克里斯多夫·哥倫布『發現』美洲大陸一樣，儘管當時美洲原住民已經居住該地千年之久，只不過哥倫布抵達時才和他們碰到面而已。哥倫布這麼說：『在我看來，這些人心靈手巧，將會是很好的僕人，我認爲他們很快就會成爲基督徒，因爲他們似乎沒有宗教信仰。』聽起來好像他受了百年之前仁增·果登間的啓發一樣。」

「哥倫布是哪裡人？」我問，「米蘭嗎？」

「熱拿亞。」

「好。這麼說吧，當哥倫布踏上新世界的時候，他遇見了來自鄰近城市的人，例如羅馬好了，然後他在這個羅馬人已經居住了兩百年時間的城市住了下來。我可以想像，他應該很難說出是他『發現』這個地方這種話吧。就好像果登間也會想這些西藏人是誰。」

「傳說的觀點上，」所羅說，「隱地裡的藏人，是失落的一群，他們有特殊的能力。遠古之前，絨巴人已經住在那裡，他們是眞實的人，是白域哲孟雄裡的空行母和「達卡」（男性空行，勇父）——絨巴人被認爲是『巴沃』和『巴嫫』，意思就是勇父和空行母❸。」

「所以他們跟一般人不一樣囉？」我問。

「他們被認爲是有點神力的人，他們是人，但是在修行層次上有著不可思議成就，這是拉尊・千波在他的著作裡提到的。白域裡的所有植栽都可以拿來當作藥物，水也具有療效。『巴沃』和『巴嫫』是天生的醫者，或許是因爲絨巴土產的藥物以及他們對當地花草的了解吧，而這些知識，絨巴人一直保存到今日。」

「有一次我和西囊來的絨巴小伙子走在一起，」所羅邊說邊笑，「他從某株植物上摘了一小部分，塞進鼻子裡。我說，『那是什麼？』他說他快要頭痛了，他們眞的懂很多藥草。

「想像一下，當仁增・果登間看到絨巴人彼此之間和樂相處，而非互相殘殺，而且從離身邊最近的樹叢就可以採到草藥的樣子。當然，現在絨巴人已經被邊緣化了。事實上，從錫金建國的那天起，凶兆就已經開始，那些反抗的人都被奴役了，剩下的人單純希望和平，就離開了良好的居住地方，最終被趕入最艱困和難以進入的深山之中。這也就是爲什麼絨巴人原本自稱是『馬坦其・絨古』——『母親的摯愛』，日後卻被稱爲『絨』的原因，意思就是『深谷部落』。第一次發現這個詞的使用，是在西元一七三五年的時候，用來記錄發生在西元一七一二年的某些事件。

---

❸ daka 和 dakini 是梵文，pawo 和 pamo 是藏文，也就是勇父（男性空行）和空行母。

「想想看，來到這麼一處充滿和平氛圍，遠離西藏政治和宗教政治紛擾的世外桃源，居住在這樣氣候溫和的地方，周圍滿是未曾見過的奇花異草、食物和藥草。對那些來自中藏，除了生肉之外沒有其他食物可吃的藏人來說，這裡無疑是個瑰麗天堂，或許就是所謂的白域，一個隱地。沒有人知道它的存在，古老的西藏地理上並沒有記載，它與南方其他地區一起被歸類成『夢域』。從西藏王朝時期開始，就有一種信仰，相信喜馬拉雅山區裡有這些美好的地方，土地肥沃，這個說法很接近隱地的傳說。

「喜馬拉雅山區一向是想要遠離迫害的人們的最佳去處，像是不丹、錫金還有許多喜馬拉雅山區裡的王國，都是由離開西藏的難民所建立的。想想看，逃離紛爭的西藏來到這裡，通過高山隘口，抵達翠綠的山谷，來到像是札西頂的地方，特別是札西頂，那裡山勢突出，支配著整個地區，你就會驚嘆『哇！』，真是珍寶之丘，百花齊生。我們現今看到的植物和鮮花，跟他們那時候看到的相比，肯定不算什麼。

「我從西囊往北走了五個小時，到巴隆．日去尋找十四世紀時仁增．果登間建造的寺廟遺跡。在錫金境內我從未見過這樣的樹木，我說的是巨大無比、樹幹好比這個房間一樣粗大，樹身長滿了青苔的巨樹。當我們走到那裡的時候，看見紅熊貓和其他野禽。我算是一個滿熱中的鳥類觀察員，在那裡我也看到五六種以前在錫金沒看過的特殊品種鳥類。我從沒見過那樣的景象，蘭花直接從地面上長出來，參天巨樹以及濃密的樹叢，那裡無路可走，更別說有小徑了。

中間一度我們走到山邊，那裡有一棵傾倒的樹木，我們走在上面時，它突然斷裂，我們差點跌落一百英呎摔死。這應該是整個王國看起來的樣子吧！」

「這些都很好，」我說，「他們來自爭鬥不斷的西藏，找到這個在他們南方的山明水秀的天堂，他們想要這塊土地。他們把它叫作隱地，好符合他們傳說中的神祕之地，並且建立起王國，以證明他們征服某個族群的正當性。到底錫金王國建立的背後，眞正的實情是什麼呢？」

「喔，」所羅說，「這是我特別感興趣的部分，也是我研究的主題。雖然事實的眞相尙無定論，但官方的說法卻是眾所周知。仁增・果登間首次開啓隱地的兩個世紀之後，那達・森巴・千波、拉尊・千波，以及噶陀・昆杜・桑波，三位來自西藏的喇嘛分別開啓了隱地的三個城門，建立了以藏傳佛法爲基礎的國度，實現了之前預言。

「那達・森巴・千波的故事，是由他兒子所寫下；那達和隱地城門守護神交談時：『記得我嗎？』他這麼說，『還記得蓮花生大士的時代，祂要求你守護前往隱地的通道，直到合適人選到來嗎？好了，我來了！』他修法淨身、焚燒松香『桑』，也修持了儀軌。修持儀軌到了有關當地神祇的段落時，你召喚祂們過來，獻上『羌』（當地自釀的酒）來吸引祂們，這樣就能收服祂們，然後說：『現在你們必須照我說的去做：讓我進去！』他就這樣進去了。

「拉尊・千波的故事是最精彩的，是由錫金國王圖多・南嘉法王和王后於西元一九〇八年所寫，書名叫做《錫金歷史》（*The History of Sikkim*）。至於它所反映出來的歷史眞實性，正因

爲是皇室成員自己寫的，叫人很是懷疑；儘管如此，它卻是『官方』建國神話裡，內容最清楚、涵蓋範圍最廣、也最常被人引用的資料。

「當第三位喇嘛噶陀在山裡打轉，找尋通往隱地的大門時，他來到一片無法通行的粗糙岩壁前，被迫折返，到達一處名叫娘．嘉察的地方，意思是『樂林』，那時他看見拉尊．千波和他的弟子們，遠從西藏而來，經過長途跋涉，筋疲力盡，正坐在草地上休息。當噶陀跟拉尊說，他因爲無法穿越他們前方那個看似『天堂之門』的岩壁而折返的時候，拉尊告訴他，開啓那座城門的任務是分配給他的，噶陀必須繼續尋找自己的那座大門。

「拉尊和隨從們爬上山坡，直到到達噶陀說的那塊岩壁下方，就像噶陀說的，似乎沒有通路可以過去。但不同的是，拉尊是預言中開啓那座城門的人選，拉尊用他神奇的成就力量，飛過斷崖，到達卡布魯山山頂，又或者是他與弟子走散分開了，自己消失在低掛的雲層中。無論如何，他就是消失不見了，數日過去，仍然不見上師的身影，弟子們最後下了結論，說他已經死在強風呼嘯的高山斷崖之上。到了第七天，弟子們已經建好一座石頭舍利塔來紀念他，正當準備離開的時候，他們忽然聽到風的呼嘯聲之上有拉尊吹的人骨號角聲響，於是他們在山上等待、祈請。三個星期過後，他們的上師回來了，就像當初他神奇消失一樣，他開啓了前往隱地的路。他們爲自己對上師的信念而感動，跟著他走向岩壁上開闢的路，進入白域哲孟雄。他們在前往玉僧的途中也經過宗格里。由於拉尊．千波在高山雪裡挨冷受凍，因此後人常常將他的皮膚顏色畫爲藍色。」

在我們討論的前一天，我收到向牛津大學博德利圖書館訂購的書，這個圖書館有地下七層的廣大書籍陳列室。書名是《環繞干城章嘎峰》（*Round Kangchenjunga*），由道格拉斯·W·佛洛斯菲爾德（Douglas W. Freshfield）撰寫，西元一九〇三年首次出版，內容是作者描寫自己於十九世紀末、二十世紀初時，攀登這些巍巍高山的旅程。其中有一個值得注意的章節，他標註了拉尊·千波當時打開隱蔽聖境西邊城門的岩壁所在，就在策染上方，也就是當初督修·林巴站在崗拉隘口往下看，說他們必須前往此地，尋找同一座城門的地方。我向所羅解釋完督修·林巴與策染之間的關聯的故事後，從袋子裡拿出影印下來的書本章節，念了底下的內容給他聽：

「在策染小屋前的草地上短暫停留之後，我們渡過河流……。一條林間小徑帶我們往上穿越森林，染著秋紅的葉子與墨綠的針葉相混著……，我們來到山邊，俯瞰一處可愛的林間空地，它就在長長的隘谷入口處，於是我們決定前往崗拉……。多石的河谷開滿了杜鵑，小樹叢中間有著柔軟的草地；清澈的泉水在山谷中形成池塘；四周環繞的樹林構築了悅意的背景。深夜時分，晦暗的霧氣終於退散，在月光下，我們看見一座冰峰，那是久努山西南支脈的其中一支；黎明破曉

之時，我們看見美麗至極的景色，雅隆山谷內山巒層疊，峰峰相連直到亞倫。第一道曙光充滿天際時，山林失去原本的色彩，整個大地瀰漫著天際的藍紫色。我眞希望有位畫家能畫下這個景色，讓我日後回味它的迷人丰采。

此地的迷人之處，並沒有被我們之前的本地遊客所忽略。當地的傳說提到拉尊曾經造訪此地，他是十七世紀時，將佛法傳進錫金的人。據說這位聖者給這個地方取名為「南噶．察」──「樂林」。根據某位有些影響力的「巴布」（先生）所說：「拉尊第一次造訪喜馬拉雅山區的時候，在此處停留了數日，對美麗的景緻和寬廣的山谷留下深刻的印象。從荒涼的西藏北邊一路而來，路途遙遠危險，讓他疲憊不堪，身體健康急轉而下；可是在此地經過數日之後，竟然迅速復原，不單只是因為此地風景宜人，更特別的是他在此地得到了宗教上和身體上的舒緩。」喇嘛身體迅速恢復之後，根據傳說，他飛上空中到達卡布魯山頂，在那裡停留了兩個星期。我們也有可能獲得加持得到神力，表演同樣的「飛翔」特技嗎？

我注意到所羅眼光閃爍，帶著驚嘆。

「你怎麼看待這些故事，」我問，「會飛的喇嘛的故事？你眞的相信他會飛嗎？」

「西藏總有奇異的事發生，」所羅回答，「有很多事我們無法理解，不過很多這樣的故事其實是後來人爲編撰的。」

「不管怎麼樣，」我說，「這三位喇嘛在玉僧碰面了，對吧？」

「是的，」所羅說，「事實上，玉僧就是絨巴語『三位聖賢』的意思，絨巴人以此紀念這三位喇嘛在此處會面，建立新的佛教王國。可是那時候，拉尊卻在那時當場阻止了其他兩位喇嘛在那裡建立王國。『我們三個是喇嘛，』據說他這麼說過，『我們需要一個居士來管理這個國家。』」

「這或許是一個明智的決定，」所羅咯咯笑著說，「選一個當地的居民來管理，才不會被當作是外來勢力的強占。要記得佛教在此地是一個外來宗教，此舉是宗教和世俗事物上的雙面接管。也請記得，我現在跟你說的是官方版的建國神話，你或許會在觀光小冊子裡看到這些內容，只是沒那麼詳細而已。

「拉尊曾經指出關於『四位化身』的許多預言，說他們將建立一個新的國度以利佛法。據說他特別引用一個預言，這個預言是圓寂於西元一三七五年的仁謙．林巴所說的。預言裡說：『有一位名叫彭措的人將會出現，他來自甘的方向。』

「於是拉尊派了一位隱士，帶著一組人前去尋找甘這個地方，和名叫彭措的人，以便將他帶回玉僧，幫他加冕成爲國王。當拉尊和他的弟子們在玉僧上方山丘禪修時，他派出的那組人

馬經歷了許多奇遇，尤其是那個叫做甘的地區到底在哪裡，他們根本毫無頭緒。故事是這樣的：他們一行人最後到了甘拓，一個小小的、不是特別重要的村子，但是『與預言中的甘是一樣的』。基於幾個原因，我對這事感到些許懷疑。首先，『甘拓』的意思，就是山頂，所以它有可能是指任何地方。我有理由相信他們到達的地方其實是西囊，就在札西頂往上一點的山上，當時是西藏的殖民地。不管怎樣，他們在這個叫做甘拓的地方，找到了正在擠牛奶的彭措．南嘉。彭措邀請他們一行人到家裡，招待他們新鮮的牛奶飲用，讓他們覺得這是一件非常吉祥的事。當他們告訴彭措來此地的理由，是為了帶他回去玉僧成為國王，你想想，他會覺得自己多麼幸運啊！前一分鐘還在擠著牛奶，下一分鐘就變成王室的始祖。

「根據這個故事，彭措擁有西藏王室血統，他是西元八世紀藏王赤松．德贊的後裔。當然也有其他預言與這點相關，但我們可以假設它其實是日後捏造出來的。其中有一則預言提到，如果是赤松．德贊的後裔當了錫金的國王，那麼錫金國將會繁榮昌盛。你必須了解，西藏王位的篡位者和周邊西藏小國的建立者，他們通常都會說自己是赤松．德贊的後裔，這其實是一個不可或缺的必要條件。

「總之，這三位喇嘛安排了所有的儀式，扶植彭措．南嘉成為錫金第一任『正統』的國王，又稱『卻嘉』（法王），中間不可避免的有些家族間的小問題，但是整個王朝就這麼延續下來，直到西元一九七五年錫金國被併入印度為止。

「王國建立之前，錫金只是由一個個小王國合起來的集合體，每個小王國都有自己的領域和勢力範圍，誰也不曾統治誰，彼此之間存在爭鬥和小戰爭。彭措在西藏的幫助之下，合併了大範圍地區，納入自己麾下治理，其面積比現今的錫金還要廣大。但是他知道自己手上的權力還是相當脆弱，因此在死前，他立了自己的兒子滇松爲下一任『卻嘉』，以確保政權的和平轉移。

「卻嘉・滇松有三位太太：一位來自不丹，一位來自西藏，一位來自林布。他英年早逝，他死之後，他那年僅十四歲的兒子洽多接掌了王位，他是第二位西藏太太所生的兒子。這舉動遭到同父異母的姊姊潘蒂・汪嫫的抗議，她是第一位不丹太太所生的女兒。潘蒂認爲她比洽多年長，王位理應由她繼承。

「潘蒂・汪嫫背後有不丹勢力撐腰，要攻擊這個新成立的國家的話，他們是再樂意不過了，這對姊弟之間的紛爭引起了錫金和不丹兩國的戰爭。不丹派出刺客暗殺卻嘉・洽多的時候，他逃往了拉薩，所以在錫金王宮被不丹占據八年的這段期間，卻嘉一直住在拉薩。他年紀尚輕，在那裡接受教育，深入西藏的傳統。中間有一個故事，我不知道它眞實與否，說他後來成爲達賴喇嘛政府的占星家。不論如何，他和達賴喇嘛的關係十分親近，達賴喇嘛也賜予他很多土地。最後，在西藏的幫助下，他趕走了錫金王國境內大部分的不丹人，重新占領了王宮。

「在藏人的世界裡，宗教和政治從來相距不遠。你看，那三位打開隱地城門，建立王國的

西藏喇嘛，來自三個不同傳承。每個去錫金的人都知道，拉尊・千波特別被視為錫金的守護聖者，但並非一開始就是如此。一開始的時候，那達・森巴・千波和那達傳承是最重要的，也建立了最重要的寺廟。拉尊・千波是屬於第二重要的人物，而噶陀・昆杜・桑波一向比較默默無名，雖然他在玉僧也建立了噶陀寺，但這個傳承從來沒有廣傳。那達・森巴・千波的兒子寫了他的傳記，而好比札西頂寺，就被納入他的傳承中。

「隨著與不丹的戰爭，一切都改變了，不僅宗教和政治混合在一起，性關係也是一樣。那達的孫子與潘蒂・汪嫫有染。潘蒂・汪嫫不僅想把弟弟趕下王位，更想利用拉尊・千波傳承的這條線，去取代他弟弟的同盟，也就是整個敏卓林傳承。當潘蒂・汪嫫的不丹那達派戰敗之後，政治與宗教上的權力，由那達派轉到了拉尊・千波這一派。從那個時候開始，拉尊・千波這個人物才變得重要起來，也因此確定了他身為錫金守護聖者的地位。在此之前，他忙著從這裡飛到那裡，和空行母在山洞中禪修。他是一位偉大的修行人，傳授許多神聖的觀想成就法門以及修行的方法。

「對於卻嘉・洽多和他同父異母的姊姊潘蒂・汪嫫來說，雙方結局都滿糟糕的。卻嘉回來不久之後，前往惹隆的某處溫泉。潘蒂・汪嫫一直想著怎麼把弟弟的王位搶回來，她見機不可失，於是派人去暗殺她弟弟。她派了一位醫生去惹隆，照顧身體不適的弟弟，醫生把了卻嘉的脈之後，認為最好的治療方式就是輕微放血；照著潘蒂・汪嫫的指示，他找了主動脈進行放血，最後卻嘉失血過多而死亡。趁著夜色的掩護，卻嘉的隨從將他的屍體帶回王宮，隱瞞他已經死亡的消息好長一段時間。一如往常，三餐照送，只是說他正在進行嚴格專注的單獨閉關。最後，他的隨從在貝瑪揚澤寺將他的屍體火化，並決定為他復仇。他們去了潘蒂．汪嫫停留的南奇，夜晚時分，架了梯子翻牆進入她的房間。你知道卡達是做什麼用的，對吧？是用來獻給那些大喇嘛表示敬意的宗教絲製圍巾。他們拿了一條卡達，把它塞進潘蒂．汪嫫的喉嚨裡殺死了她。」

所羅看了他的手錶。

「抱歉，用這麼驚悚的故事當作結尾，」他說，「我想我該去參加一場演講了。」

或許他從我臉上看到，他那錯綜複雜的錫金歷史研究已經讓我暈頭轉向，而我的主要問題還是沒得到解答。到底這些和王室反對督修．林巴有什麼關聯呢？我知道關鍵就在那裡，但就是無法理解。

「我只是想強調，宗教往往是達到政治目的的手段，」所羅說，「這是此地區歷史上的主要課題之一，但全世界皆然。」

所羅起身，找了一支筆和一本筆記本，放進袋子裡，準備離開。

我也站了起來。

當我們準備離開的時候，所羅與我四目相對。

「西藏文獻上，關於錫金最早的記載，」他說，「就是它是一個隱地。大部分的伏藏文獻，包含那些預言，已經被翻譯下來而且另作他釋，用來佐證南嘉王朝建立的正當性。這是王室對自己的權力來源的主要主張。」

雨停了，隨著夕陽西沉，霧也濃了起來。當我打開腳踏車鎖的時候，所羅已經把他的腳踏車牽出車棚，我們一起騎到第一個十字路口，才分道揚鑣。

「希望我說的對你有幫助，」他轉頭說，一邊往路邊靠，好讓汽車通過，然後所羅・穆勒就消失在濃霧之中。

我在牛津待了一些時間，善加利用這座豐富的圖書館。大部分時間我都待在漢佛瑞公爵圖書館，它是牛津大學裡最古老的閱覽室，始於西元一四八〇年左右。在滿是陳列著皮面精裝本拉丁書籍的書架間，有一座窄小的木製樓梯，可以往上走到上一層的陳列架。那裡有一個小小的橡木桌，我可以從那裡往下俯瞰那些學者，但自己卻不被看見，也可以抬頭仰望有著幾世紀之久的天花板上的煉金術繪畫，在這兒，我完成了本書的初稿。

與所羅碰面後接下來的幾天，我發現自己時常坐在書桌前，看著陽光透過窗上彩色玻璃照射進來，想著那些古老預言裡關於白域哲孟雄的種種。隱地的概念和繞著它打轉的各種預言，會不會都是由這些政客所創造出來，只爲了世俗方面的目的呢？督修・林巴是否將它扭轉成修行的層面呢？又或者是政客和王朝建立者把眞實修行層次的東西，扭曲成政治用途呢？這些問題的答案，又將如何影響和所羅碰面後，我所期待得到的答案呢？到底王室爲什麼反對督修．林巴？

邊看著陽光穿透古老彩色玻璃舞動著，我的思緒不停流動；我突然想到，不管國王認爲督修．林巴擁有鑰匙與否，或者認爲他是一個瘋子也罷，也不管他是不是一位西藏人，又或者只因爲他是寧瑪派的喇嘛，所以王后要抓他，這些全部都可能是原因，也可能都不是。

只是說出要開啓隱地的話，督修．林巴就已經嚴重打擊了錫金王國建國神話的核心，多少暗示了他質疑南嘉王朝的正統性，光是這一點，就足以讓他身陷囹圄。

17 王室的訊問

督修．林巴一行人從干城章嘎峰回來之後大約兩個月左右，某一天傳來一個消息說，王室派出代表到處打聽他的事情，而他也會被約談。這個王室代表團由四個人組成，其中兩人領頭：第一位是聳德祕書長，他是官方宗教事務部門的代表；第二位是博學多聞的喇嘛，人稱恰佐——也就是總管，他是宗薩．欽哲仁波切的私人祕書，宗薩．欽哲仁波切是一位地位崇高的喇嘛，住在皇家寺廟裡面。總管喇嘛也是索甲仁波切[1]的繼父，索甲仁波切是當今著名的喇嘛，著作非常多，其中最有名的一本書是《西藏生死書》。

王室代表團的成員走過一村又一村，不斷向村民盤問是否清楚督修．林巴的背景，以及他前往白域哲孟雄的計畫。他們將負責判定督修．林巴是否是一個騙子，同時也藉機統計數量，查明清楚，到底有多少家庭、多少人口打算跟隨督修．林巴前往白域。顯然地，王室想知道他會損失多少子民。雅邁拉警告督修．林巴，要他跟代表團的官員或多或少透露一些關於白域的事，好滿足他們。

當鞏德祕書長和總管喇嘛進入督修．林巴房間的時候，他們向他獻上卡達和禮品。雖然他們對督修．林巴的眞實性、忠誠度、甚至是他的頭腦清楚與否，存著極大的懷疑，但是基於王室禮節，他們仍向他展現出對待大喇嘛應有的尊敬；同樣地，督修．林巴也對他們表現出對待國王使者應有的尊重。

招待完茶水，客套寒暄一番之後，他們直接切入主題。

「我們聽到傳進王宮裡的流言，說你將要前往隱地，而且打算帶著來自惹凡格拉、札西頂、格津和錫金各地的人一起前往。看樣子，王國就要變得空無一人了。」

督修．林巴技巧性地回答他們的問題，語意曖昧、前後矛盾，他既沒有肯定也沒有否定他們說的一切。如果說這樣也惹怒了代表官員的話，他們卻是一點兒也沒表現出來呢！在錫金的上流圈裡，以及大部分的社會上，大家總是拘泥在繁文縟節上，而不去探究事實的眞相。公開的反對聲浪如果會侵犯到所謂的社會結構，那裡就肯定藏有陰謀，這是維持社會規範所付出的代價。督修．林巴十分清楚這一點，甚至比那些前來訊問的官員還要了解。他的言談既坦承又隱蔽，督修．林巴宛如經驗老到的外交官，技巧性地給了他們想知道的一切，但其實什麼重點

❶ 索甲仁波切於西元二〇一九年圓寂。

也沒提到。他甚至打開他在宗格里取出的伏藏，念了其中一部分給他們聽。他也將自己的空行母介紹給他們認識，並讓她坐在自己的右側。

訊問接近尾聲的時候，這些調查人員覺得比較心安了點，但實際上他們又覺得更加困惑了。和督修．林巴見完面之後，他們對他這個人、他的動機和企圖有了更多的認識。督修．林巴確實有那個能力。現實與虛幻、眞實與謊言，是無法放在手掌心上秤其斤兩，也無法玩弄的。

訊問結束之後，鞏德祕書長突然丟出一個驚喜，他說國王命令他通知督修．林巴，要他到甘拓，到國王的面前示現神通，以證明他的能力。

整個訊問之中，唯獨對這件事情，督修．林巴給了一個肯定的答案。

「當然，」他說，「我非常樂意到甘拓，在國王的面前示現神通。」

聽到這個回答，鞏德祕書長露出微笑，但在場陪同訊問的弟子之間，卻引起了一陣小騷動。其中一位弟子幫鞏德祕書長添加茶水的時候，故意將茶水撒了出來，以轉移他的注意力，另一個則乘機在督修．林巴耳邊說，「這是一個陷阱，如果你去甘拓的話，他們會把你關進監牢。」

當鞏德祕書長再次將注意力轉回督修．林巴身上的時候，督修．林巴說，「請您轉告國王，我非常樂意滿足國王的願望，也樂於接受測試，但首都不是一個示現神通的場所。我可以在這裡示現神通。我會先行占卜決定吉祥的日期，然後在這裡展示。到時候，我會派人去稟告國王示現神通的日期和時間。我會邀請國王和他的大臣們，以及所有想親眼目睹神通的人們一起前來。」

帶著最高的敬意，犖德祕書長和喇嘛總管向督修．林巴告別。當他們和督修．林巴在一起的時候，另外兩位助理正忙著訊問札西頂裡的喇嘛以及鄰近的村民，試著釐清到底有多少人打算跟督修．林巴一起前往隱地，助理把年長的喇嘛留給犖德祕書長和喇嘛總管訊問，於是他們開始訊問札西頂裡年紀較大的喇嘛，沒有直接回甘拓。

他們訊問年長喇嘛們的第一個問題，就直接切入重點：「你們全部都打算跟著督修．林巴一起去白域嗎？」

所有的喇嘛都很警覺，於是撒了謊：「你不了解，」他們說，「督修．林巴雖然嘴裡說他要去白域，但他不是眞的要去。當我們問他什麼時候要去，他總是說，『不是現在，不是現在。』當我們給他壓力的時候，他會說，『幾個月後吧。』幾個月之後他又說，『等天氣好一點的時候吧。』天氣變好的時候，他又說，『幾個月之後吧。』現在我們知道，他並不是爲了白域而來。他是一位偉大的喇嘛，他來這裡是爲了教授佛法和給予灌頂。他有許多學習唐卡繪畫的學生，生病的人也來找他醫治。這怎麼會給國王惹什麼麻煩呢？」

總管喇嘛說：「但是我們剛剛才和督修．林巴談完而已，他把一切都跟我們說了。我們也

督修・林巴與女兒嫲尊

和他的空行母，也就是他的第二位太太見了面。他把她帶來錫金的主要目的，就是為了開啓通往白域的城門。督修．林巴已經坦承了一切，他甚至給我們看了伏藏，而且念了裡面的內容。」

那些僧人繼續說著謊，他們無法想像督修．林巴竟然那麼坦白地，把一切都告訴了國王派來的人。他們認為是代表團欺騙他們，好讓他們透露出祕密。

於是他們又跟代表團的人員說了一次：「關於這個白域的故事，國王應該不需要太擔憂，我們只是單純在修習佛法而已。」

將一切稟告國王之後，國王派了總管喇嘛去卡林邦找敦珠仁波切詢問。總管喇嘛向這位大喇嘛，同時也是督修．林巴的根本上師說：「我剛從札西頂訊問完督修．林巴回來，他向我說明了一切。有些人說，他根本不是真的要去白域，但是他帶著他的空行母，很顯然，這表示他百分之百有意圖要去開啓城門。他雖然對我說了一切，可是並沒有說他哪時候要啓程出發。他是您的弟子，您一定知道他什麼時候要去，請告訴我。」

敦珠仁波切委婉但直入重點：「督修．林巴是一位伏藏師，而白域也確實存在，他就是開啓白域的那個人選。我不知道開啓的時間，只有他才知道。」

總管喇嘛將此事回報王室之後，掀起了一場風暴，將督修．林巴捲入了風暴的核心。儘管暴風圈外風雲洶湧，暴風中心總是風平浪靜，督修．林巴就像是這樣，他技巧性地宣布自己將

在西囊寺進行六個月的閉關，讓自己遠離這場騷動。撇開所羅說的西囊寺在歷史上的重要性不談，它就只是一座小小的寺廟，周圍有幾間木製房屋圍繞，座落在一處陡峭山林的緩坡上，由札西頂村子往山上走，大約三個小時的路程。這是一個閉關的好地方，它就在森林和陡峭岩壁之間，往下可以俯瞰整個札西頂村和後方山坡頂上的札西頂寺。他把家人都帶了上去，包括他的空行母，以及最親近的喇嘛弟子。對督修．林巴來說，這是專心思考開啓白域的好時機。他在札西頂所有最親近的弟子正忙著護衛著自己，而且盤纏快用罄，但他還是能夠專注在自己的任務上，也就是去尋找並且打開世界的那條隙縫。

但是，首先他必須爲國王示現神通。就在調查員拜訪過後的幾個星期，督修．林巴公布了他要顯示神通的日期。他將要在某天早上八點，在西囊寺下方的坡岩上展示，歡迎所有人前來，上至國王和他的大臣，下至王國裡的每位村民，請大家一起來見證這個神蹟。

督修．林巴找了札西頂寺和西囊寺的住持，也找了雅邁拉，以及另一位名叫昆桑．曼達的弟子，他是修興區的稅務官，督修．林巴把他們組成一個代表團，派他們稟告國王示現神通的日期和時間，並邀請國王出席。督修．林巴派了自己的兒子昆桑代表他前去。昆桑回想，他們從札西頂走到最近的路上，那裡離藍吉河有幾個小時之遠，從那裡他們搭車前往甘托。

「當我們抵達王宮的時候，」昆桑告訴我，「我們輕易就進入了王宮，因爲我們這個代表團裡，有兩位國王的稅務官，其中一位的弟弟還是王宮安全部門的首長。

「那天負責接待我們的是王儲，而不是國王本人。王儲坐在王宮前面草地上大帳棚裡的寶座之上，身穿華麗的錫金錦緞袍子。當我們被帶到王儲面前時，喇嘛們向他獻上供養，而他也回以祝福。接著他們把我介紹給王儲，我往前站了一步，準備向他行禮，但是他阻止了我。『不需要這麼做，』他說。這是對我父親表示尊敬的象徵。但我心裡偷偷想著，到了隱地，我父親就是那裡的國王，既然這樣，他與我是平等的，因為我也是一位王儲。

「我們坐在王儲寶座對面的木板長凳上，喇嘛向他報告我們此行的目的，是為了通知幾天之後示現神通的日期與時間。

「王儲說那天他會親自到場。

「當我們起身準備離開的時候，王儲幫我們準備了午餐，慰勞我們遠道而來。

「我們用餐的時候，我記得雅邁拉說：『王儲說他那天會來，但是他不會來的。他會派幾個代表過來，他們都是說一套做一套。』

「我們準備離開王宮大院時，必須停下來等待前方穿著羽毛裝飾華麗服裝的王宮警衛，一邊吹著號角一邊打著鼓通過。我感覺自己好像走進童話世界的場景一樣，我從來沒見過這樣的氣派。

「我們在城中心的綠色旅館住了一晚。團裡的兩位稅務官雅邁拉和昆桑・曼達與財政大臣有事要討論。在那裡，他們告訴大臣有關督修・林巴的事，大臣對他們說，如果督修・林巴好

好為佛法做點事情的話，政府會考慮付他薪水。

「當他們回到綠色旅館告訴我們這件事的時候，我們全都笑瘋了。『督修．林巴要薪水做什麼呢？』札西頂寺的住持大笑著說，『我們都已經要去白域了！』

「當我們還在為了督修．林巴拿薪水這件荒誕的事情大笑不已的時候，門口響起了敲門聲。敲門的人是鞏德祕書長，也就是先前前往札西頂的調查團領導，也是他堅持要我的父親顯一下神通。『我聽說你們今天到了王宮，去通知示現神通的日期，』他說，『那天我也會到場。』」

18 神蹟

「它不在任何地圖之上；
真實之地從來不在那裡。」

赫爾曼・梅爾維爾（Herman Melville）

示現神通的那一天來臨了。太陽還沒升起前，人群已經開始往西囊聚集過來，大家都非常興奮，因爲他們知道這將是他們生命中難以忘懷的一天。或許這個神蹟就是打開空隙這件事情，或許今天通往無憂之地的大門就會打開，這是從他們曾祖父那一代起就一直等待的大事。大家都認爲喇嘛會飛，或許他會在翻湧的雲中變出一個比國王的城堡更大的城堡，然後消失在裡面。流言四起，說不定王儲會來，連國王也會大駕光臨。比起世界上其他地方，縱使在這個籠罩神祕氣息的國度，深山裡藏著不知名的村落，充滿喇嘛、神靈與鬼怪，然而具有特異功能的喇嘛公開示現神通，可不是常有的事。今天這位有名的伏藏師，將特別爲國王表演他的超自然技藝。

示現神通的那天早上，日津．多康巴也在場。他在甘拓市外的南嘉藏學研究所辦公室裡，回想那天發生的事情並描述給我聽。他和哥哥桑傑．滇津來自札西頂，那個時候他們只是青少年而已，他們是督修．林巴的弟子，跟著他學習唐卡繪畫。日津說，那天早上，已經快接近宣布的展示時間八點，然而國王和王儲都沒有出現，就連代表也不見人影。

寺廟下方小小的草地上擠滿了群眾，督修．林巴走了進來，後面跟著他的女兒噶瑪拉，她手上捧著一個大托盤，上面擺滿了糖果。當他們走進草地的時候，噶瑪拉被樹根絆倒，托盤上的糖果撒了一地。

「對我們來說，徵兆或緣起是很重要的，」日津跟我說，「不管在哪裡，或是做什麼，我們都必須觀察緣起。那是一個非常不好的兆頭，正當她父親準備表演神蹟的時候，它就這麼發生了。如果噶瑪拉當時沒有掉落托盤的話，督修．林巴那天有可能取出伏藏，這將會帶來七年和平的光景。但是她摔落了托盤，所以說督修．林巴也沒能取出伏藏，而七年的和平光景也沒有發生。」

就在噶瑪拉被樹根絆倒，摔落托盤沒多久的時間，督修．林巴突然緊緊抓住他右邊喇嘛的肩膀，整個人突然像是要病死一樣，需要兩個喇嘛撐住他。他呼吸困難，直冒冷汗，頭腦發昏，很有可能是心臟病發作。

這樣的突發事件，需要一個對等的臨場反應來扭轉情勢——阿澤在這個時候登場了。阿澤眞正的名字是蘇南．貢噶，他是札西頂的喇嘛，大家對他有著奇特的印象，總結來說就是「怪胎」。他獨特的邏輯就是他沒有邏輯，不難想像好似他那理得精光的頭從中間被剖成兩半一樣。他喜歡喝青稞酒，而且通常不到中午就語無倫次了。身爲一個喇嘛，阿澤簡直可以說是徹底的失敗。

早些年，當阿澤罕見清醒的時間裡，他背誦了一部《長壽祈請文》的經文，那是每當有大喇嘛生病的時候都會念誦的儀軌。

時間是早上八點。

阿澤那個時候還沒有喝醉。

他的腦子記了這部經文這麼多年的時間。

他表現的時刻來了。

阿澤從人群裡走了出來，到督修．林巴被安置躺下的草地旁，立刻用他鏗鏘有力的聲音唱誦這部儀軌，將督修．林巴從不明原因深陷昏迷的邊緣帶了回來。他的聲音給人專注的感覺，內斂有力，使得群眾鴉雀無聲。此刻莊嚴肅穆，只聽得到他的誦經聲和風吹過高山草原的呼嘯聲。

當他念誦完畢的時候，由於每個人都專注在阿澤身上，沒有人注意到督修．林巴已經恢復過來。他迅速復原，一如他莫名的昏迷，都令人覺得突然且無法預期。

過了四十年之後，這部儀軌仍舊在阿澤的腦裡轉呀轉。當我和督修·林巴的孫子旺秋造訪札西頂的時候，某天早上六點，我們被一陣急促的敲門聲吵醒。敲門的是噶巴，他也是督修·林巴以前的弟子，他牢牢抓著阿澤的衣領，把阿澤推進房間，要我把錄音機拿出來，然後命令阿澤唱誦。雖然旺秋和我還在半睡夢的狀態，阿澤已經站在我們房間正中央，用那只有喇嘛能發出的渾厚嗓音開始吟唱出整部《長壽祈請文》的儀軌。雖然我們幾天前見過阿澤，但他總是處於酒醉的狀態，站都站不穩。噶巴抓住了阿澤每日僅有的清醒時間，把他帶來這裡。阿澤一結束唱誦的時候，噶巴再次抓起他的衣領，在他還沒來得及開口跟說錯話之前，一把將他推出房外。

札西頂的喇嘛阿澤

多年前的那天早上，在西囊寺下方的草地上，當阿澤唱誦完儀軌的時候，鞏德祕書長出現了，那位官方宗教事務部門的人，也是第一個通知督修·林巴要示現神通的人。

神蹟展示開始。

督修・林巴帶頭領著主要的功德主、親近的弟子和他的家人，往下走過一條短路，來到有著巨大平滑岩石突出的山谷空地。那裡沒有足夠的空間容納每一個人，所以人群都擠在山坡上，一直往回擠到那個小小的草地。喇嘛們開始焚起松香。

「從今天開始，」督修・林巴說，「無論是任何人，即便是國王，都不能阻擋我們，也無法幫助我們。我們只能求助於守護白域的男女護法神以及城門守護神。一切從今天開始。」

他拿出在宗格里取出的伏藏經文，也就是空行母眾給他的那部經文，特別是用來取悅、滿足白域的守護神，好讓祂們開啓通道。他打開經文，拿在手上。當他開始念誦經文的時候，米旁、南卓和給四百以及年紀較長的喇嘛，互相看了對方。他們知道他念這個經文的涵義是什麼，每個人都用自己的方式，準備見證眞實世界裡的神蹟。

沒人知道會發生什麼神蹟，也沒人知道它會以什麼方式呈現，所以有些人專注看著督修・林巴，其他人則看著天空，等待某個徵兆，還有人望著干城章嘎峰，因爲那裡是他們尋找神祕隱藏國度的地方。其中有一個人告訴我，他往下俯瞰札西頂寺廟，因爲那裡是最神聖的地方。

當督修・林巴念完經文的時候，他用一種很戲劇性的姿勢站立著，右腳擺在左腳前。當他抬起前腳的時候，石頭上留下一個深刻的腳印，誰也沒想到神蹟就發生在那裡。

日津回憶說，當時他在現場，親眼看到石頭好像水一樣流動。「岩石沸騰而且變紅，」他

跟我說，「我哥哥也看到了，每個在場的人都看到了。」其他人向我形容說，岩石冒著煙，聚集的群眾看到他們的喇嘛在石頭上留下腳印，紛紛驚訝地倒抽了一口氣。

藏傳佛教裡有一個強烈的傳統，特別是在最古老的寧瑪派裡，許多偉大的喇嘛會在石頭上留下腳印，以證明自己的神通力。傳說中，蓮花生大士造訪過的許多地方，都留有他的腳印，即便過了十二個世紀，這些地方都還是佛教徒的聖地。過去也有偉大的喇嘛，將自己的手、肘和頭印在石頭上。儘管在石頭上留下印記是古代聖人英雄的行徑，但是在每個人活生生的記憶裡，沒有人記得有哪位喇嘛曾經展現過這樣的神蹟。如同一位年長的婦人告訴我的，甚至連達賴喇嘛，這位西藏宗教和政治的領袖，都沒有展現過這種神蹟。

認爲聖者可以在石頭上留下腳印的這種信仰，並非藏傳佛教傳統所專美。在耶路撒冷的聖殿山也有兩處這樣的地方：第一個在阿克薩清眞寺，它是伊斯蘭世界裡的第三大聖地，信眾相信那是默罕默德留下來的。第二個是在耶穌升天小教堂，傳說那是耶穌的右腳腳印，就在他永遠離開這個世界，升往天堂不久前所留下的。基督徒認爲阿克薩清眞寺裡的腳印，不是默罕默德留下來的，而是耶穌。他們認爲穆斯林把耶穌升天時的岩石破壞了，而岩石上有著符合耶穌左腳的腳印。此處我們當然不想捲入這樣的爭議之中。

當神蹟出現的消息，傳往山坡到達小草地和寺廟的時候，天空下起了輕微的細雨，那是一種殊勝而且吉祥的雨，斗大的雨滴粒粒分明，每顆晶瑩剔透，藏文稱之爲花雨。

督修・林巴的腳印，西囊寺，西錫金。

群眾自動散開，好讓督修・林巴跟他的喇嘛們回到寺廟，他們走過焚著松香、煙雲瀰漫的小徑，空中迴盪著號角聲和海螺聲。村民們雙手合十，向這位展現神蹟的喇嘛彎腰頂禮。那天聚集在西囊的數百位民眾排著隊，向腳印頂禮膜拜。

我訪問過督修・林巴示現神通那天在場的許多人，有些人說岩石開始沸騰了起來，冒出泡泡和紫色的煙；有些人則說他們只是看著天空，突然間腳印就在那裡了。大部分的人都認爲隨著時間愈久，腳印愈來愈深，而且冒出水份。人們彎腰用額頭去碰觸，也有人拿衣角去沾那冒出來的水份，更有人想去舔

腳印，但是被制止了，因爲那樣做會玷汙了神蹟。

早上展現神蹟過後的兩個小時，督修．林巴和家人在寺廟小木屋裡休息用餐之餘，突然響起猛烈急促的敲門聲。昆桑打開門，來人是錫金王國裡位階最高的法務人員，也就是警政司長。他全副武裝，槍套裡裝著槍，背後站了十位帶著來福槍的制服警察。他們闖入屋內開始大肆搜索。

「你答應展示給國王看的神蹟在哪裡？」警政司長盤問著。「我必須看著你展現神蹟。」

雅邁拉推開門口武裝警察，走了進來。「你錯過了神蹟，它已經發生了，」他作證說。

「展現神蹟的時間宣布是在八點，現在已經過了十點。你跑哪兒去了？」

「我正快馬加鞭從雷格夕普趕過來，我們離首都很遠，花的時間比我預計的還要久。如果你想要爲國王展現神蹟，至少也要等到國王派遣的官方代表來了才能開始啊！」

「我們等了，」雅邁拉說，「然後他來了。我們一直等到鞏德祕書長到達之後才開始。至於你，我們沒見過面。」

「鞏德祕書長並不是國王指派前來見證神蹟的人選，我才是。」

就在這時候，鞏德祕書長進了房間。

「這是事實，」他說，「上一次是國王派我來的。但是今天，我是以一個公民的私人身分，出於興趣前來觀賞的。」

警政司長揮手一掃，把矮桌上的東西掃到地上，清乾桌面，然後從夾克裡拿出一份錫金大地圖，把它攤開擺在桌上。

「如果你想帶走國王的子民，前往隱藏之谷香格里拉的話，我命令你在這份地圖上，明確指出隱藏之谷在干城章嘎峰山峰的哪個位置。以國王的名義，我命令你指出來讓我知道。」

「如果白域（隱地）能在地圖上指出來的話，它就不叫白域（隱地）了，」督修・林巴靜靜地說，「你不會在任何地圖上找到它的。白域的確存在，但不在地圖上。」

這番話惹怒了警政司長。

「你說地圖上找不到，這是什麼意思？」他繼續問道，「是因爲它太小了，所以無法畫在地圖上嗎？」

「不是，」督修・林巴冷靜地說，「是因爲它太大了，你那份錫金地圖容納不下它。錫金裡的偉大隱藏之谷，面積是外面錫金國的三倍之大。況且，如果它在地圖上的話，每個人都能去了。這有什麼用呢？就不需要靠伏藏師來開啓它了。」

警政司長簡直氣炸了。

「你說你展現過神蹟了，拿給我看。」

督修・林巴帶著警政司長和那十名強壯的武裝警察往下走，來到突出的岩石上看他留下的腳印。局長彎下腰來仔細檢視腳印，就好像在調查犯罪現場一樣。他用指甲刮了石頭上的腳

印。「你這是手工做出來的，這是用刻的。」他宣稱。「而且，這事發生的時候，我不在場，我怎麼知道那腳印不是以前就在那裡，你只是把腳放進去而已？把村裡的一些老人家帶過來，我要知道這個腳印是不是從以前就有了。」

有些村民就在那裡，當中有些人年紀已經非常大了，「我們一出生就住在這裡了，」他們告訴局長，「我們從來沒見過這個腳印，這是個神蹟。這裡以前沒有腳印。」

因爲職業的關係，司長隨身攜帶一個小盒子，裡面裝有各種工具。他打開盒子拿出捲尺，開始丈量腳印，腳印尺寸有點小，而後他又要求測量喇嘛的腳。雖然有人竊竊私語表示不贊同，但是督修．林巴答應了。司長量了喇嘛的腳，他的腳尺寸比腳印大了許多。

「除非你現在再一次展現神蹟，當著我的面，把另一隻腳的腳印烙印在石頭上這個腳印旁邊，不然我將以騙子的名義拘捕你。你以爲你可以去哪個地方，從此不再回來嗎？事情有可能眞是這樣——我把你帶回甘拓，在那裡有間小小的牢房等著你。」

雅邁拉抗議著，「督修．林巴已經在鞏德祕書長面前展現過神蹟了，」他說，「他也是國王的官員。你有什麼權力帶走督修．林巴呢？」

「你是在一個非執行公務的官員面前展示，雖然他曾被派來此地做初步調查，但我才是政府派來見證神蹟的人，他不是！現在，你必須爲我展示神通。」

村民們生氣了。「我們以爲他是王宮派來的代表，」他們大喊，「他今天一早就來了，你來得太晚了。我們以為他是官方代表，所以就開始進行了。展示神蹟並非兒戲，不能重來一次的。」

警政司長絲毫不讓步。他甚至不是錫金人，他是來自千里之外印度平原的旁遮普人。日津．多康巴跟我說：「旁遮普人怎麼會懂石頭上腳印的事呢？這個印度警官根本不知道把腳印留在石頭上時，是不會連腳趾頭頂端和腳跟尾端的部分一起留上去的，所以腳印自然比腳來得小一點。因此當他測量腳印大小的時候，他就弄錯了。他說督修．林巴是假貨；事實上是他自己不懂。」

警政司長宣布他將把督修．林巴帶回甘拓，他抓住督修．林巴的手臂，把他拖往他們栓馬的地方，可是司長卻錯估了情勢。

眼前這個人，是群眾幾個世代以來等待的人，才剛剛示現神蹟向國王證明自己的神通力，而且掌握了進入永恆之地的鑰匙，大家怎麼可能讓他被這位國王代表、這個管他是不是警政司長的旁遮普人，輕易地帶走關進監牢呢！

接下來場面一片混亂，督修．林巴和司長被十名帶著來福槍的武裝警察圍在中間，但是面對情緒失控的喇嘛、揮舞拳頭的老婦人、小孩和狂吠不已的狗，他們似乎毫無用武之地。

警政司長沒有選擇，只好讓步。「我會離開，」他告訴群眾，「但是我會向國王建議，讓他命令督修．林巴到甘拓王宮裡展示神蹟。如果他失敗了，他就要被關進牢裡。」

其中一位喇嘛大聲地說：「就算他爲國王和所有大臣表演神蹟，你們還是會把他關進牢裡的！」

「不會的，」他反駁，「如果督修．林巴眞的示現神通的話，我會親自把他扛在肩膀上，在王城裡遊行，而且還會有樂隊伴奏。」

他指了雅邁拉和寺廟住持昆桑喇嘛說：「你們兩個上次曾來王宮稟告展示神蹟的時間，你們還要再來一次，告訴我們下一次示現神通的時間，而且地點要在甘拓。你們要親自向我這個警政司長報告。」

他們兩個人對司長所說的話，一點表示都沒有。

有人大聲吼著：「或許你想看神蹟，但是你看不到的。到那個時候，我們全部已經在隱地了！」

聽到這話，在場的群眾歡聲雷動。

司長和他的武裝員警飛快奔向馬匹，跳上馬鞍，火速下山，前往藍吉河，警用吉普車閃著紅色車燈，正在那等著載他們回首都甘拓。

督修．林巴一開始的時候，對於前往甘拓表演神蹟一事並不感到害怕，這時候也明白危險所在了。

當天傍晚，督修．林巴和他的家人，以及來自喜馬偕爾邦的弟子們，全都開始打包行李。

公開逃跑會引來追捕，甚至可能在印度邊界碰上麻煩，於是督修．林巴宣稱他將要離開錫金幾日，前往大吉嶺外的久朋加洛，去見夏札仁波切，隨身只帶著喜馬偕爾邦的弟子。想當然耳，他們不會再回來錫金了。督修．林巴在宗格里指出來的地方，接近白域西邊城門的地方——策染，位於干城章嘎峰座落於尼泊爾的這一側。從大吉嶺他們可以輕易進入尼泊爾，然後從這個世界離開，進入一個更偉大的國度，而不需要考慮那個小小的統治者，比如錫金國王。

他們擔心警政司長已經發通知給各個邊境關防，要他們注意別讓督修．林巴和他的弟子離開錫金，因此督修．林巴在抵達印度邊境久丹的時候，準備了幾瓶烈酒。「如果邊境警衛找我們麻煩的話，」他告訴弟子，「我們就把他們灌醉，就跟他們說我們只是去大吉嶺過個夜而已。」

就在他們抵達離印度邊境不遠的地方，他在一條名爲壤邦．括拉的河流前停了下來，用手捧起河水喝了幾口。「這條河，」他宣稱，「是直接從白域流下來的。」

19 飛奔隱地

沒有任何意外的，他們越過邊境進入印度，平安抵達夏札仁波切位於久朋加洛的寺廟。幾天過後，那些留在錫金的弟子們也陸陸續續抵達。沒人想讓督修・林巴離開自己的視線，那些錫金人、不丹人還有其他人，一如往常那樣，害怕督修・林巴只帶著老弟子和來自喜馬偕爾邦的大功德主消失前往白域，而把他們留下。

也有其他人具備強烈的信心，想跟著一起去，可是卻負擔不起。雖然在白域裡，金錢毫無用武之地，但是前往白域的這趟旅途，以及等待城門開啓的這段時間裡，吃的用的都需要錢。況且，有一個像督修・林巴這樣的領導人，到底要花多久時間，實在是很難說。其中一位住在札西頂的婦人，她的故事尤其令人感動。她把眷養的豬隻全部賣掉，就爲了籌措旅費，但是她把豬隻全部賣掉後，資金還是不夠。即使經過這麼多年，她的聲音聽起來還是充滿感傷：「我的豬全沒了，」她傷心地說，「而且也喪失了去白域的機會。」

督修・林巴停留在久朋加洛愈久，就愈引起大家的注意；他愈引起大家的注意，就有更多人聚集過來，希望他能帶領他們前往隱地。當大聲嚷嚷要去白域的人多了起來，障礙也跟著增加了。雖然時機很重要，但是這支遠征隊成員的共業能否得到守護神善意的回應，這也很重要。儘管督修．林巴覺得前往策染的時機尚未成熟，想要留在夏札仁波切身邊久一點，但是他能怎麼辦呢？箭在弦上，不得不發。

於是功德主們安排了三輛吉普車，載著督修．林巴和他的家人，以及一些重要人士前往尼泊爾邊境，其他人則自己想辦法過去。

從邊境開始，他們往北走了七天的時間，穿過叢林密布的山脈，前往干城章嘎峰，直到抵達第一個地方，揚波頂城。

事後看來，往後事件的發展實在是無可避免。兩三百個外國人，跟著一個即將開啟淨土大門的喇嘛，來到尼泊爾小小山區上紮營，肯定會引起當地政府的注意，警察也會介入，基於職責，他們會將這件事呈報給軍隊，而

賣掉豬隻的婦人，攝於札西頂，西錫金。

軍隊別無他法，只能將消息傳遞給加德滿都王宮裡的國王。當尼泊爾國王聽到這種狀況，知道自己的許多子民將要放棄家園，跟隨督修．林巴前往富足的隱地，而且還期待能從他的王國通過時，國王派出了軍隊。

位在泰普勒炯的軍隊總部，派出了一支七十五人全副武裝的戰鬥部隊，每人隨身配帶來福槍。他們用最激進的方式包圍督修．林巴的帳篷，將他們隔離兩天，這兩天裡，軍隊的指揮官開始進行盤問，先從督修．林巴開始。禮節就是這樣，人們必須尊敬喇嘛，特別是像督修．林巴這樣的大喇嘛，於是軍隊指揮官很客氣地問督修．林巴的計畫是什麼。

「我聽說你要前往淨土，」他說，「你打算帶著多少人跟你一起去呢？」

「三百個。」

「三百個！太多人了。」

「但那裡可以容納兩千人。」

昆桑口裡督修．林巴弟子中最聰明的功德主旺秋，在上師耳邊竊竊私語，提醒他不要忘記錫金國國王所做的事，要他小心謹慎。

「事實上我們並沒有要去淨土，」督修．林巴說，他把剛剛的話題轉了回來。「我們只是要去策染朝聖，在那裡修法而已。每十二年一次，我們會在那裡舉行爲期六個月的修法，這樣會帶來好運。我們是爲了這個目的去的。」

督修．林巴的新版本，關於爲什麼要去策染，那個位於冰川下緣的小小牧民營地，與他剛剛才告訴他們的完全相反，也跟一路傳到加德滿都王宮的這位喇嘛的故事完全不同。但是督修．林巴把一切變得很有說服力，這是他與生俱來的個人魅力。

整整兩天，武裝軍隊圍著督修．林巴的營地周圍，不讓任何人進出，指揮官一個個盤問督修．林巴的弟子，每個人回答的故事都是一樣的。「隱地？那是什麼樣的隱藏之地？」他們裝無辜地反問，「我們只是去朝聖而已。」

平常的話，指揮官就會丟下，生氣不管，讓他們離開。

不管他們是要去淨土還是策染，都跟他沒有太大的關係，一旦他們進入高山，他就擺脫他們了。但是，這次是國王直接下的命令。策染海拔高，接近錫金邊境，外國人需要許可證才能通行，而他沒有被授權可以發放通行證。

到了第三天，顯然雙方仍舊僵持不下。於是功德主旺秋對指揮官說，「你總是不停的問跟我們領導人有關的問題，而且老是要和我們的領導人對話，那麼誰又是你的上司呢？我們想和他談談。」

來了一輛吉普車，功德主旺秋率領一個五人的代表團，是督修．林巴弟子之中口才好的人，由指揮官帶他們前往泰普勒炯的軍隊總部，與他的督察對話。

軍隊督察和督修．林巴派去的代表團之間的談話內容，大概如下：

「我們聽說你們要和你們的喇嘛去淨土。」

「這不是眞的，我們只是要去策染而已。我們要在那裡修法六個月，我們每隔十二年一定要這麼做一次。」

「你們確定不是要去天堂？」

「非常確定，百分之百確定。」

「我可以發放前往策染的通行證給你們，只是你們要保證不是計畫前往淨土。因爲如果我給你們通行證以後，又聽到你們要去淨土，那麼我的腦袋就不保了，國王一定會親自來砍我的頭。不僅我的頭會被砍掉，連帶這裡所有人都會失去工作。我可以給你們通行證，但是你們要保證。」

「我們保證：我們沒有什麼去淨土的計畫。」

這是昆桑特別喜歡重複講的一個故事，尤其是在閒暇之餘，當我們聊到其他事情的時候。「這眞是他媽的瘋狂，」昆桑會這麼脫口而出，「在泰普勒炯的時候，那個軍人說：『如果你們去隱藏之谷的話，國王會來這兒，砍我的頭。』我們說：『不、不、不，只有修法而已。每十二年我們去一次策染，修修法，然後就回來。』『好吧！既然如此，我給你們通行證。但是，如果你們去隱藏之谷的話，我的頭會被砍掉，我的頭會被砍掉！』」昆桑講這個故事的時候，總是笑到歇斯底里，把手繞到脖子後面拍打著。

19 飛奔隱地

由功德主旺秋領隊的五人代表團，帶著每個人爲期六個月前往策染的通行證，回到揚波頂的營地。他們甚至得到允許，如果六個月之後他們沒有前往淨土的話，還可以拿到延簽。

昆桑告訴我，軍隊一放行，他們在揚波頂只停留一小段剛好足夠準備各種生活所需的時間。一切似乎又回到以前的模式，督修．林巴的弟子，特別是來自喜馬偕爾邦的老弟子們，開始催促著他立刻前往更高的山上，打開城門。他們離開自己的家已經很久了，他們穿過印度來到錫金，現在又到了尼泊爾，只爲了跟著督修．林巴一起前往白域。他們身上的錢和食物已經漸漸用光了，也慢慢失去耐性。一度曾經很有錢的功德主們，也開始爲了下一餐的著落而發愁。他們的行蹤伴隨著督修．林巴隨時可能開啓城門的流言，一路傳到了錫金。沒有人想被留下來，大批人潮不斷湧現，翻山越嶺，從錫金來到揚波頂，不斷增加的人數，也引起了別人對他們的注意。

一旦當權者發現自己被欺騙，督修．林巴實際上是要帶著他們前往淨土的時候，軍隊肯定會重啓調查，然後撤銷他們的通行許可證。督修．林巴再次擔心自己會終老在牢裡而不是在白域，於是宣布他們將要移師策染，到那個與世隔絕的地方，沒有人可以騷擾他們。即便是在干城章嘎峰山坡上放牧牲群，把策染當成營地的那些牧民們也不會在那裡，因爲已經是冬天了。

策染位於揚波頂往山上直走約一天的路程，離干城章嘎峰山頂上冰川不遠的地方。督修．林巴和家人以及主要的功德主們，暫居在廢棄的小木屋裡，其他人則住在臨時搭建的帳篷和當

地星羅棋布的山洞裡。

爲了控制人數，避免暴增到難以控制的局面，督修．林巴定期地派人溜進錫金邊境，從策染過去只需通過一個陡峭岩石山巔，去告訴那些不斷湧進札西頂尋找他的人們，要他們留在那裡。他告訴他們，當城門開啓的時候到來，他會派人通知他們。

但是那些知道他瘋狂性格的人，擔心他突然心血來潮開啓城門，仍舊不斷翻山越嶺來到策染，只爲了不想被拋下。這增加了他開啓通道的壓力。所有的食物必須由揚波頂運上來，而那個時候揚波頂的市場規模，還不足以供應他們一行人的所需。他們必須到更遠的泰普勒炯，這當然更加危險，因爲軍隊總部就設在那裡。

昆桑形容，在策染的那段時光非常快樂。「我們會跑去叢林，裡面有好多鳥，」他告訴我：「我常會跟那些鳥說話，朝著牠們吹口哨，牠們則唱歌回應我。曾經有人聽到我對某隻鳥兒吹口哨，問我在做什麼。『我在跟守護神說話啊，』我跟他們這樣說，他們則是大笑以對。我們也常跟自己的回音說話。每個人都很快樂。鳥兒很快樂，我們也很快樂。策染附近也有頭上長著曲角的山羊。」

來自玉僧的人回去的時候，督修．林巴派自己的兒子昆桑陪著他們一起回去。他親自把父親的訊息傳達給他們，當開啓白域的時機到來，他會讓他們知道。這是爲了說服在錫金的人留在那裡，不要讓策染緊繃的局勢更加嚴峻。除此之外，昆桑也必須帶回一些補給品。

從策染越過隘口進入錫金，往下走經過宗格里到玉僧，需要花三天的時間。既然督修．林巴是在重重疑雲之下，由錫金逃往大吉嶺，那麼他的兒子昆桑回到玉僧的這件事，當然是最高機密。就像昆桑告訴我的：「那個時候，我也有點瘋狂。如果他們抓到我的話，他們一定會把我關到牢裡的。」國王有他的眼線。

他們接近玉僧的時候，先是躲在村子上方的森林裡，直到夜幕低垂。他們把昆桑偷渡到雅邁拉和他弟弟的大房子裡，他們兄弟一個是國王的稅務官，一個是王宮安全部門的負責人。國王要求兄弟倆人注意是否有可疑的狀況發生，而他們卻把昆桑藏匿在自己的家裡，躲避國王的眼線。

他們給昆桑用餐，並且把他藏在後面的房間裡，直到半夜。然後掩護昆桑，把他帶往村外的山洞——沒有人會想到的地方。昆桑就躲在那裡，而雅邁拉則是去採購糌粑、玉米還有其他食物，好讓昆桑帶回策染。昆桑住在山洞的時候，那些留在當地的他父親的弟子會偷溜去山洞，帶給他各種食物和自家釀造的啤酒。但是擔心督修．林巴開啓城門時，自己會被留下來的這種念頭，愈來愈往偏激的一方發展。許多人認爲昆桑之所以祕密到來，是爲了跟雅邁拉和他的家人說城門開啓的時間已經到了。因此當他們帶食物給昆桑的時候，昆桑得不斷大聲否認，說他不是來通知雅邁拉和他家人城門開啓的時間。他們要昆桑保證，他們不會被留下來。「我們在前往策染這一路的山洞裡都藏好糧食了，所以我們可以很快與你們碰面。記得告訴您父

親，請他不要忘記我們。我們已經準備好了。」

在不引起別人的注意之下，雅邁拉花了五天的時間，準備好要帶回策染的糧食，同時也安排了五名樸實的牧民，低調地將這些糧食帶往宗格里和更遠的地方。要離開的前一天晚上，他們把昆桑偷渡到雅邁拉家裡，在那個大門深鎖拉上厚重窗簾的房裡舉行派對，與督修·林巴可信任的弟子眾，把酒言歡，唱歌跳舞。那是爲了慶祝昆桑前往白域前在錫金的最後一晚，因爲到了白域，他就是一位王子了。這是一個狂野又歡樂的時刻，雖然，昆桑同時也感到些許鄉愁和感傷。

半夜時分，昆桑因爲喝了太多自家釀造的啤酒而頭腦發昏。他們把他送出玉僧，帶往五個牧民那裡，牧民正在等著他。他們把麻袋綁在背上，趁著月光攀登高山。

爬過宗格里之後，他們把裝滿食物的麻袋藏在一座沒人會發現的山洞裡。當中有一位牧民覺得，前往白域勝過放牧羊群，於是把自己的牲群典當給其他牧民，跟昆桑去了策染。稍晚之後，督修·林巴便派人來拿走這些食物了。

※　※　※

當初督修·林巴抵達札西頂的時候，噶巴已經住在那裡了，他很快就成爲督修·林巴的弟子。噶巴到現在爲止，仍舊住在札西頂。他一生的工作，就是刻了數不清的瑪尼石，也就是把藏文咒語刻在石頭上。他的工作室倚著石牆而蓋，木頭柱子上方撐著一片波浪鐵片，工作室位於寺廟後方繞塔的小路上，就在佛塔後面的一個安靜的角落裡，再過去就沒有路，而是一片松葉林了。人們通常可以在那兒找到他，盤腿坐在一個老舊的麻布袋上，手裡拿著一把老舊卻鋒利的鑿刀，俐落地在平整的石塊表面敲打鑿刻，粉塵揚起，直到咒語字「嗡瑪尼貝美吽」清楚顯示出來。噶巴也雕刻佛像和其他西藏神祇的浮雕。

我第一次與他碰面的時候，他臉上露出的笑容，讓我確定我的出現沒有對他造成困擾。他指了旁邊一塊木板要我坐下。我問他在札西頂刻了多久的石頭，他則要求看我脖子上掛的念珠。他拿起木製念珠放在大拇指和食指中間，一顆接著一顆開始轉動念珠，我想他是在祈禱吧。之後他停了下來，把念珠還給我，我小心翼翼把手指掐在他剛剛念到的珠子中間。「就這麼多，」他說，然後繼續鑿著石頭。我則繼續數著念珠。自從西元一九五九年中國入侵西藏，他跟隨達賴喇嘛逃難出來以後，噶巴已經在札西頂刻了四十五年的石頭。

噶巴的衣著非常簡單，個性直接，而且非常自在。這個鑿刻石頭的工作已經是他的一種禪修方式了，雖然他的工作需要全神貫注，但是被打斷似乎也成了他的日常。札西頂是一個靜謐的地方，每天來繞塔的人，大都是噶巴的鄰居，他們每天繞行寺廟一個小時或兩個小時，甚至更多的時間，數十年如一日。噶巴像老朋友一樣和他們打招呼，邀請他們坐下來，他暫時放下手邊的工作，和他們聊天交換消息，然後再繼續細心鑿刻咒語。

我發現在噶巴的身邊，很容易讓人忘卻現實的一切，感到心情平靜。鐵鎚落在鑿刀上的敲打聲，就好像擊鼓聲那樣地規律，隨著鑿刀刻畫著石板，藏文字母漸漸成形清晰。雖然噶巴的手指因爲年紀的關係而彎曲變形，可是這並不影響他使用工具的精準度，就好像小提琴家精確地拉著弓一樣。

儘管你知道，在這將近半個世紀的時間裡，他何等耐心在札西頂鑿刻瑪尼石，卻也很難相信這些全是由同一名男子鑿刻出來的。札西頂裡的石牆，滿是他鑿刻的瑪尼石所砌出來的。由於他刻了太多瑪尼石，這些由瑪尼石堆砌出來的石牆，上面的字因爲堆疊的關係，有些都看不見了，就算是刻在石頭上的字也只是短暫無常的；他的新作品塗著繽紛亮麗的色彩，而早期的作品則隨著時間的推移，已經老化褪色。

噶巴既不是喇嘛，也不是僧人。他有太太、女兒和女婿，他們一起住在寺廟外的一間屋子裡。

我問噶巴，知道自己刻的石頭比自己遠遠活得更久是什麼感覺。

「應該要有什麼感覺呢？」他回答。「瑪尼石的美不是來自於我。瑪尼石本身就具備了自己的美，我只是把它帶出來而已。這就是我的工作。」

我問噶巴，是否他有功德主贊助，有沒有人付他薪水。「有時候有，」他說，「但我有沒有功德主贊助，這一點也不重要。我的工作就是鑿刻石頭，這是我的禪修方式，藉此清淨所有不好的業力。

「我這一生有兩位主要的功德主，」他跟我說。「他們是我的根本上師，頂果．欽哲仁波切和夏札仁波切。夏札仁波切目前還在世，他已經九十四歲了。每年他都會到加爾各答的恆河河口舉行放生，把那些準備載往市場宰殺的數以千計的魚放到海裡。我還在西藏的時候，就已經開始鑿刻石頭了，那時候中國尚未入侵西藏。我剛抵達札西頂時，狀況並不好。夏札仁波切看到我的作品，就邀請我到他大吉嶺外的寺廟，我在那裡待了六到七個月的時間，他教我鑿刻的正確方法。從那時候開始，我也在他的寺廟裡刻石頭，在錫金的貝瑪揚澤寺，還有在尼泊爾。」

鑿刻瑪尼石的噶巴

噶巴告訴我，有一次達賴喇嘛來到札西頂，當他聽到所有的瑪尼石都是由一個人鑿刻出來的時候，也感到相當驚訝，要求見見這位鑿刻瑪尼石的人。於是噶巴被帶到達賴喇嘛面前，達賴喇嘛歡喜地看著他的眼睛，拉了拉他的鬍子，並用雙手捧著噶巴的臉，開心大笑。達賴喇

嘛要他繼續做這個工作，噶巴也打算這麼做，雖然他向我透露，他的最終目的是前往佛教徒的聖地、佛陀開悟的地方——菩提迦耶。「如果我去了菩提迦耶的話，」噶巴一邊說一邊拿起鑿刀，「我可能不會再回來了，我會在那裡禪修。」

當我問起噶巴，他和督修．林巴相處的時光時，他笑了。

「我的名字叫噶巴，」他說，「在藏文裡，噶巴和『札巴』這個字的韻腳一樣，噶巴的意思就是『信差』。督修．林巴常常給他的弟子取新名字，像是『給四百』，這個瘋狂的名字，意思是『四百』。有誰聽過一個人的名字叫做『四百』的呢？由於我原來名字的緣故，他給了我一個頭銜，叫我是『隱地的信差』。我那時候既年輕，身體又強壯。督修．林巴住在札西頂的時候，每當他要去玉僧或是其他地方時，總是找我當他的差使，替他傳遞消息。我變得非常能跑，我可以一路從札西頂跑到玉僧，只花幾個小時的時間。你看我現在這個樣子，絕對想不到當年我培養出多麼驚人的耐力。

「當督修林巴逃出錫金，抵達到尼泊爾，去了揚波頂和策染時，他還是找我當他的信差，替他傳消息回札西頂給那些留在那裡的人，但那時我就必須越過一萬六千英呎高的隘口了。我一共跑了六趟這樣的路程，穿過雪深及腰的地方。」

⁂ ⁂ ⁂

他們到底在策染停留了多久，這點無從說起。事實上，在時間和日期上的詳細資料，很難確實查證出來，有些甚至到最後仍舊無法證明。就我所能猜想的，他們在策染停留了幾個月，直到某一天，督修．林巴拿出他的銅鏡，也就是舉行「札塔梅隆」時需要用到的凸面銅鏡，這是一種銅鏡占卜法。他把銅鏡插入裝滿白米的盤子裡，修了一座法，讓耶謝進入一種出神的狀態。

耶謝那時候十九歲，她的姊姊是督修．林巴的空行母，幾個月前下山到玉僧待產，生了一名女孩，名叫貝瑪．確吉。在整個故事中的某階段，耶謝也成了督修．林巴的空行母。

談到督修．林巴和他的空行母的事情時，總是很難讓人們開口。由我來問他情人的事，顯然很不禮貌，同樣地，對於那些知道的人，由他們來說，也是一件不恰當的事；因此，雖然我冒昧地問了，但得到的回應也只有傻笑和含糊其辭的建議而已。有些比較敢說的，也僅只是帶著詭異的笑容說督修．林巴是一個很有魅力、極為英俊的男子。不難想像，一個可以啓發數百人放棄自己的世間財物和這個世界的人，應該同樣也有征服女人的能力。在我所得到的沒有答案的回答中，可以很清楚知道督修．林巴不僅對女人有吸引力，而且也很有經驗，不過我們可以確定的是，他和女性相處的經驗，就跟他這一生中的每一件事一樣與眾不同。他是一位偉大的傳奇人物，而他生命中的女性，則扮演著類似碧翠絲的角色，也就是《神曲》中那位帶著但丁走過天堂的人。

我花了不少時間和耶謝在一起，她親口跟我說——就像別人告訴我的一樣，說她也是督修．林巴的空行母，儘管當時的三年前，她十六歲的時候就已經結了婚。我猜想，她說她是督修．林巴的空行母這件事，意味著他們兩個是戀人，雖然我不確定實情是否如此，或許密續上的祕密還比這個更容易解開吧。但她無法隱藏的，是她對他永恆且深刻的愛，即使經過了四十年，她仍然在夢中與他相見。她在夢中看見他修持儀軌，給予她加持。

耶謝向我描述，那天督修．林巴在策染舉行「札塔梅隆」銅鏡占卜的時候，要她查看銅鏡有何顯示。她看見鏡面反射出三個生物，祂們在地面上徘徊，一個是全白色的，其他兩個是全紅色的，緩緩地向她飄了過來。

督修．林巴說白色的那一個是「薩大」，也就是地基主；另外兩個紅色的則是「席大」，也就是土地守護神。祂們向她緩緩飄來，這表示祂們是從白域過來迎接他們的。這是一個非常吉祥的兆頭，如果沒有當地的神祇和白域守護神的合作，根本不可能接近白域的城門。隱地是蓮花生大士的伏藏被守護得最嚴謹的伏藏，只有在特定的需求狀況之下才能被開啓，而且只有心意、目的和動機純淨的人才能開啓。如果沒有當地神祇的幫忙和純淨的心意，烏雲將會降臨，大雪將會覆蓋，大風將會颳起，將你吹落山谷之中。就算當地神祇輕易就接納你了，但祂們從來不會輕易給予幫忙，你必須持續不斷舉行各種修法，來取悅並擄獲祂們的心。

耶謝看到當地神祇前來迎接他們，督修．林巴便決定是時候前往更高的山區，以開啓通往

貝瑪·確吉——督修·林巴與空行母企美·汪嫫的女兒，
以及她的兒子久美，攝於拉胡爾區。

白域哲孟雄的西邊城門。

「時間到了！時間到了！時間到了！」他說。

他選了二十名親近的弟子前往開啓城門，因爲他們的心思純淨，修行深厚，眞心誠意放棄了世俗的一切羈絆。

正當他們準備離開的時候，那些留在策染等待城門開啓消息的人，給了這二十位即將跟著督修・林巴出發的人很多建議。

「只要記住，沒有任何事是不可能的，」他們提醒著，「當你們去開啓城門的時候，神靈等等會認爲你們擅自闖入，祂們會呼風喚雨，降下冰雹大雪；那個時候，你們必須保持心思純淨，不要讓疑慮影響你們的心。不管督修・林巴說什麼，都不要反駁他，就算他說，『把月亮拿來，』你們也不要說這是不可能的事，要盡力一搏，並保持你們純淨的心。」

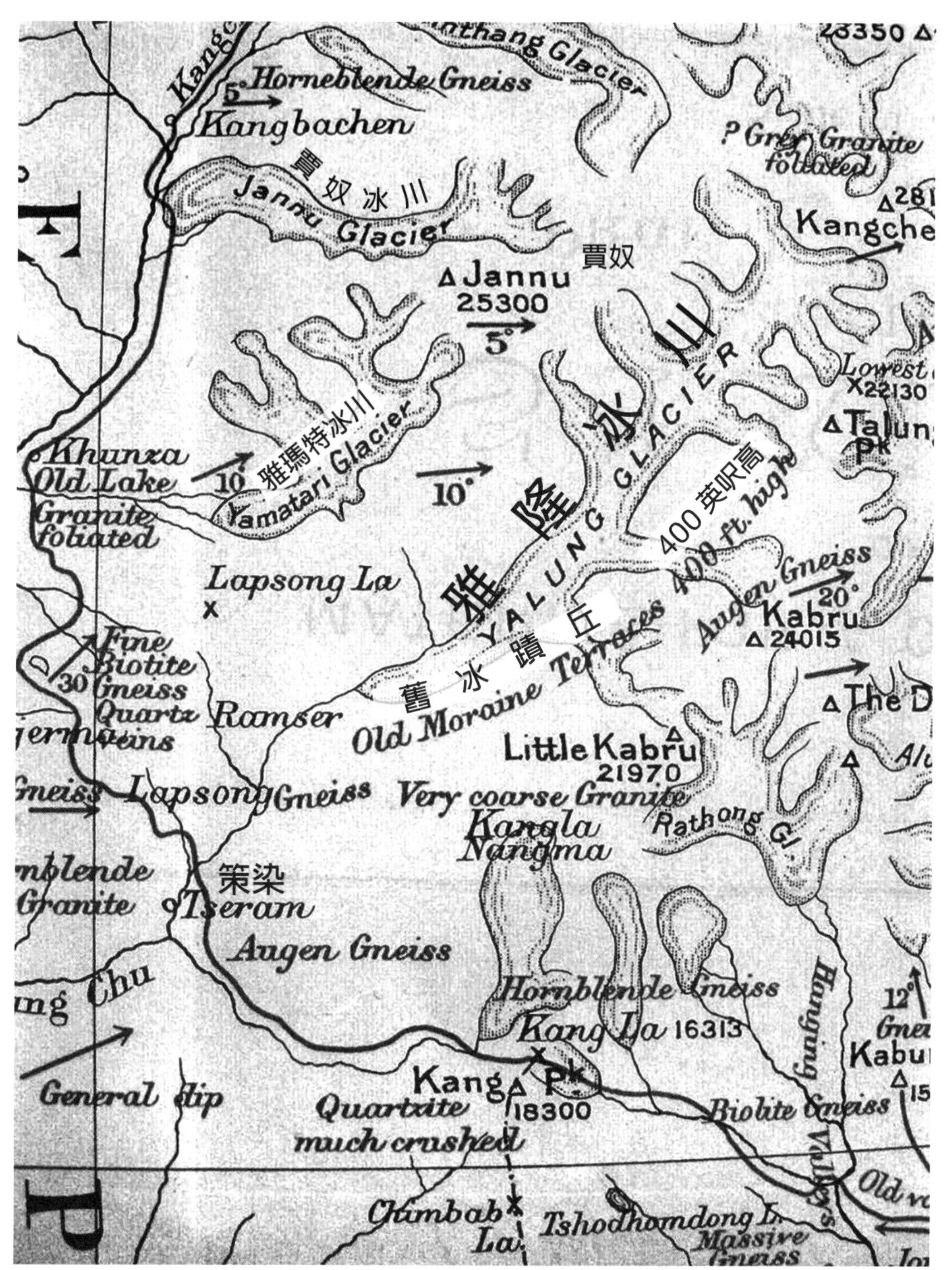

干城章嘎峰西南坡地形圖

20 開啓城門

彩虹之上
天空一片湛藍
你果敢追尋的夢
終將會實現

伊波．哈爾伯（Yip Harburg）

就這樣，督修．林巴和他所挑選的二十名親近弟子，帶著極爲興奮的心情，登上策染上方的斜峭陡坡，前往尋找並開啓白域哲孟雄的西邊城門。他們隨身攜帶了被褥、食物和貝葉版經文。這二十個人裡面，除了三位女性以外，其他都是男性。這三位女性分別是督修．林巴的空行母、她的妹妹耶謝，第三位則是在當時就過世了。空行母身上背了她和督修．林巴所生的八個月大女兒貝瑪．確吉。這事情發生在西元一九六三年的早春時候。這二十個人之中，很多人在接下來的幾十年之中已經過世。其他人像是米旁，則是在不丹的山洞裡進行深度閉關，無法拜訪。我只能跟其中八位登上策染的人訪談，從訪談裡將發生的經過拼湊出來。

多年之前，督修．林巴曾於禪觀之中，得到空行母依喜措嘉指示白域的方向，因此他知道路線。他將這些方向指示寫成聖地指南，書名叫做《空行母大密談：前往哲孟雄之路》。書裡說了，城門所在的地理位置並非全然是實質上的方向。在描述前往某個地點的路線時，地標既清楚，但同時又隱祕而難以看透。

這個伏藏說穿了就是一個藏寶圖，可以通往蘊含無數寶藏的隱祕淨土，而這寶藏包含了物質和精神兩者。這部伏藏既揭露了祕密，又將之隱藏。

札西頂的喇嘛之所以願意給我一份這本書的影本，是因爲我那時候和督修．林巴的孫子旺秋一起去。我之所以能夠拿到，是因爲我鄭重宣誓不會給其他人看這本書，或是將整本書出版公諸於世，又或者公布任何會洩漏其祕密的節錄內容。因此我透過以下的方式摘錄片段：

在雪山的城堡裡，有四個寶藏裝滿了巨大的財富，可以滿足你的願望。那裡有一座甘露池，池裡住有八位龍王（蛇神），守護著難以想像的無數珍寶。那裡有一處不可思議的淨土，是屬於隱藏寶藏擁有者的淨土，也是掌管這個世界的守護者的淨土。那裡有著數不清的天然景觀、被隱藏起來的偉大佛法寶藏以及財

富，還有其他小小的隱祕寶藏。

猶如獅子的雪山的山腳下，滿布著彩虹圍繞的石頭，那裡有著數不清的珠寶。在名爲C的岩石山裡有滿願寶的寶藏；在名爲L的長型山洞裡，有另一種滿願寶石寶藏。在東邊，干城章嘎峰的下方，有三種不同的鹽藏；在名爲L的山裡，有著生命和宗教的寶藏；在名爲T的中央山脈裡，有名爲永恆不死的偉大寶藏。在西北邊Y的偉大山洞，有著可以降服三界的銅馬，還有一把短劍，可以破除一切幻相。在吉祥空行母的聖地，有一座玉米穀倉。

在描述了這麼多令人頭昏眼花、千變萬化的寶藏配置位置和祕密地方之後，又說：「龍王、神祇、勇父和空行母的淨土，」可以在「山上、山谷、岩石上、樹裡面、以及泉水」中被找到，指南裡面說，「這些都是蓮花生大士的祕境，羅織如網。」

當你以爲偉大的祕密已經揭露之時，令人捉摸不透地，它又繼續說道：「這些是知名的祕境。」

關於白域的城門，它說：

在那裡，有四座主要的門，四座祕密的門，在四方和四隅，全部緊緊相繫。

東邊城門被窄道、山門和幕狀物等三種天然屏障所阻擋；南邊城門則是由岩石坡、大河和無數的深谷溝壑所阻擋；西邊和北邊的城門完全被天然屏障所包圍。因此這個隱地更勝於其他地方。

這本書裡的某些指引，看起來似乎很實際，字面上顯示的眞實涵義看似只有輕微的遮掩。「這個處於光明與黑暗之間的國度，被濃密的雪和三種不同幕狀物封鎖著，層層相疊。從四隅的方向，如果你能抓住滴落的水珠，這個祕密的城門就不會被幕狀物所遮蔽。」這裡所說的幕狀物，看起來像是能障蔽高山深谷的冰幕，等到天氣一暖，當你可以「抓住滴落的水珠」時，表示冰雪已融化，可以通行。

他們在策染山上，接近西邊城門時所依賴的指引書也有很多指示，提到該修何種法門以取悅、安撫當地神祇和白域的守護神靈。想要進入白域，不僅是要找到正確的地方，也必須在對的時間點上進入。指引書說到：「當世界失去快樂之時，清修之谷的大門就會開啓。如果有人耽擱了，麻煩將接踵而至，大大小小的山谷將被赤色烽火撼動，有毒的冰雹風暴將會降下。」

書裡也說到，要開啓城門的話，必須舉行特定的修法以及焚香，獻給「持有寶藏的神靈，這些修法儀式必須供養給重要的山丘」。於是在西元一九六三年早秋時節的某天，督修・林巴帶著二十位弟子離開了策染。

就像他們當初離開宗格里上方的牧民營地時一樣，督修．林巴再一次宣布，從那個時候開始，他們將不再與外面的世界有所聯繫，他們所聯繫的對象將只有當地的土地神和白域的守護神而已。

雖然多年之前，督修．林巴在禪觀中得到並「書寫下來」的指引，足以讓他知道必須前往策染上方尋找城門，但是意識心的力量並不足以用來鎖定這樣的城門。於是督修．林巴舉行了「札塔梅隆」銅鏡占卜，要耶謝看看銅鏡裡出現的景象。她看到他們前方的路轉入一座開滿鮮花的翠綠山谷，山谷裡有筆直參天的大樹和數不清的瀑布流瀉。

他們第一晚停留的地方，藏文名字叫做「威臧」，位在植被線以上，雪線以下的高度。第二天他們登入雪地，傍晚時分抵達一座被白雪包圍的大山洞，容納得下他們所有人。他們在那裡紮營。從這個山洞過去之後路就斷了，直到小山谷的另一邊，路才再度出現，雪坡一直延伸到山脊上的凹處，形成一個隘口，過了隘口之後，就是督修．林巴宣稱的白域哲孟雄。城門終於進入了他們的視線範圍！

隔天早晨，督修．林巴從山洞裡的二十個人中，挑了十二個人出來，帶著他們前往雪山上的隘口。他們開始攀登的時候，一片雲突然降低飛了過來，夾帶著一股旋風，吹起山上的積雪，頓時一片迷茫。飛雪遮蔽了視線，寒風刺骨，隨著暴風雪往下肆虐，他們也撤退回到山洞。這場暴風雪將他們困在山洞兩天，他們利用這兩天的時間，在洞裡全神貫注修法和進行靈修。他們必須把自己淨化到某種程度，使天氣能夠轉爲晴朗，允許他們登上雪山到達隘口，進入白域。

第三天，他們在射進洞口的陽光下醒了過來，督修・林巴又一次出發攀登雪山。這一次，他從上次沒去的人當中，挑了六位一起前往；被挑選一起前往的人，他們的共業將決定開啓事業的成功或失敗。但是這一次，他們連山洞下方的山坡腳下都沒去成，因爲一片雲飄過來，讓整個過程變爲更加困難。

就這樣過了十九天。有些日子天氣看起來還不錯，可是他們一準備出發前往對面山坡的時候，天氣就變了，根本來不及登上山，顯然是守護的神靈還沒準備好讓他們通過。有些日子他們連試都沒試。暴風雪在山上一次就肆虐了許多天，洞外積起千層雪，讓人變得渺小。在這些日子裡，他們就留在洞裡修法，持誦咒語。

第二十天的時候，他們在一片燦爛的陽光中醒了過來。再一次出發前往陡峭的覆雪山坡，前往隘口，但是積雪深厚更勝從前。

南卓阻止了督修・林巴。有些事情一直困擾著他。

「上師，」他說，「我是從拉胡爾區來的，我走了一輩子的深雪之路。您是從西藏來的，冬天的時候都在潘高度過，那裡不會有深厚的積雪。您對於深厚的積雪、險峻的陡坡和它們的危險性，到底了解多少呢？這樣直接向上走往隘口，實在太危險了，從右邊過去比較安全，那

裡坡度較爲緩和，而且岩石裸露而出。走到山脊頂端的時候，一樣可以去到您想去的地方。只是您的方式太過危險了。現在是春天時節，下層的雪是老的，已經結成冰，上方的雪是新下的，恐怕會滑。」

聽到這些話，督修．林巴生氣了。康區裡流傳的預言說，開啓白域的人有著一雙猛虎般銳利的眼睛，現在的他，也有這樣的性格。

「這裡誰是林巴？」他大聲地說，呼出去的氣息在冰冷的空氣中凝成白煙。「如果你是林巴，如果你知道路怎麼走的話，爲什麼你還跟著我呢？你不是早就應該要在白域裡了嗎？」

督修．林巴選擇攀登的山坡，的確是陡峭到幾乎無法攀爬，但是當他們離開策染的時候，不是有人警告過他們，不論督修．林巴說的話有多麼不合邏輯，都不要反駁他嗎；結果，現在他們卻惹得督修．林巴滿腔怒火。當督修．林巴在尋找方法，準備打破維繫這個世界的無縫之網的邏輯時，在這最重要的關鍵時刻，弟子卻把邏輯思考帶進來，當面反駁他，這是一個弟子所犯的最大過錯。

瞬間的質疑，能摧毀一生的信心。

如同威廉．布萊克所說的：「太陽和月亮若遭受質疑，它們也會立刻消失無蹤。」

有了開啓白域的良好條件，已經十分難得，更可貴的是那個時候還有轉世的林巴承接這項任務。一切條件必須圓滿具足，不僅需要城門守護神的幫助和指引，也需要山神的幫助，因爲祂們能控制天氣和各種微妙的力量，可以左右林巴看出前往白域的道路。那些與林巴一起去的人，必須同心齊力專注一心，而且心思清明，能夠捨棄一切。他們必須放棄所有財產、房子、家庭，也得捨棄世間邏輯的概念，才有辦法進入那個跳脫邏輯束縛的世界，而不是被世間邏輯捆綁在這個世界。他們全體必須如同一體般，一起躍入另一度空間。當關鍵的時刻來臨，在預言中所說的可能打開一道隙縫的地方，所有條件都及時和合俱足，當他們到達這樣不可思議的一步的時候，突然一個懷疑的念頭生起而且被說了出來，那麼，整個努力都將成爲泡影。

類似的情形，也發生在西元一九二〇年，當多傑·德謙·林巴來到錫金，準備開啓白域哲孟雄的關鍵時刻上。他們同樣也是接近了這個城門，登上雪山前往一座山脊，極有可能就是四十年後督修·林巴和弟子登上的同一座山脊。多傑·德謙·林巴突然轉頭對弟子說，「帶一頭白色的犏牛給我。」犏牛是公犛牛和母牛交配後所生的一種牛種。

「但是上師，」他們回答，「我們在高聳的雪峰之上，遠離任何牧區，要去哪裡找一頭犏牛啊？更不用說還要白色的，這是不可能的事。」

這個回答引發了多傑·德謙·林巴的怒火。「你們難道不明白嗎？沒有什麼事是不可能的，」他咆哮地說，「我們需要一頭白色的犏牛，不然給我做一頭來，用奶油做一頭。」

「但是上師，」他們抱怨，「已經沒有奶油了，我們把最後的奶油用來煮酥油茶了。」

他們跟我描述說，這是一個壞的兆頭，宣告了多傑·德謙·林巴開啓白域的行動就到此爲

止。他們那天便回頭下山，返回西藏了。

現在，四十年之後，南卓對督修．林巴的判斷發出質疑，而天空對這質疑直接做出了回應，突然間，他們全部被濃密的雲層吞沒，刺骨的寒風夾帶冰雪向他們襲來。在策染山上的山洞裡住了三個星期，山下的人可能快認不出來他們的臉了。因爲氣候的關係，他們的臉變得像牛皮一樣厚，臉皮被曬得黝黑，雪打在他們的臉上凝結成冰。他們把自己裹在長羊毛外套裡，然後返回山洞。

那天下午，南卓獨自一人外出，沒有告訴任何人，他想去試試自己說的那條路徑是否可行。他走沒多遠，就在冰上滑了一跤，割傷了手臂，帶著流血的手臂回到山洞。

隔天早晨是個好天氣，督修．林巴舉行了「札塔梅隆」銅鏡占卜，他說占卜的結果是個好兆頭。他要一些人留在洞裡，他和其他人則外出勘查之前每天嘗試過的路線，以便觀察氣候的變化。在路上時，他把一位弟子拉到一旁，他名叫旺嘉．菩提，他是來自死魔林的強壯建築工人，當時年約二十五、六歲，現在已經是退休的土木工程師，大約六十八、九歲，旺嘉本人親自跟我說了接下來發生的事情。

「督修．林巴將我拉到一旁。『今天我們讓他們自己去，』他說，『你和我，我們兩個單獨從另一條路過去，人多不好辦事。你穿了一件很暖的外套，很好，更棒的是你有一把鑿冰的斧頭。』他讓其他人往前先走。『我們走左邊，從那邊上去。』他很有信心地跟我說，比了比那座小小直達天際的隘口。『那就是我在銅鏡裡看到的地方。』」

「我跟著督修．林巴爬上了山谷，」旺嘉說道，他的聲音透露著興奮，肯定一如當時他的感受。這條路很陡而且結著冰，相當危險。從冰川融化而來的雪水，在他們上頭形成無數支流，湍急而下，冰塊結實而青綠。

這是一處原始自然且充滿危險的地方，鬆軟的碎石坡和險峻巨大的石礫在深谷上巧妙地維持著平衡。冰川接壤著長年累月積壓著冰雪的山壑，透著一種神祕的藍色色彩。冰川之上又堆積著白雪，冰雪覆蓋的石塊往上延伸直到峰頂，峰頂暴露在狂風之中，不時揚起被狂風吹落的雪塵。在那樣高海拔的地方，天空看起來極爲深藍，甚至已經接近黑色。旺嘉的心臟劇烈跳動著，不僅僅是因爲高海拔的關係，而是他有預感，覺得只有他們兩個，通往白域的路一定會開啓。

突然間冰川斷裂，掉落一塊猶如房子般大小的冰塊，伴隨著轟隆隆的聲響，迴盪在山谷之間。掉落的冰塊，敲碎了岩石，摧毀了路徑上的一切，從山谷直接滑下，朝他們而來。旺嘉本能抓住督修．林巴，想要救他，可是卻意識到，他們根本逃不出冰川滑下的路線。他受到極度驚嚇，他知道這是自己生命的終點了。雖然他第一時間就抓住督修．林巴，想要救他，但是當督修．林巴朝他大喊，要他放手時，旺嘉突然又意識到，這時他反而是因爲本能的恐懼而緊緊抓住督修．林巴。於是旺嘉鬆開了緊抓住督修．林巴的手。

督修．林巴把手伸到羊皮外套底下，如同騎士抽出利劍朝著敵人揮舞一般，迅速拿出普巴杵，伸長手臂，擺在胸前，此刻斷落的冰川正轟隆隆向他們直衝而來。

督修．林巴一隻手穩穩握著普巴杵，伸長擺在胸前，另一隻手結著手印，指向直衝而來的冰川，食指和小指往前伸，中間兩指彎曲，大拇指壓在兩支彎曲的手指上頭，他的聲音低沉有力，在山谷間響起的回音，竟能將冰川下滑的轟隆聲反彈回去。他的聲音是何等強大，超出人類所能發出的聲音。「赫、赫、赫……」冰川應聲斷成兩塊，從他們左右兩邊滑落，留下他們在中間毫髮無傷。

死魔林的建築工人旺嘉．菩提

督修．林巴冷靜地將普巴杵塞回袍子裡，態度從容令人驚訝。旺嘉則是被剛剛的經歷嚇到渾身顫抖，直打哆嗦。

他告訴我這段年輕時發生的故事的時候，我們就坐在旺嘉位於死魔林的堅固房子裡喝著茶。他是一位超乎想像的、非常沉著、心胸開闊而且眞誠的人，我和他一起旅行了幾天，拜訪和督修・林巴有關的人物以及地點。我發現他很認眞、頭腦清楚，而且能精準描述自己想說的內容，誇大其辭並不是他的風格。他說這個故事的方式，讓我覺得他說的是千眞萬確。雖然有點難爲情，但我還是很委婉地問了問題。

「人們通常會編造故事，並且將之誇大，」我說，「特別是牽扯到宗教信仰的時候。事情眞的如你所說的那樣嗎？冰川斷成兩塊，從你們左右滑過？」

「百分之百是眞的。我到今天都還像當初一樣覺得不可思議，」他瞪大著眼睛看著我說。「如果不是我自己親身經歷過，我也不會相信。但事情發生的經過，就如同我說的那樣。」

眼前這個男人的眞誠和正直告訴著我，他所說的都是眞的。

「凡夫的心會受到各種事物的影響，」旺嘉繼續說，「特別是疑心的影響最大。這時我突然明白，直到那一刻之前，我的心裡還有著些許質疑，可是現在我見證過督修・林巴強大的威力之後，這些懷疑都消失無蹤了。白域哲孟雄確實存在。」

冰川斷裂撞擊造成的回響聲消失於谷底，督修・林巴轉頭看向旺嘉，問他是否要繼續往上走，旺嘉毫不猶豫地說：「是！」，督修・林巴非常歡喜，「終於，」他說，「有一個具足信心的弟子了。」

督修・林巴帶著自信往前跨步，繼續登上陡峭的山谷，旺嘉恭敬地跟在後面。雖然他的心

情平靜且有自信，但是他的身體卻因爲生理本能的恐懼而顫抖。

在他們前方就是冰川了。冰川之後，原先是一個陡峭的雪坡，冰層上布滿石頭，但是現在卻是一片裸露的地表。雖然聽起來不太可能是眞的，但是在裸露的地表之上竟然有著植被，而且愈往上走愈是青翠，感覺漸漸形成一個通道。更加不可思議的是，這個通道上妝點著許多彩虹，旺嘉一輩子沒見過這麼神奇的彩虹，那些彩虹的光色和弧形猶如鮮花一般，它們看起來異常接近，好像他伸出手就可以觸摸到一樣。空氣太稀薄，因此只有當他們將眼光看往山上時，才能見到彩虹，彷彿只有那樣的高海拔山巔才保有這些聚集的空氣。空氣中充滿著神聖的氣息，將他們懷抱其中。

「當我們抵達冰川邊緣的時候，」旺嘉說，「那裡的冰融得一片平滑，到處都是湧出的雪水。督修．林巴極有信心地往上攀登，來到剛剛冰川先前斷裂的地方，他伸手將我拉了上去。」

旺嘉說到這兒停了下來，喝了一口茶，看著客廳窗外環繞的山巒，雖然是六月，可是山峰上還覆蓋著白雪。

他告訴我，當他還是個年輕小夥子，在拉胡爾區時，他常常在冬季爬過若塘隘口。這是一件很危險的事情，可是有時候不得不那麼做。雖然只是走到隔壁的村子，但大多時候這意味著你必須和深厚的積雪搏鬥，積雪的高度足以把房子埋在裡面了，而原本的路徑也會被崩雪覆蓋不見。旺嘉習慣健走高山上，也常在冰川上行走，因此他和南卓一樣清楚，冰川到底有多麼不牢靠、難以預測。特別是在春天的時候，表層的冰開始融化，化成的雪水會導致冰川下層出現裂縫，這是一個很大的威脅，而春天氣候變換之際，新降下來的雪會把這些裂縫覆蓋住。在其他任何情況之下，他會比較理智判斷，不至於冒險登上冰川，但是現在，他毫不猶豫。他的覺性高漲而且觀察敏銳，猶如冰川一樣鋒利。

他跟著督修．林巴往冰川上走了幾百碼，前方的彩虹近得似乎可以用雙手捧起，風從冰冷的山上和空中往下吹來。突然間，冷風轉爲暖熱芬芳的微風，這個薄如水晶般的高山空氣裡，夾帶著最爲珍貴的鮮花藥草的香氣。他深深吸了一口芳香的空氣，肺裡充滿了藏紅花的香味。督修．林巴就走在他的前方，但是他的視線，卻停留在冰川後方那片上升的綠地，香味散發出來的地方。

督修．林巴腳下的土地突然崩落，他頭上腳下倏然滑落到一條足以將他吞沒的巨大裂縫之中。旺嘉衝上前，抓住他的腳踝，他試著把自己的雪靴前端踢進冰川冰壁，避免兩人都滑入暗黑的冰隙裡。難道這個冰隙會是他們長久以來所追尋的那個隙縫嗎？

「冰斧！」督修．林巴大吼。

極度驚嚇之中，旺嘉忘了他腰間有一把冰斧。他拿起冰斧用力往冰壁鑿了進去，阻止了致命的下滑。旺嘉掛在那裡，臉和肚子緊貼著冰壁，看著自己握住冰斧的手慢慢從斧柄滑落；

而另一隻手，則伸在背後抓住督修．林巴的腳踝。這是那天發生的第二次致命危險，死亡似乎是不可避免了。他怎麼可能把上師救出這個冰隙呢？他轉頭看向督修．林巴，出乎意料地，他看到督修．林巴站了起來。是的，他是吊抓著督修．林巴的腳踝沒錯，可是督修．林巴是站著的。

旺嘉站了起來，對督修．林巴的力量驚訝不已，好想彎下腰來觸摸督修．林巴的腳表示尊敬，可是如果這麼做的話，很可能又要從剛剛才逃出的冰隙中滑下去了。

「喂，」督修．林巴帶著玩笑的口吻說，「你把臉貼在冰上做什麼？快起來！」

儘管接下來的路比剛才還要危險，旺嘉已經準備好跟著他的上師一起走了。他們就要到了，只差十步，旺嘉這麼告訴自己，只要再往前十步，我們就到白域了，它看起來就在那麼近的地方。這時他聽到上方傳來一陣聲音，聽了一會才明白過來，原來是嗩吶的聲音，嗩吶是一種類似單簧管的樂器，喇嘛修法時使用。一開始他以爲是因爲海拔太高，所以產生幻聽，但是不只有他聽到，督修．林巴也聽到了。「這是白域城門的守護神，」督修．林巴說，「護法神和空行母來迎接我們了。」

旺嘉開始往前走，可是督修．林巴把手放在他肩膀上。

「我們現在不能去，不能只有我們兩個去，」督修．林巴說。「我們兩個不能就這樣消失，我們怎能丟下其他人自己去呢？就我所知，白域有著容納兩千人的空間。我們必須回去。」

「這輩子我從來沒有這麼失望過，」旺嘉誠實地說，「我們已經這麼接近了。我們站在雪地上，可是再往上一點，在冰川後面，就沒有雪了。另一邊是如此地美麗，青蔥翠綠，我們眼看就要到了。我不斷想著這是我的幻覺，我甚至拿手塞住耳朵來檢查，看看這嗩吶聲是不是從我的腦袋裡出來的。但這個聲音是眞的，彩虹也是眞的，白域也是眞的。」

他們小心翼翼往冰川下走，回到山谷。當他們抵達山洞時，烏雲再一次降落籠罩山頭。其他人都迫切地想知道發生了什麼事，可是督修·林巴不發一語，坐在不遠處的一顆大石頭上。於是他們圍著旺嘉，「你們在上面發生了什麼事？」他們問他，「你的眼裡閃閃發光，你看到了什麼？」

旺嘉把看到的景象一五一十說給他們聽，也告訴他們，他和督修·林巴已經十分接近白域了。

「我知道爲什麼我們之前看不到，」他告訴他們，「因爲我們大家心裡存著太多懷疑了，這就是我們看不到隱藏之谷的原因，儘管它就在那裡。他指了指雪山山巔。這一次我們眞的看見了，眞的。有兩次我們差點就丟掉性命。但它眞的就在那裡，我親眼看見了。」

大家都思考著，「我們走了這麼遠，從喜馬偕爾邦、不丹和西藏前來。我們到了錫金，而現在要去干城章嘎峰，可是心中還存有疑慮。我們有太多的疑慮了，這就是爲什麼我們看不

到。」

督修．林巴一路上不斷提醒他們，從還沒有離開拉胡爾區就開始提醒，如果他們心中存有一絲疑慮，他們永遠無法看見隱藏之谷。

其他人開始興奮起來，「我們也想看看你所看到的，」他們跟旺嘉說，「就算沒辦法進入白域，至少也要去到你看到那些景象的地方。」

旺嘉告訴他們，如果不是因爲自己太過緊張，如果不是因爲自己兩次差點丟掉性命而怕得發抖的話，他應該有辦法伸出手去摸到彩虹。

那天下午，督修．林巴舉行了「札塔梅隆」。

耶謝看了銅鏡。

她看到空中伸出一支長長的管子，口徑猶如雙手張開那麼寬大，閃閃透出太陽般金黃色的光芒，然而又很白亮。它就直接從空中伸了出來。

儘管他們問了督修．林巴這代表什麼意思，他還是沉默不語，再次坐在不遠處的石頭上。就在他坐在那裡的時候，四隻白色的鴿子往下向他飛了過來，每個人心裡都在納悶，怎麼會有這些鴿子在冰川上做什麼呢？牠們繞著督修．林巴飛了三圈，然後咕咕叫著，彷彿向他表示敬意一般，然後飛往低處的雲層，雲朵飛了過來，將牠們吞沒其中。雖然那時是下午時分，但是紅色光束穿透濃厚的雲層，霎時將他們籠罩其中，看起來就像是夕陽。然後色彩開始變換，閃耀著彩色的光芒。原本在山洞裡的人走了出來，目不轉睛地看著變換的色彩，彩色的霧氣太過濃密，讓他們甚至看不到督修．林巴。之後吹起一陣風，將雲層吹往山谷上方，他們再一次沐浴在陽光之中。

每一個我所訪問過的當時在場的人，都向我證實這兩件事情：繞著督修．林巴飛行的白鴿和彩色的雲層。當他們告訴我這個故事的時候，每一個人都記憶鮮明，儘管已經過了四十年，這件事情依然深刻烙印在他們的腦海之中。

隔天早上，督修．林巴再次舉行「札塔梅隆」，讓耶謝再看一次銅鏡。

這一次，她看見了白域，一個充滿大自然神奇的美麗地方。有著古樹圍繞的原野，原野中間有河流過；濃密叢林覆蓋住周圍的山，林中瀑布傾瀉而下；原野裡布滿了巨大的白色香菇。山巔上的天空一片清朗，直往隘口。

督修．林巴笑了。

「就是今天了，」他說，「今天不像其他日子，今天我們必須特別小心。」

他挑了十二位想要帶著一起去的弟子，他們全部穿了厚重的外套，頭上綁著頭巾。督修．林巴帶了開啓城門和進入城門之後必須用到的貝葉版經文，用布包好，綁在背上。

當他們準備離開山洞的時候，當中一位被留下來的弟子，對入選在十二個人裡的旺嘉說，「這次你何不留下來，把機會讓給別人去呢？你已經看過了啊！」

「那樣的說法，我覺得眞是不厚道，」旺嘉跟我說，「我告訴那個同伴：『這樣說眞是不厚道，因爲你們大家的關係，我們才又折了回來。』」

督修．林巴帶了十二個人前往雪山，登上隘口。

到了最後一個山巔的基地時，他們停在一塊巨大的平整岩石上，吃了最後的一餐——酥油茶和糌粑，這餐之後，他們的食物就吃光了。此後到進入白域之前，他們將沒有任何食物可吃。

督修．林巴挑了三個人跟他繼續前進，他們分別是耶謝和喇嘛札西，這兩個人都來自拉胡爾區，另一位是拉瓊喇嘛，他是來自西藏的喇嘛，但不是那位現在還住在錫金的同名者。「如果我們成功了，」督修．林巴告訴其他留下來的人，「我們會給你們信號。」

於是他們四個人動身上路，走過和腰一樣高的新下積雪，一路往隘口前進。喇嘛札西是死魔林寺裡的嗡澤，也就是法會裡的維那師（領誦者），當時他約莫三十八、九歲，是一位成熟的男子，而且對於高山積雪有著多年累積的經驗，他走在最前面當開路先鋒；督修．林巴走在第二位，手裡拿著一張貝葉版經文，大聲念誦某些種子咒字；耶謝走在他後面，殿後的是拉瓊喇嘛。

從遠處看過去，他們就像是四個小黑點，在廣大雪白的山壁上慢慢移動。

他們突然沒入一片雪白之中，消失不見。在平整大岩塊這邊的同伴，花了好一會時間才弄明白，原來他們是被隘口降下來的雲層給遮住了。

在山坡之上，白色的雲層好像一堵可以穿透的白牆，向他們襲擊而來，就好像他們攀登的白色陡峭雪坡，突然融入天際一樣，讓他們一時感到目眩，分不清楚什麼是什麼，突然眼前的一切都變得一樣，開始旋轉。

他們下方的雪坡突然塌陷，讓他們陷入一片隆隆作響的漆黑之中，空氣彷彿凝固了一般。每個人都發現自己是孤獨一人，肺裡的空氣被吸了出來，身體承受巨大壓力的擠壓。每個人都希望自己突然間出現在那青翠的山谷中，可是，每個人卻都發現自己是孤獨一人，深陷漆黑的世界裡，一片死寂，而且無法動彈，除了拉瓊喇嘛以外——當雪崩結束的時候，他只有兩隻腳被雪埋住而已，毫髮無傷。

他從雪裡脫困後，發現坡面上只有他一個人，於是瘋狂地開始挖雪，尋找其他人。當他接近耶謝的時候，耶謝身邊的雪一片紅色，他撥開了耶謝臉上的積雪讓她得以呼吸，他看到耶謝頭上巨大的傷口不斷冒出鮮血。他把耶謝平放在雪地上，耶謝只剩下微弱的呼吸，而且失去意識。

像狗在扒雪一樣，拉瓊喇嘛彎曲雙手如同爪子一般，不斷地挖，直到挖到喇嘛札西才停了下來。喇嘛札西眼睛上方有一道傷口，留著鮮血，左手向右彎曲骨折，他因太過疼痛而休克，幾乎陷入昏迷。

濃霧之中，出現一張督修．林巴綁在背上的貝葉版經文，一陣強風將這頁經文吹到拉瓊喇嘛的臉上。他看往經文飛來的方向，看到更多頁經文混在崩雪之中，在風中飄動著。他跳下鬆軟的雪坡，開始挖掘。隨著經文的落腳處，他找到了督修．林巴。

督修．林巴的身體，沒有雪崩意外造成的外部傷口。當拉瓊喇嘛把他挖出來的時候，他的雙腿交叉盤著，身體深陷雪中，雙眼緊閉結霜，已經死亡。

他清掉覆蓋在督修．林巴身上的積雪，但沒有移動他的身體，這個重大的發現讓他震驚至極，他往後跌坐在柔軟的雪上，眼睛盯著散落的貝葉版經文。陣陣強烈的霧風吹起，將它們吹落，飄飛在雪地上，消失在灰濛濛的遠方。

拉瓊喇嘛急急下山求援，他回到眾人等待的地方，把消息告訴他們。於是他們一起上山照顧生還者，並向亡者致上敬意。

一開始，他們無法確定耶謝到底是生是死。這位年輕的女子，今天早上還在銅鏡裡看到白域，青蔥翠綠，充滿傾瀉的瀑布，現在卻躺在雪裡，瀕臨死亡邊緣。她頭部下方的雪被鮮血染紅，他們試著包紮她的頭部來止血。然後他們脫下督修．林巴厚重的羊皮外套，把她裹在裡面。

他們脫下自己的外套，包覆喇嘛札西。他們把身上所有的帽子、圍巾都用在這兩人身上保暖，好度過寒冷的夜晚，因爲，傍晚已經來臨，而這兩個人還在生死之間徘徊，無法立刻將他們帶下山。

於是他們把這三個人留在山上，兩個陷入半昏迷的人，守著他們已經死亡的上師。喇嘛札西整夜時而清醒、時而昏迷，他以爲身邊這兩個毫無動靜的人已經死了，而自己肯定也是快要死了。

遠方山峰後方射過來的太陽光束，讓他醒了過來。很快地，疼痛大過於驚嚇，他的手臂嚴重骨折，肋骨斷裂，每次的呼吸都伴隨著疼痛。持續地失血，讓他處於昏迷邊緣，同時，雪崩的驚嚇又讓他想不起發生的一切。他不知道爲何自己躺在雪坡裡，一邊躺的是已經死亡的上師，一邊又是陷入昏迷徘徊死亡邊緣的耶謝。

太陽緩緩升上天際，他的同伴們又來到他身邊。耶謝的狀況比喇嘛札西要嚴重得太多，她整晚流血不止，他們幾乎無法讓她保持清醒。他們給喇嘛札西吃了一點東西，接著把他們三個人背在背上，扛下山洞休息，然後出發下山。那天晚上，他們在之前上山停留的地方過夜，隔天才下到策染。

自從他們三個星期前離開之後，紮營在策染的數百人都沒有得到他們探險情況的消息，大家情緒高昂，等著通道開啓的消息傳來，考慮著是否有人願意延遲自己進入白域的時間，將消息傳回給在玉僧和札西頂的人。

當他們看到登山隊伍疲憊地回到策染，而且身上背著三個同伴，垂頭喪氣的樣子讓大家一

看就知道，悲劇已經發生，所有的人疾聲痛哭。

當他們知道喇嘛札西和耶謝受了傷，第三位被背著的是督修．林巴，而且已經死亡的時候，哭聲迴盪著整個山間，聽起來彷彿是山自己在哭泣一般。

就像慶雷的岳母多傑．汪嫫跟我說的：「只有小孩子沒有哭泣，因爲他們不知道發生了什麼事。」

督修．林巴死於四十九歲，以藏曆來算，這是非常凶險的一年，藏曆裡稱之爲「喀」年，每十二年的倍數加一年。他死於藏曆三月二十五日，相當於西元一九六三年五月十八日，星期六。

高位階喇嘛的喪禮是非常講究的。他們在上師法體旁邊念誦七天的經文，焚香點燈，不斷地祈請。第七天的時候，督修．林巴的獨子昆桑點燃火焰，將父親的法體火化。

督修．林巴的部分骨灰混合著泥土，當場被製成佛塔，有些則灑在山林之間。其餘的由昆桑帶往印度其他聖地，像是瓦拉那西的恆河、恆河與亞穆納河交會的安拉阿巴德，以及加爾各答南方的恆河出海口。

21 後續發展

失落的天堂才是真正的天堂

馬賽爾・普魯斯特（Marcel Proust）

「當喪禮結束，他們把遺體火化之後，」慶雷的岳母，也就是來自不丹的多傑・汪嫫告訴我：「就好像炸彈爆發一樣，每個人往四面八方解散，誰也沒跟著誰。」那些從不丹來的，回去了不丹；從錫金來的，則是輾轉經過宗格里和玉僧，回到自己的村子。

（多傑・汪嫫）

多傑・汪嫫的丈夫想回去不丹，但是她說不要，而且堅持要去朝聖。於是他們和幾位喇嘛一起往西朝著聖母峰走。他們來到一個名為瓦隆的地方，在那裡找到一座被遺棄的寺廟，於是住了下來，大約住了六、七個月，期間舉行修法和齋戒斷食。為了回到錫金，他們必須變賣所有家當，首先是僅剩的一些珠寶，最後是衣服，除了身上穿的以外，其他都變賣一空。當他們

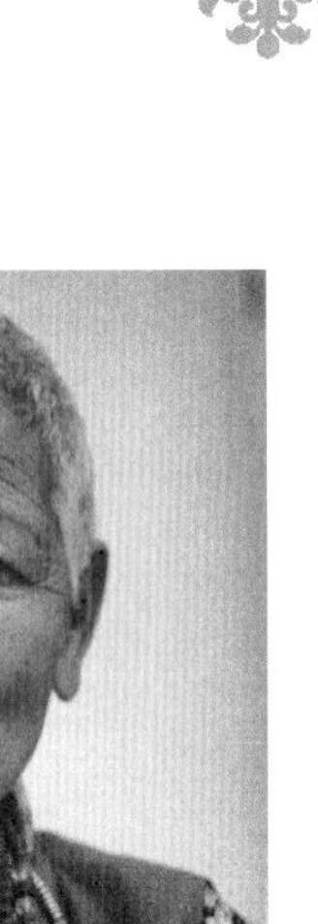

多傑·汪嫫

到達新譚，這個位於錫金境內提斯塔河旁的市集城鎮的時候，身上什麼也不剩了，行程無法繼續下去。於是他們跑到森林裡採集野生水果，到市場裡擺攤販售。

多傑·汪嫫回到錫金的時候才四十歲，而且懷著第一個、也是唯一的一個小孩，後來成爲慶雷的太太。她始終認爲自己的女兒是來自干城章嘎峰的禮物。

「那時有一對男女，」她告訴我，「從不丹來的男僧人和女尼師，他們決定自己試著去開啓前往白域的門。於是火化儀式結束之後，他們帶了一袋糌粑粉、睡覺用的鋪蓋和錫製的盤子，跟著先前傷亡登山隊下山時留在雪地的足跡，往上走了兩天，到達當時督修·林巴和他弟子停留三個星期的山洞。」多傑·汪嫫一邊回憶一邊笑著，神情歡樂，眼裡閃爍著可能性。

「從那裡，」她說，「他們就消失不見了，沒有人知道他們發生了什麼事。人們在山洞裡發現他們留下的盤子和鋪蓋，但是卻沒了他們的蹤影。或許他們成功進入了白域，我們無從得知。」

※ ※ ※

阿唐喇嘛第一次遇見督修．林巴的時候，大約是三十出頭，而我遇見他時，他已經七十四歲了。他在西囊長大，也住在札西頂。

「第一次去干城章嘎峰的那趟旅程，」他跟我說，「就是大家認爲督修．林巴失敗的那一次之後，謠言開始四處竄起，說他是間諜，這是一切障礙的開始。我也在第一趟旅程的隊伍之中，當時還有給四百、昆桑以及其他人。讓我感到最驚訝的是，當空行母（耶喜措嘉）在禪觀中告訴他該往哪兒去，他從崗拉隘口往尼泊爾方向看去時，竟然知道那個地方的地名是策染。要知道，他從來沒去過那裡，我是當地人，所以我知道。當人們開始起疑心的時候，我卻是第一手知道喇嘛的超能力的人。其他人不知道的是，喇嘛只是在找前往那裡的路線而已，這是第一趟旅程的目的。儘管人們說他的壞話，但那些只是不了解他的人而已。不論是誰來見他，都成了他的追隨者，這是他人格上的特殊魅力。我見過他把腳印留在石頭上，石頭就像是火在燃燒一樣，但是國王派來的人卻說，『沒有啊，我沒有看見。』」

「督修．林巴從錫金逃出來的時候，我跟著他一起去了尼泊爾。我來自一個富有的家庭，我們有很多土地，雖然那年我們準備離開而沒有耕種，我們也不需要變賣土地。當督修．林巴

（阿唐喇嘛）

的死訊傳來的時候，我正在策染。火化結束之後，我們這些來自錫金的人返回錫金，白天的時候，我們躲在森林裡，只有在晚上才趕路。」

「我們不怕在森林裡遇到老虎，」他笑著說，「只怕遇見其他人。我們偷偷溜回村裡，我們害怕因爲違背國王而被抓起來，他曾經警告我們不准前往，我們的田也休耕了。回到家鄉的時候，可想而知，我們的鄰居——那些一直以爲督修·林巴是一個瘋子的人，是如何嘲笑揶揄我們了。」

從阿唐喇嘛對這趟前往白域卻失敗的旅程的描述，以及他們如何在白天躲藏，趁著夜晚偷溜回村裡，可以聽得出來他口中帶著一點難爲情的語氣，就好像在回憶孩提時代的某種惡作劇一樣。

「那一段時日，」他跟我說，「國王每年會來札西頂一次或是兩次，第二次他來的時候，舉行了一個公聽會，斥責我們。

「『不要任何一個喇嘛在山頂上，拿了梯子給你們去月亮，你們就瘋狂地跟他走，』國王這麼跟我們說，『上面

七十四歲的阿唐喇嘛，攝於札西頂。

非常冷，你們可能會死掉。當滇津．諾蓋去爬聖母峰的時候，他知道他在做什麼，他穿了合適的靴子、衣服和裝備。唯一的奇蹟就是你們大部分人沒有丟掉性命。如果通道開啓的話，爲什麼只有你們這些村民能去而已呢？我也會去啊，相信我！下一次聽我的，不要隨便跟隨瘋喇嘛。』

「我們回到札西頂後，國王第一次來時就是這麼跟我們說的。他同時也告訴我們，他原諒我們，這件事就這樣落幕了。」

⁂ ⁂ ⁂

（白聰．巴布）

另一位錫金人白聰．巴布，他也跟了督修．林巴一起去。他那時約二十八、九歲，所以我遇見他的時候，他大概是七十出頭。我和督修．林巴的錫金追隨者們交談的時候，這個人的名字常常被提起。要找到他並不容易，但是我在西錫金山裡，沿著各個村落的小徑和山道仔細去尋找，眞還讓我找到他了。當我找到他房子的時候，有人告訴我，爬到更陡峭的山上就會看到他，他正在路邊工作著。我爬上一條小徑，來到滿是碎石、正在施工的道路上，我順著路走，直到遇見一群小夥子在路上工作，旁邊有一位滿頭白髮的男子，拿著大槌子在路基上敲打一顆巨大的石頭，試著把它敲碎。這位男子就是白聰．巴布，他是領班工頭。

白聰・巴布和他的修路工班

那天天空晴朗明亮，干城章嘎峰在北邊不遠處閃耀著，雪白銳利的山峰，好像一把尖凸的鋸子一樣，穿入湛藍的天空，從山頂飄淌下一縷縷的覆雪。對於這樣一位滿頭華髮的長者來說，白聰．巴布算是相當強健的了，他用盡全身的力氣要敲碎大石頭。

當我向他走近的時候，心裡好奇地想著，不知道他回歸平常後，對於自己這四十年來，面對那座他曾經很想消失其中的高山，心裡是什麼樣的感覺。

如果四十年前那道裂縫開啓，他進入了那個不用辛苦工作的地方，現在就不用在這兒費力敲石頭了。我好奇這個現實不知有沒有讓他這些年來愈是覺得辛酸。於是我走向他，他停了下來，把大槌子靠在腿邊休息。

我告訴他來意，我想知道他年輕時去白域那趟旅程的感想是什麼。那群小夥子圍了過來，他說話速度很快，不論是對那群小夥子還是對我，就這樣說了跟一位喇嘛前往高山的故事，爲了尋找一個不用拿鏟子或用槌子辛苦敲打石塊的地方。對那些小夥子來說，這樣的機會連考慮都不需要，當然要去。那時若是眞有這麼一位知道如何前往隱地的喇嘛出現，我相信他們一定會把鏟子一丟，馬上跟著他去。白聰．巴布的信心並沒有隨著時間流逝而消失，對於自己滿頭白髮七十多歲，還在這裡敲打石頭掙錢過生活，他似乎沒有埋怨。他唯一的遺憾就是喇嘛在關鍵時刻卻死了，「我再也沒有機會了，」他說，「這種機會一輩子只有一次，我必須等到下輩子了。」

※ ※ ※

（日津．多康巴）

我問了日津．多康巴，也就是那位甘拓南嘉藏學研究所的研究員，他十幾歲起就成爲督修．林巴的弟子，我問他爲什麼督修．林巴會失敗。

「督修．林巴是最適當的人選，」他說，「但是有太多人涉入其中，太多人了。並非全部的人都有對的業力，缺少修行和福德資糧的累積是無法到達的。去的人必須很清淨，如果跟著對的喇嘛一起去的人具有對的業力，當然會成功。儘管這樣，還是要選對時間，時間是一切的關鍵。

「開啓隱地既然是他們的天命，又怎麼會失敗呢？督修．林巴和多傑．德謙．林巴兩位都是伏藏師，他們都取過伏藏，也都知道前往白域哲孟雄的路線。結果顯示他們幾乎是在同一座雪山上，試圖開啓同一座城門。既然是命中注定，又怎麼會失敗呢？」

日津靜靜坐著，整理思緒，然後開口說：「好比大麥或是玉米的種子，它們本身具有生長的能力，但是光是種子本身具有生長能力是不夠的，每顆種子還需要適當的土壤、水分和陽光，不是嗎？與種子相同的道理，伏藏師也是如此；要發掘伏藏，伏藏師必須獲得適當的條件。這兩位喇嘛都有尋找隱地的業力，但沒有什麼東西是可以單獨存在的。佛教教導萬事萬物皆緣起而生，相互依存。我們每個人內在的種子，也需要適當的條件才能生長。種子需要水分，而伏藏師不僅需要一位女性明妃或是空行母，以便開啓隱地，也需要著信心堅定不移的弟子。」

「只有督修．林巴和多傑．德謙．林巴兩位伏藏師，曾經試著開啓隱藏之谷嗎？」我問。

「這麼多年來，有很多伏藏師試過。」

「他們是最近的兩位嗎？」

「就我所知，是的。」

「你會怎麼跟那些典型的西方人說呢？」我問，「他們會跟你爭辯隱地不存在，他們會說，現在衛星已經標示出地球上的每一寸土地且照過相了。」

「到目前爲止，」日津說，「那些科學家也只能藉由顯微鏡和其他現代儀器，才能看見細菌。如果僅憑他們的肉眼，他們永遠也看不見這些微生物，也不會發現它們。白域也是這樣的概念。對於佛教修行人來說，覺知就是工具、儀器，我們培養自己的覺知，去看那些肉眼看不見的事物。覺知就是那個鏡片，能夠讓我們看到你們的飛機和衛星找不到的隱蔽聖地。除此之外，白域被『風輪』保護著，甚至能夠避免飛機飛越它。有很多東西是科學家看不見的，沒有任何一台機器會顯示白域給你看，也沒有任何一台機器可以帶你去那裡。每個人都可以透過顯微鏡看到微生物，然而只有那些培養覺知的人，才有機會進入白域。我們佛教徒相信，要培養

到那種程度的覺知，必須花上好幾輩子的時間。這眞的非常稀有。如果每個人都可以去的話，它怎麼會被稱爲隱地呢？反而應該要稱它爲開放之地了，不是嗎？那些擁有前往該處的業力的人，在這一世是可以去的。」

「你生在札西頂眞是太幸運了，」我說，「我是生在波士頓。」

「你生在最富有的國家，」日津說，「在這裡，印度和錫金，我們是最窮的國家，但卻是最神聖的。」

「你會選哪一個？」

「下輩子的話，」他說，「我們這個世界比較好。但是這輩子的話，你們那個世界比較好。」

「這兩個國家我都待過，」我說，「我所看到的是這裡的人比較快樂。」

「眞的嗎？」日津說，「這就是蓮花生大士的加持。」

⁂　⁂　⁂

（旺秋）

在尋訪旺秋的祖父的故事期間，我和旺秋相處了很長一段時間，過程中我們也變得愈來愈親近。我們一起去了錫金兩次，在這兩、三年的時間裡，我們時常一起擠在吉普車後座，奔馳在崎嶇的山路上，去尋找「祖父的」弟子。

當我們和督修．林巴的弟子碰面時，旺秋在場對我而言，猶如一枚正統的標章，讓人們打開心胸侃侃談起他們的故事。對於那些曾經勇敢追隨督修．林巴前往淨土之門的人來說，在發現自己敬愛的喇嘛的孫子就站在自家門前階梯，身邊還跟了一個外國人渴望聽到他們的故事時，內心是何等激動。他們打開塵封已久的記憶，回想著大冒險，以及與超越自己所能理解的一切擦身而過的經驗時，彷彿隱地的種種又出現在他們眼前。他們描述自己身處新世界門檻邊的感受時，好像是現在進行式，而非過去式；即使經過了四十年，他們仍然覺得這是剛發生的事而已。旺秋陪著我四處探訪，因爲他的緣故，人們打開心門，讓我得以蒐集到這些故事，而且一路上幫我翻譯，我對他的感激不在言下。旺秋在成長過程中，雖然知道他的祖父是一位喇嘛上師，死於雪崩，但亦僅只於此，他

督修．林巴的孫子旺秋

對祖父的故事或是父親不凡的成長過程，就像很多其他後代子孫一樣，對祖上的一切所知不多。

⁂

（巴桑．卓瑪）

旺秋和我拜訪的督修．林巴的最後一個弟子，是一位名爲巴桑．卓瑪的婦人。我和旺秋在這之前已經花了很長的時間走訪與督修．林巴相關的人事，最後旺秋告訴我，他有一個朋友，他時常跟那位朋友說起他祖父的事蹟，那位朋友曾聽母親的朋友巴桑說自己是督修．林巴的弟子。巴桑住在大吉嶺，所以要找到她並不困難。巴桑年紀大約是六十五歲上下，以此往回推算，當督修．林巴在錫金的時候，她應該相當年輕。她沒讀過多少書，也不特別信仰宗教，從各方面來看，她只是一個普通的婦人，剛好躬逢其盛，碰上這麼一件不平凡的事情。

「在大吉嶺的城裡，」她告訴我們，「只有兩戶人家跟著督修．林巴一起去，一戶是我們家，另一戶是我舅舅家，他也是督修．林巴的大功德主之一。」

「你又是如何成爲督修．林巴的追隨者呢？」我問她。

「我舅舅見過督修．林巴後，成爲他的追隨者，然後跟我們說了他的事情。之後我和丈夫聽說他在久朋加洛的夏札仁波切的寺廟。我們聽說他要帶著大家前往應許之地，到那裡後就不需要工作了。我們覺得很興奮，於是我丈夫、我們兩歲大的女兒和我一起去見了他。我們看見他的時候，心裡著實嚇了一跳，他是如此年輕俊美。他在寺廟裡面，周遭擠滿了人，要和他說上一句話簡直是不可能的事。我們只能列隊從他旁邊經過，領受他的加持而已。我在他面前僅有十秒鐘吧，而且沒聽過他說一句話，我只看過他那麼一次，但這就夠了，這就是他的魅力。直到後來，我們才聽說他去了山上，打算開啓城門。我們感到太興奮了，於是變賣一切，我們必須跟著他走，我們覺得不得不這麼選擇，人們已經等了好幾個世代，我們感到非常幸運，能夠生在這個最適當的時間點上。雖然我們財產不多，但是我們把它全都賣了。我們的青銅器就賣了六十盧比，以當時來說是很大一筆數目了，至少對我們而言。我有一位姊妹住在玉僧，於是我們到那裡等待城門開啓的消息。督修．林巴不希望每個人都去尼泊爾，當他的死訊傳過來的時候，我們正在玉僧。」

「你有什麼感覺呢？」我問她，「幾乎就要能進入另一個世界是什麼感覺？」

「我非常快樂，」她說，「我丈夫和我放下一切身外之物，我們到達玉僧的時候，身上一無所有，僅有的是穿著的那套厚重衣物，這是爲了等待通知一到，可以隨時上雪山。當你放棄一切的時候，等於一隻腳已經踏進了隱地，這種感覺是無法形容的。」

「當通道開啓的時候，你預料會發生什麼事呢？」我問她。「你認爲那會是一個山洞，還是一扇大門呢？」

「山的後面會有一座門，一旦通過之後，門就會關起來，你再也不能回頭。我們在裡面會永恆不死，而且青春不老。那裡處處開滿了鮮花，早晨種稻，傍晚就可以收割。你不需要工作，什麼事情都很容易，你也不需要再次播種，它們會不斷生長。」

「督修．林巴有親口告訴過你們，裡面會是什麼樣子嗎？」

「沒有。像我之前告訴過你的，我甚至從來沒聽過他說話，只有領受過他的加持而已，但這足以令我捨棄今生。有關播種這些事情，我是從他的追隨者那邊聽來的。我不知道他自己有沒有說過關於隱地的任何事。」

「你知道為什麼國王會反對督修．林巴嗎？」

「我們只是市井小民，怎麼會知道國王的感受呢？」

「有沒有人成功進入白域呢？」

「我不曾聽說有人去過，但我還是確信白域的存在。」

「日常生活中，你是否還想著白域呢？」

「每一天我都想著，特別是在困難的時刻，那時候我會想像裡面是什麼樣子。如果有對的喇嘛來的話，就算是今天，我也會立刻放下一切，再一次前去。」

「督修．林巴的失敗和他的死亡，難道不會讓你懷疑白域的存在嗎？」

「怎麼會呢？因為他，我才擁有這輩子最快樂的時光。捨棄一切的感覺是無法形容的，我這輩子從來沒有如此亢奮過。督修．林巴死後，我回到這裡，但我從來沒有後悔過。如果可以，我也會再試一次。」

※ ※ ※

（昆桑）

督修．林巴死後，所有人都作鳥獸散，拉胡爾區的人試著說服他們一家一起返回拉胡爾，但是他們並沒有回去。就如昆桑所說：「爲什麼要回去呢？父親不在那裡了，只有徒留悲傷而已。」

「而且，」昆桑說，一邊吹著口哨，發出如同寒風吹過牆壁隙縫時的嘯嘯聲，「冬天的時候，那裡的雪眞是太多了。」他大笑著。

「拉胡爾區的人甚至請一位喇嘛來說服我們，」他用比較嚴肅的心情繼續說道。「因爲我是督修．林巴的獨生子，所以寺廟將由我接管。但是我並不想要，米旁也這樣覺得，因爲過往的記憶的緣故，他也沒再回去拉胡爾區。我父親死後，他去了不丹，從此以後就住在某個山洞裡，在深度的閉關中。當我拒絕回拉胡爾區接管我父親的寺廟之後，那位來自拉胡爾的喇嘛跑去不丹的山洞找米旁，請求米旁和他一起回拉胡爾接管寺廟，可是米旁也拒絕了。當他問米旁爲什麼拒絕的時候，米旁說，『如果跟你一起回去的話，你會讓我到一堆信徒家裡修法。』他

也覺得這樣的生活非常無趣。就我所知，米旁目前仍然在世，還是住在不丹的山洞裡，始終處於深度的禪修之中。

「我父親的另一位弟子南卓，得了肺結核，年紀輕輕就死了。他也是從拉胡爾區來的，留下一個太太和女兒。他是一位學識豐富的喇嘛，人們對他的英年早逝都感到相當惋惜。

「蘇曼．格隆，來自康區的喇嘛，他也是一位飽學的好喇嘛，本來在修路工班工作時，發現我父親就是經典中預言的那位喇嘛。我父親死後，噶瑪巴把他帶到隆德寺，之後派他前往美國，他最後死在洛杉磯。

「滇津．諾蓋自始至終都不知道我父親去錫金的眞正目的，我父親去世很久之後，他才知道我父親的意圖，所以他想，『爲什麼他不告訴我呢？我熟知干城章嘎峰周遭的每條路徑。』但他接著又笑了起來，『督修．林巴自己就知路線了，他爲什麼要來問我呢？他知道得可清楚了。』順帶一提，滇津．諾蓋的太太被下了卡帕的毒，死於貝瑪貴附近。

「我父親火化之後，我們全家去了夏札仁波切的寺廟，他對我們非常好。我們身無分文，他給了我們一塊大吉嶺外面的土地，就在聽秋雷那個地方，我們的生活慢慢穩定了下來。那段日子很苦，我們痛失所愛，感到極度悲傷。若干年後，我姊姊噶瑪拉嫁給了夏札仁波切，他現在大約九十多歲了。

「幾年過後，大約是在一九七〇年代中期，夏札仁波切建議，在薩魯巴里他的寺廟中，爲我父親蓋一座舍利塔，類似一座紀念塔，裡面擺放他的舍利子，可以保存和示現它們的力量。我們原本想要自己蓋一座，但是缺乏資金，可是夏札仁波切有，他問我們有父親的哪些聖物可以放進塔裡封存。

「我曾經告訴過你我父親的普巴杵的事，就是他在西藏時，從某次淨相中取出來的神奇法器，曾在策染將冰川劈成兩半，在雷雨中會閃閃發光的那把普巴杵。他以擁有那把普巴杵而出名，我父親死後，我繼承了那支普巴杵。當夏札仁波切說他要替我父親蓋舍利塔的時候，我們給了他我父親火化後遺留下來的骨灰、經典以及我父親生前使用的其他法器，我把那把普巴杵也一併給了他，我別無選擇，但那是我最難以割捨的東西。現在我是一個修行的喇嘛，那把普巴杵對我的修行會有很大的助益，它具有神奇的力量。不管我父親有多麼酩酊大醉，他總是把它帶在身上。他把普巴杵拿出來的時候，你可以看到普巴杵的尖端閃著火光。有時候他會讓人去摸那支普巴杵，去摸的人總會說它摸起來像水一樣，你可以擦乾手之後再去摸，摸完後手指頭卻是濕的。而且它會發亮，就像點燃的香一樣。

「塔唐祖古是我父親一位非常要好的朋友，有時候我會在佛陀證悟的聖地菩提迦耶遇見他。對於我父親的普巴杵，他記得相當清楚。幾年前他問我那支普巴杵的事，我說它最後被封印在舍利塔裡面。

「塔唐祖古對我生了很大的氣，『你怎能讓人把它放進舍利塔呢？』他說，『這個法器力量

很大。你的家族和傳承需要三位林巴，第一位是你的祖父，再來是你的父親，你是第三位。如果那支普巴杵在你身邊的話，你就能獲得隆大，也就是好運氣，也會有能力接受神諭和預言。你怎麼把它放棄了呢？』

「我向他解釋當初我們有多麼窮，根本沒錢替父親蓋舍利塔，而夏札仁波切既出錢又出力幫我們完成，這是多大的榮耀。事實上我們也別無選擇。我向他描述，當初我是如何看著那支普巴杵被一塊特別的布包好，從舍利塔頂端往下放進舍利塔中，然後被封存在裡面，它被放在代表心與意的位置。我告訴他，當普巴杵被封在裡面的時候，我心裡有多麼難過。

「塔唐祖古跟我說：『你是偉大林巴的兒子，你知道所有的修法儀軌，你應該每天把普巴杵帶在身上的，你可以成爲一位林巴！應該要去拿出那支普巴杵。』

「可是打破舍利塔是一件非常不好的事，他也知道，所以我覺得他不是眞的要我這麼做。

「雖是如此，他依然對我非常生氣。『你還在這做什麼？』他問我。『你應該回西藏去！』」

※ ※ ※

談起他父親去世後的日子，昆桑變得感傷了起來。「我父親還沒死之前」，他跟我說，「那些拉胡爾區裡沒有跟著我父親的人，他們總是說：『督修．林巴是一位瘋喇嘛，一天到晚喝酒。』現在他死了，同樣的那群人又說：『督修．林巴眞是一位大喇嘛，像這樣的大喇嘛眞是不多見，我們以前都不知道，以爲他是一位瘋子。』他們都哭了。」

我問昆桑，是否曾經再回去庫爾盧或是拉胡爾。

「自從我們離家前往白域之後，我就再也沒回去過若塘隘口了，我就是辦不到。但是我曾經回去庫爾盧兩次，那是在我父親去世後幾年的事。身爲家中的獨子，你知道的，我就是一家之主，我必須賺錢養家，所以我決定做蘋果買賣的生意。庫爾盧山谷以盛產蘋果著名，於是我回到那裡。

「首先我去了潘高，去看看那個我們住了十一年、度過美好歲月的山洞。走下荒煙蔓草的陡峭小徑，我感到既興奮又近鄉情怯。我把母親和姊姊留在千里之外的大吉嶺，自己一個人回到這裡探險。當初我離開的時候，只是一個十六歲的男孩。當我從村裡走小路前往山洞的時候，我不得不擦掉眼裡的淚水。我們是從潘高離開前往白域的。我們要前往一個永遠不會離開的地方，心裡沒有出現過一絲回來的念頭。這也就是爲什麼我花了那麼多年，才敢面對它。

「我們通常把通往山洞的小路整理得很乾淨，我常常從村裡往下跑回山洞。現在卻是雜草叢生，荊棘不斷勾住我的衣服，彷彿是此地的守護神警告我不要再往前進，過去的一切就讓它過去吧。我必須抓住兩旁的雜草團，好讓自己不要跌落山谷，掉入谷底的河流。直到站在山洞前方的那一刻，我才意識到我眞的回到了家。過去美好時光的記憶，當我還是個小孩子，父

親還在世的時候，所有的一切都充滿了希望與光明的前景，種種記憶淹沒了我的心，變成了眼淚，不斷從我眼中湧出，我的雙頰掛滿了淚水。經過這麼多年，人事已全非。

「功德主旺秋曾好心地在山洞外面築了一道牆，上面有窗戶，洞裡還砌了內牆。現在，鐵門早已歪斜關不上，只由一條鐵鍊勾著。窗戶上的玻璃被偷走，或是被石頭砸碎了，門框破損腐爛。進到裡面，我心裡空虛得一如房子本身一樣。木框牆已經歪斜一邊，狀極危險，一片廢墟的景象。架上一個杯子也沒有，一根湯匙也沒有，裡頭空蕩又潮濕，我腳下的樹葉沙沙作響。淚水模糊了我的雙眼，心中閃過當初離去的影像，那時候我們的離開是多麼歡欣鼓舞，覺得自己一定能成功到達那隱蔽的聖境。

「我的雙眼因爲鹹濕的淚水而感到刺痛，我退到外面，陽光刺得我睜不開眼。

「我聽到一個聲音，『嗨，你不是那位香巴拉王子嗎？』

「我用手背揉了揉眼睛，看見一位年輕男子躊躇不前，半個身體躲在樹叢後面。我依稀記得他，雖然這麼多年來他變了不少，當然我也是。

「我不知道該說什麼。『嗯，是，』我終於說出口，『我是。』

「你回來了？發生了什麼事？」

「突然間我感到一陣天旋地轉，彷彿這一輩子都在打轉，幾乎讓我要掉落懸崖、跌進比亞斯河一般，狀極危險。

「『我必須離開這裡，』我告訴他，『一切都變了。請幫我，讓我回到山坡上。我不應該回來的。』

「他以爲我是因爲想搬回山洞，但晚上卻沒地方睡，所以哭了。『別擔心，』他跟我說，『你可以在我家過夜，如果你想要的話，我們也可以整修山洞。』

「那天晚上我在馬納里過夜。

「我回來的眞正目的並不是爲了懷舊，而是來做蘋果買賣的生意。隔天，我在市場裡買了一些編織麻袋，我認爲自己非常聰明，知道要直接向果農購買蘋果。於是背著買來的空麻袋下山去，直到走到一座果園，向果農買了成熟的紅蘋果，裝滿我的麻袋。要把我自己和幾麻袋的蘋果運走，實在不容易，於是我找了輛卡車，把我載往八小時車程外平原上的火車轉運站。我買了二等車廂的車票，它將載我前往千里之外，位於大吉嶺下方的火車站；火車緩緩地行駛，我坐在麻袋邊上，爲自己的聰明感到滿意，竟然能想到直接去果園找蘋果供應商。

「由於沒有直達的火車，所以我必須不停轉車。帶著幾麻袋的蘋果趕車，每一袋幾乎和我一樣重，眞是一件不容易的事。後來我在一列火車的走道上，坐在我的麻袋上，旁邊有一位男子，坐在他的手提箱上，開始和我聊了起來。

「『兄弟，你是做什麼的？』他問我。

「『我是個生意人。』

「『你做什麼生意呢?』

「『水果買賣的生意，』我輕輕拍著裝滿蘋果的麻袋，驕傲地跟他說。

「『原來如此，』他說。從他臉上露出的笑容，我可以知道他的意思是：你有麻煩了。

「『你從哪裡買的水果?』

「『馬納里。』

「『你要把它賣到哪裡去?』

「『大吉嶺。』

「『喔，』他笑了我，把我這個荒謬的行徑告訴車廂裡的每一個人，『那可離得眞近!』他說，就連二等車廂小隔間裡最窮的乞丐，都嘲笑我的荒謬行爲。

「我並沒有把車票和所花的時間算進成本裡面，如果算進去的話，根本沒有利潤可言。我猜我腦筋還是轉得太慢了，在大吉嶺虧本賣完那些蘋果之後，我竟然又回到庫爾盧再試一次。我要百分之百確定這是一件完全失敗的生意，而事實證明它的確是失敗的。

「最後我得到一個結論：賣蘋果沒有利潤。」

⁂　⁂　⁂

（喇嘛蔣秋）

早在督修．林巴治療死魔林村民的痲瘋病和搬到那兒居住之前，在潘基的時候，喇嘛蔣秋就跟著督修．林巴了。他還記得昆桑小時候的樣子，他時常和昆桑在雪地裡玩，並教他書寫藏文。

我在卡林邦和喇嘛蔣秋見了面。自從督修．林巴離世以後，他就搬到那兒，方便親近他的根本上師敦珠仁波切。他以嚴謹實修而聞名。

我問喇嘛蔣秋是否跟著督修．林巴去錫金。

「我沒有去，」他告訴我。「督修．林巴去錫金的時候，我待在死魔林他的寺廟裡。他知道我不會去，於是他要我待在潘高，所以我去了，從此以後沒再見過他。」

「你爲什麼不去呢？」

「我並不相信，我認爲那不會成功。」

「死魔林裡面也有很多人不相信嗎？」

「我想我是唯一的一個。白域當然存在，它就在錫金裡面，靠近干城章嘎峰的地方。但是誰能夠到那裡，這又是另一回事了。曾經聽過有兩三個人去過，但這是聽到的故事，沒有人眞的知道。這世界上有很多隱蔽聖地，這都取決於你的業力，這點蓮花生大士寫得非常清楚。我

曾經在經典中讀到，要去那裡並非易事，你必須要有很好的修行，時機要對，帶著好幾百人一起去是行不通的。督修·林巴是一位非常偉大的喇嘛，他肩負著他的傳承，可是一旦說到白域，嗯……

喇嘛蔣秋，卡林邦，2006。

「督修．林巴有顆純淨的心和良善的意圖。但是他身邊太多人了，每個人的想法不見得和他一致，每個人都有不同的心思。怎麼可能每個人想的都和他一樣呢？儘管他身邊許多人尚未準備好，但是督修．林巴的心既善良又純淨。敦珠仁波切和夏札仁波切都曾經警告過督修．林巴，千萬不要匆促成行，可是他身邊的人卻不斷地逼著他前往。」

「昆桑說督修．林巴是一位瘋狂的喇嘛，常常因為看見淨相而陷入出神的狀態，」我說。「眞是這樣嗎？」

「我們哪裡知道像督修．林巴這樣的大喇嘛內心看到了什麼？看見什麼樣的淨相？他們是大喇嘛，能看見一般人看不見的東西，除非他們寫下來，否則我們是不會知道的。我們能知道的，就是自己手上正在做的事而已。就好比我無法得知你心裡正在經歷什麼，如果不能親眼看到的話，如何能知道呢？」

「很多督修．林巴的弟子說，他死後已經去了白域，」我說，「這可能是眞的嗎？」

「死後就沒有白域了。」喇嘛蔣秋扼要地說，「死後去的地方是淨土（Shingkam），一個像是天堂的地方。既然都到淨土了，還需要白域做什麼呢？」

⁂ ⁂ ⁂

（給四百）

給四百對於白域的嚮往，這麼多年來並沒有隨著督修·林巴死亡而消失，如果有什麼改變，那就是他變得更加熱切渴望。對他來說，一九六〇年初期的那個事件，並沒有讓他停止追尋那難以到達的城門，直到今日，他還是想著如何繼續完成這趟旅程。我們去拜訪他的時候，他甚至要求昆桑和我跟他一同前往，試著去開啓東邊城門。他指了指掛在門口釘子上滿布灰塵蜘蛛絲的睡袋和帳篷，表示一切早已準備就緒，只待時機到來。儘管他有心臟方面的疾病，醫生說他如果前往高海拔地區，心臟可能會停止跳動，但他一點都不在乎。

「即使我死在半路上，熊吃掉我的身體，」他感性地說，老眼睛閃爍著，「我也很樂意把身體供養給牠們，我寧願死在前往白域的路上，也不要因恐懼而退縮不前。」

他的眼神，像是孩子般開放卻又充滿古老的氣息，輝映著他有著深深皺紋然又天眞無邪的臉龐。他定睛端詳著昆桑，「你可是督修·林巴的獨生子！」他溫和地說。

接著用同樣的眼神凝視著我，說：「現在你的生命也和督修·林巴有了關聯。」

他深深地輪流看著我們的雙眼。

「我們一起去白域吧！」他突然這樣說，聲音因爲興奮而顫抖。「我一直觀察星象計算著，下一次十月是非常吉祥的月份，很適合開啓東邊城門。這很可能是我們這輩子的最後一次機會了。蓮花生大士的某個古老預言書中記載，一旦那圖拉隘口因爲和西藏做貿易而重新開啓，接下來要去白域的話，就不太可能了。我才剛看過這樣的記載。」給四百用手比了比床頭上方書架上面，那一堆西藏經典中的某本經書，但那本經書用布包得好好的，上頭布滿了灰塵和蜘蛛絲，顯然已經多年未曾翻閱過。

「可是你的心臟，」我說，「你的醫生說，如果你去高海拔的地方，心臟可能會停止跳動。」

給四百輕輕跳過我的擔心，繼續說：「督修．林巴曾經試著開啓白域哲孟雄的西邊城門，」他說，他的聲音立刻顯得渴望、有自信和神祕感，「就連他都說西邊的城門是最難開啓的。東邊的城門障礙最少，是最容易開啓的。

「許多年以前，有兩位不丹的喇嘛來找我，他們帶了一部關於白域哲孟雄的經典來跟我討論，這部經典我從來沒見過。他們並不是很有學問的喇嘛，他們問我問題，然後做筆記寫下來。他們在我這兒花了兩天的時間，一起討論各種不同的路線和城門。第三天早上的時候，他們打包好行囊來找我，說要前去開啓東邊的城門。那是我最後一次見到他們。

給四百

「過了一陣子之後，又有些不丹人來找我，是那兩位喇嘛的親戚，前來尋找失蹤的兩位喇嘛。由於我知道他們走哪條路前往，而且也不能讓他們的親戚冒著生命危險前去，再者，通往白域的路徑需要保持祕密，於是我說我會親自去找他們，而我也的確這麼做了。我去了滿干、宗谷和圖隆，接著登上高山，穿過茂密的森林，來到樹木無法生長的高地。那裡有一座湖，湖水非常鹹，湖水顏色湛藍如同天空一般。在那裡，我遇見一位牧民，我和他說起白域，他也知道那些相關的故事。他知道東邊城門，也記得曾經和那兩位失蹤的不丹喇嘛談過此事。他看著那兩位不丹喇嘛爬上某座山谷，沒再下來過，這讓他感到奇怪，因爲出谷的路和進谷的路是同一條。可是因爲他是牧民，必須照顧自己的氂牛，所以他也沒有爬上山去查看過。

「那位牧民和我一起登上山谷，依照古老書上的指示，我們來到一處懸崖。崖邊靠著一座由樹木倒下交錯而成的梯子，通往一個山洞。我們爬上梯子進入山洞，在洞裡發現了不丹喇嘛的衣服、袋子，甚至是鞋子，這些全是在白域用不到的東西。我知道他們隨身帶著經卷，但是經卷不見了蹤影。他們曾經在山洞裡生過火，並且用燒黑的樹枝尾端寫了『督修．林巴』這個名字，就寫在山洞的後牆上。

「牧民回去照顧他的牲畜，而我則留在山洞。我曾經看過經卷，所以我知道我在哪裡——城門就在山洞上方。隔天我再往上爬來到城門，可是卻害怕了起來。在山下的時候，沒有疑慮是一件容易的事；可是一旦來到雪山上頭，就沒有那麼容易了。我還沒準備好。

「我這輩子一直想去白域，這是我最後一次機會，我已經老了，沒辦法一個人完成。

「可是如果你來的話，」他看著昆桑說，「你可以取出伏藏的。」

他轉過來看著我說，「如果你也心無疑慮的話，可以一起來。」

「我是督修．林巴的兒子，不是督修．林巴，」昆桑抗議說，「我沒辦法取出伏藏。」

「可是你父親教過你，」給四百說，「我們兩個一起就知道所有的修法儀式，那些通道的守護神很容易生氣，因此我們需要做非常多法事，讓祂們歡喜。和你一起的話，我們一定可以成功開啓的。十月是非常適當的時間，過了以後就不可能了，時間快不夠了。」

昆桑向我使了個眼色，「這事不能輕忽，」他語帶自信地說，「給四百是位偉大的預言大師，當他說是吉時，那就是吉時。我父親常常請給四百占卜適合的日期進行事情，他經常說，一旦到達隱地，給四百就會是主要的占星家。話說回來，」他低聲說，「我不認爲會成功，這太困難了，他已經將近九十歲了，醫生還說他的心臟在高海拔區可能會停止跳動。這看起來眞是一件瘋狂的事。」

這看起來的確像是一種自殺，但不是因爲絕望，而是充滿希望的自殺方式，實在讓人無法想像。

昆桑轉過去看著給四百，「十月是個好時間，對吧？那你去！」說完後他哈哈大笑。給四百明白了我們不會跟他一起去。

「我現在太老了，沒辦法自己去，」給四百不死心地說，「有兩箱經卷我必須帶去白域，」他比了比拿來當作矮桌的兩個木條箱子。「既然我不是伏藏師，在白域的時候，我就會需要這些經卷。所以我必須找人幫我，我想這件事想了很久，或許在這村裡，我可以找到具有相當信心的人。可是一旦我們接近城門，路途變得崎嶇的時候，大部分人的信心都會動搖。接近白域邊境的時候，有可能會死掉。不過，如果我不告訴他們，如果他們不知道我們要去哪裡的話，就不會有障礙了……」

⁂　⁂　⁂

（耶謝）

那些曾經和督修．林巴一起待在策染，我所訪問過的人之中，我對耶謝的印象最爲深刻，她也是付出最大代價的人。她在十九歲時擁有的觀照銅鏡的能力，那個能夠看見銅鏡裡顯像的深刻直觀能力，已隨著時間變淡，轉而成爲沉重的悲傷。她深愛的男人，那位開啓白域之路的男人，顯然地也成功開啓了她的心扉。

我在耶謝位於寇薩的小屋和她見面，她的村子就在拉胡爾區死魔林下方的山谷。她的房子是村裡最後一間舊式建築，有兩個房間，房子的泥石牆有三吋厚。她的鄰居們都把舊房子拆了，蓋成大一點的兩層水泥樓房，這是一種現代、財富和地位的象徵，而這些剛好都是耶謝所沒有的。她穿著紫紅色有著蕾絲滾邊的拉胡爾區傳統服裝，戴著圈形耳環，溫暖迷人的笑容，讓我覺得好像是在自己的家裡一樣，我坐在地板的小坐墊上，看著她在火爐上燒柴煮水準備泡茶。儘管已經六十二歲，她臉上還有著一絲青春少婦的氣息，透露著某種美麗，一種經過苦難冶煉過的天眞特質。在我多次拜訪之中，大部分的時間裡，她年邁的母親總是裹著毯子躺在爐邊取暖睡覺。

我問耶謝在策染的時候發生什麼事，以及督修·林巴的死亡。

「雪崩發生的前一個晚上，」她用溫柔的聲音跟我說，「我和督修·林巴單獨在一起，他跟我說了一些沒對其他人說的事。這是發生在南卓質疑他的路線之後，也在督修·林巴和旺嘉差點死於冰川斷裂以後，我看見銅鏡裡的影像，有一支白色的管子從天空中伸了出來，這也是發生在鴿子繞著他飛行，彩雲降下之後的事。其他人問他這些象徵著什麼意思，他始終沉默不語。但是當我們獨處的時候，他跟我說，這些景象象徵著他將會死亡。

「你一定以爲我聽到這樣的話時會感到沮喪，可是他卻全然的平靜，彷彿從遙遠的距離遙望著自己；我也覺得平靜，即便知道了他即將死亡。

「『我會轉世再來，』他跟我說，『但是要等到這個年代的末期了，當人們因爲戰爭而死亡，世界走向毀滅的時候，也就是人類面臨死亡的危機之時。』

「隔天清晨我們便出發前往白域。」

「跟著他爬上陡峭的積雪山坡，難道你不害怕嗎？」我問她，「特別是在他預告自己的死亡之後？尤其是南卓已經指出他選擇的路徑有多危險，並不難猜測他將會如何死去。」

「我想都沒想過，」她回答，「我並不害怕。他說：『我們去吧。』於是我們就去了。」

耶謝再次把我們的茶倒滿，然後靜靜地坐著，看著她的茶杯。要她回想接下來發生的事是一件痛苦的事情。

「我不記得雪崩，」她輕柔地說，「我記得爬上接近隘口的雪坡，我記得雲層下降將我們淹沒，我記得一切都變成白色。當一切又變黑的時候，眼前一片暗沉，我失去了意識；接下來發生的事，都是別人告訴我的。後來我得知發生了雪崩，我被埋在雪裡，拉瓊喇嘛把我從雪裡挖出來的時候，我因爲頭部受傷失血過多，連身邊的雪都被血染紅，就好像動物被宰殺後血流遍地一樣。他是這麼描述的。當他清除我臉上的積雪後，雖然我恢復了呼吸，他還是以爲我隨時可能會死。我頭上的傷口劃過頭顱右邊，到現在還常常引起頭痛。」她傾身向前撥開頭髮，讓我看頭上那道傷痕，傷口因爲縫合不當，導致增厚變形。

「拉瓊喇嘛把我和喇嘛札西從雪地挖出來，而且找到督修·林巴的屍體後，他便去尋求幫助。他們回來之後告訴我，我時而清醒時而昏迷，但是我全都不記得了。他們用督修·林巴的羊皮外套將我裹起來，因爲他已經死了，外套對他來說也沒作用了。接著他們脫下自己的外套，盡可能把喇嘛札西和我包覆起來。由於我們傷勢嚴重，他們直到隔天才將我們運下山。

他們並沒有期待再回來的時候我還會活著，可是我活下來了。不幸的是，他們沒有把我的腳包好，我的腳趾全部凍傷了。他們輪流揹著喇嘛札西、我以及督修．林巴的屍體下山，我們花了兩天的時間才到達策染。

「當我被揹在某人背上環顧四周的時候，我看見有個喇嘛揹著督修．林巴，從他呆滯的雙眼，我知道發生了什麼事，督修．林巴死了，我的世界整個崩毀了，我開始哭了起來。這是我記得的第一件事。我記得我開始哭，而且連續不停地哭了六個月。他們把我揹到策染，淚水不斷從我雙眼流下。我在那裡待到火化結束之後，接著他們揹著我走過隘口回到錫金，然後去玉僧。到那裡後，其他人就離開了，他們把我留給我的母親和丈夫，就這樣把我們三個獨自留在那兒。我的腳趾因爲凍傷而變黑，肉開始腐爛，於是他們帶我去格津醫院，可是醫

耶謝

生說我的情況太嚴重，他們無法處理，我們只好去大吉嶺，我在那裡的醫院住了六個月，他們截掉我全部的腳趾。我因爲失血過多，就這樣在醫院裡休養了那麼長的時間。

「我在醫院裡哭了六個月。我實在病得太重，我只記得他們把我揹下山。醫生人非常好，常常幫我擦掉臉上的淚水。

「慢慢地，我學著如何走路。」

耶謝打開火爐，丟了一塊木頭進去，我乘機看了一下她的腳，她穿著一雙小孩子的運動鞋。

「我的丈夫比我早回去拉胡爾。」她繼續說到。「我回到拉胡爾的時候，他發現我再也無法下田工作，便和我離婚了。只剩我的母親幫我，我們不得已賣了所有家當，我們有一點黃金珠寶，就把它賣了，身上再沒有多餘的錢了。」

「村裡的人沒有幫你嗎？」

「並沒有。寇薩只有兩戶人家去了錫金，我們離開的時候，是偷偷溜出村子的，我們半夜出發，走過若塘隘口。村裡其他人並不相信督修．林巴。當我們回來的時候，對於我們的離開，他們在我們面前沒說什麼不好的話，只敢在背後說而已。」

「你是督修．林巴的空行母，對吧？」

「是的。」

「那麼寺院沒有幫你嗎？」

「沒有。隔了一陣子之後，我和督修．林巴的一位弟子再婚，但不久之後他也過世了，從那時開始我就自己一個人了。現在只有我母親和我。」

她沉默了一會兒，凝視著她的杯子。

「有人說督修．林巴是個瘋子，」她說著，把目光從杯子轉移到我身上，用一種深邃而令人難以忘懷的眼神看著我的雙眼，「但這只是因爲他不按照常規而已，他不認爲人有大、小之分，他可以和任何人交談，不管對方是有錢人還是窮人。在他看來，每個人都是平等的，而他也幫助每一個人，你可以感受到他心中充滿了慈悲。夏札仁波切認爲督修．林巴是唯一一個能夠開啓白域的人，達賴喇嘛無法開啓，因爲他是領袖，就像一個國王；敦珠仁波切無法帶領你前去，因爲他是有錢人家的頭頭，而他本身也是一個有錢人，所以他也沒辦法去。夏札仁波切說督修．林巴是唯一的一個。

「最終，我們沒有去成白域。每個人都有自己的業力。如果你有那種業緣，你就可以去到白域，這是無庸置疑的。我們之所以去不成，是因爲我們有太多人了，而且每個人都沒有百分之百的信心。如果每個人都有那種信心，我們一定可以成功的；但是因爲有些人心存疑慮，其他人也跟著產生疑慮。我們沒有這個業緣，所以去不成，有時候我會想到這個。我時常夢見他，夢到他正在修法和加持我。」

耶謝的聲音帶著悲傷，但語氣又明顯透露出一個女人內心祕密深處，仍舊藏著對督修・林巴的那份活生生的愛，這份愛足以幫助她對抗時間和死亡。

「你時常想起那些舊日時光嗎？」我問她。

「是的，可是那已經是好久以前的事了，時常想起又有什麼好處呢？」

她抹掉眼裡的一滴淚，想起山中命定的那天過後所承受的痛苦，淚水又一顆接著一顆，不斷流下來，她開始哭泣起來。

「有時候我想，我應該和督修・林巴一起死在那場雪崩之中，我真懷疑我到底爲什麼還活著。」

「很抱歉我的來訪和提問帶給你這麼大的痛苦。」我說。

耶謝站了起來，她想再幫我們煮點奶茶。耶謝沒有養牛，可是她的鄰居有。她掀起坐墊一角，拿了幾個銅板出來。

「我去買些牛奶。」她說。

※　※　※

（喇嘛札西）

我去死魔林調查這個故事的時候，受到了喇嘛札西的招待和指引。他身形高大孔武有力，八十一歲的年紀，言談舉止充滿權威，心志的堅強非常符合他超乎常人的體魄。喇嘛札西是督修・林巴親近的弟子之一，自己也是一位博學的喇嘛；當督修・林巴還在死魔林寺廟的時候，喇嘛札西是嗡澤，也就是修法時的領誦維那師。直到今天，他還是擔任嗡澤的職位。我也訪問過幾位親近督修・林巴的人，他們研究過白域的古老記載。但是談到這類事情的時候，他們只針對自身的經驗點到爲止，對於深奧的祕密他們發誓要守護，沒有人像喇嘛札西一樣，說的既有份量又權威，而且具體。事情發生的那一天，督修・林巴選了喇嘛札西當雪地的開路先鋒，我明白爲什麼。他的信心就像古老大樹一樣堅固，他的學問奠基紮實。事發當天，在靄靄白雪浪潮裡，他劃傷了頭部、折斷了手臂、斷了三根肋骨之後，到現在已經經過了四十多年，但是他的巨大骨架仍舊包覆著健壯的肌肉，宛如運動員一般。他高聳的顴骨和突出的眉毛，讓我覺得好像站在美洲印地安長老的面前。

在我兩次長時間參訪死魔林寺廟的期間，喇嘛札西和我總是花好幾個小時的時間，坐在寺廟的庭院裡，身上裹著外套，抵擋由雪山上吹下來的凜冽夏風。覺得太冷的時候，我們就移到寺廟的廚房，在那裡喝上一大杯的藏式酥油鹹茶。他不但細心回答我的問題，對我們的討論也思考得很仔細，而且常常提出他認爲對我的研究有幫助的觀點和主題。他言之有理，合乎邏輯，有如學識深厚的教授般權威，對他來說，白域的眞實性是不容動搖的事實。

爲了寫這本書，我拜訪了許多曾經放棄一切、只爲了去白域的人，那些人沒有因爲探險隊

的悲劇結局而減損絲毫的信心，對他們而言，白域遠比我們所在的世界更爲偉大。拜訪這些當事人，與他們面對面交談，遠勝於任何一本我所看過這個議題的書籍，也勝過和紙上談兵的人討論，因爲他們只是從書本得知白域而已；在這過程中，我逐漸明白尋求白域的眞正意涵是什麼。我在喜馬拉雅山區東邊和西邊尋找到的人當中，就屬喇嘛札西的出現，最能證明白域的具體性、清楚性和不可動搖的眞實性。

喇嘛札西的出現，讓我覺得我離那道裂縫如此接近。

「在山上的最後那天，」他告訴我，「我們四個人都毫無疑慮，一致認爲我們會成功，我相信這也是爲什麼督修．林巴挑了我們和他一起去的原因。並不是每個人都有這樣的信心，這會讓情況變得很困難。二十天來，我們就在城門邊，看著通往白域的道路。每天當我們離開山洞前往通道的時候，都是晴朗的天氣，可是每天總是有障礙生起，濃雲強風暴雪來襲。」

「什麼事情不對勁。」

「我開始思考，如果我們會成功，那麼爲何會有這些障礙呢？雖然我沒有多說什麼，但是我可以跟你說，到了第十六天的時候，我的內心起了很大的矛盾。沒有人比我更明白，對自己上師的信心必須是全然百分百的，而且絕對不可以反駁他，特別是當他在準備開啓通道的時候。我的信心，不管是對他或是對於白域的眞實性，以前和現在都沒有動搖過。督修．林巴第一次來到死魔林替村人治癒痲瘋病的時候，我就跟著他了，這遠在他談及白域之前。他讓我當維那師，當他離開前往錫金的時候，也要我接管他的寺廟，而我也一直管理到現在，因為他沒再回來了。當他覺得時機成熟，可以開啓白域的時候，才召我前去錫金。在試了這麼多次，每次嘗試都因天氣轉壞而失敗，把我們逼回山上的洞穴之中，我的心裡生起了退轉的念頭，我覺得我們應該回到策染，否則大難即將臨頭。我們的糧食已經快吃完，並不是每一個人都和我一樣有信心，我知道那會招來守護神靈的厭惡，產生障礙。

「如果眞的相信白域的眞實性，如果眞的相信督修．林巴是蓮花生大士選中的人，如果確實知道他掌握關鍵之鑰——他根本可以輕易回頭，再等待適當的時間和成熟的條件。提出這件事情，對我來說，不是有信心的表現，而是懷疑，正是因為缺乏信心而給我們惹來障礙，所以我覺得應該告訴督修．林巴，我們應該退回去。但是我沒有那個勇氣，儘管我害怕災難的發生，甚至預見了災難，可是我怎麼能違背他呢？這本身難道不是缺乏信心的一種徵兆嗎？這難道不是一種終極的測試？看看無論發生什麼事，甚至是情況失控之下，我們是否還能無疑地跟著上師？

「最後那幾天，我內心拉扯著，我不確定自己是缺乏勇氣告訴他我的信念，還是我缺少了對他的信心。就在我內心僵持不下的時候，其他人更甚以往地催促督修．林巴啓程，特別是在旺嘉和督修．林巴探險回來，大家聽到旺嘉說看到雪地上芳香翠綠的山谷以後。

「我的感覺不知道對不對——是不是督修．林巴自己其實是想折返的，只是被其他弟子逼

著非去不可？我無法鼓起勇氣去告訴督修．林巴，只好試著去說服其他人，我們應該折回。

「『旺嘉看到過，』我告訴他們。『我們不會再懷疑它是否眞的存在。既然督修．林巴是命中注定開啓隱地的人，只要他跟我們在一起，我們隨時都能去。種種的障礙都在警告我們，現在不是適當的時間，因此我們不應該催促督修．林巴前往，而是應該退回來。』

「其他人想的卻是另一回事，既然我們大老遠來到這裡，拋下家園，甚至願意犧牲自己的生命，他們認爲應該繼續前進，至少要看到旺嘉看過的景象才行。

「『這種至少要看到的想法，正是來自於懷疑。』我向他們抗議。『既然督修．林巴和我們在一起，而且他是命中注定要開啓白域哲孟雄的人，我們隨時都可以去。任何時間對我們來說都是可行的，所以算了吧。不要有這種「它在那裡嗎？它不在那裡嗎？喔，我要找到它」的疑慮了。算了吧！我們的糧食快要耗盡了，我們也都知道春天雪融的危險性，如果現在不是前往的適當時機，那麼適合的時間一定會到來的。關鍵掌握在督修．林巴手上，這點無需懷疑。時機成熟的時候是不會有任何障礙的。』

「沒有人肯聽我的話，他們只是反覆說著：『如果無法進入白域的話，至少要像旺嘉一樣，遙望他曾看到的地方。』

「猶如箭在弦上，不得不發。

「督修．林巴和旺嘉回來之後，那天下午他聽到我們的爭執，就好比烏雲籠罩山頂一樣，督修．林巴的臉色也變得相當難看。

「隔天我們又試了一次，那是最後一天了，那天，督修．林巴死了。

「如果當時我有足夠的勇氣告訴督修．林巴，或許他就不會死了。或許我們可以晚一點嘗試，祕密地，和那些少數俱足信心的人一起去，那麼我們或許就能成功了。」

喇嘛札西看向別處，他把目光移到山谷對面白雪覆蓋的山頭，我們坐在寺廟的庭院裡，身上的披肩在寒風中飄蕩。他沉默了好長一會兒，然後轉過來看著我，開口說話。

「其實，白域是個祕密，不應該有人知道的，除非是內在修行已經足夠，而且經過督修．林巴教導的人。

「光是對白域有信心是不夠的，還要看你去那裡的動機是什麼。白域是一處有著無法想像的財富之地，裡面應有盡有，這本身就能引起不淨的念頭；即使是最純淨的心，也會被財富所腐化。那些準備功夫不足的人，很容易就變成去那裡的目的是爲了物質財富，而不是爲了修行佛法。據說世界上四分之三的財富都在白域裡，所以我們這個世界裡的財富，僅有四分之一而已。」

我曾經聽說過……給四百曾告訴我，白域哲孟雄是個非常大的地方，需要有馬車才能到處遊走。多傑．汪嫫曾經告訴我，蓮花生大士說世界上一半的財富，都藏在干城章嘎峰的腳下。昆桑曾經告訴我，他說錫金的內隱祕密之地「哲孟雄」，是錫金或哲孟炯（稻米之谷）土地面

積的三倍之大。

現代物理學家的看法，不也是類似的觀念嗎？物理學家只能針對他們的理論和測量的結果，說明宇宙中存在的某些部分而已。他們把其他剩下的稱爲「暗物質」，因爲他們無法看見、品嚐、秤量，或是用各種方式來解釋它們。儘管他們知道它確實存在，可是無法用這個世界上測量事物的方式去測量。就算說他們只能推斷它的存在，可是他們的確知道它存在，就如同督修．林巴的弟子知道白域的存在是一樣的道理。如同白域一樣，從來沒有人見過，也從來沒有人「去過」。但這些物理學家甚至比白域的追尋者講得更多，他們說，這個由電子、質子、中子、夸克和所有亞原子粒子、電磁相互作用力以及存在這個三度空間裡的一切，包括你和我，所有在引力作用下的一切，就好比昆桑所說的「外」錫金，僅占了這個世界的百分之二而已。

白域爲什麼存在，以及蓮花生大士將它隱藏起來的目的，喇嘛札西非常堅信不移。

「白域不是一個什麼都幫你準備好，你只是翹起二郎腿在那裡享樂的地方，」他跟我說。「也不是說你一進到白域之後，馬上變成百萬富翁，從此過著世俗榮華富貴的生活。蓮花生大士在西元八世紀時，將白域隱藏起來成爲一處不用辛勞營生的地方，是爲了讓那些進入白域的人能夠不間斷地好好修行，而修行的目的是要培養對他人的慈悲之心。在我們所處的世界裡，人們沒有時間修行，要培養慈悲心更是難上加難，整個世界強調的是自我，把自己擺在第一位，如果有人培養出把他人擺在第一位的念頭，那才是稀有吧！

「現在時機很困難，不管到哪裡都看得到戰爭，每件事情都帶來焦慮，也帶來毀滅，蓮花生大士已經預見了黑暗的時代。只有到最後，世界走向毀滅的時候，才會需要尋找白域，但是只有我們是因爲持有林巴的傳承，命中注定要發掘伏藏，才如此關注白域的存在。

「現在，那些心思純淨的人就算要幫助他人，也是一件難事了。我們在征服這個物質世界的同時，也正在摧毀它，很快的，我們就無處可逃了。他們現在正在建造一條十一公里長的隧道，穿過山脈，可以直接連接拉胡爾區和庫爾盧山谷。一年之中的十二個月裡，你隨時可以開車來死魔林，隧道的通車儀式將會在山谷的那一端舉行，我們將可以隨時來來去去。人們第一次來到這個山谷的時候，我們一年裡有半年的時間在下雪，現在他們要『改善』我們的情況了，但是這又能爲我們帶來什麼呢？或許是很多觀光客吧！

「你無法把這個世界變成香格里拉，沒有任何一種『改善』可以達到這個目地。爲了達到那樣快樂的境界，你必須放下這個世界，百分之百的放下。或許下一次開啓的時間很快就會到來，古老的書上有記載，當佛法開始衰微，當大家無處可逃的時候，神祕之地的大門就會打開。時間愈來愈急迫了。

「但是你無法就這樣直接到那裡。我知道道路，我在前往白域通路的山腳基地待了二十天，我可以帶你去，但這有什麼用呢？我沒辦法獨自完成啊！我們必須等待喇嘛的來臨。你必須相

信蓮花生大士，白域是眞的存在。」

看著喇嘛札西老練、沉穩的雙眼，我眞希望能看到他曾看到的。

「我曾經有過機會，」他繼續說，「我幫我的喇嘛在深深的雪地裡開路，我們已經快要到達隘口的頂端，此時雲層下降，一切轉爲白色，接著一片黑暗。我眼睛上方被劃傷，流了幾公升的血，你現在還可以看到我的傷疤。我的手臂斷了，肋骨也斷了三根，我依稀記得拉瓊喇嘛拿他的衣袖幫我包紮頭部傷口止血。

「我在山上躺了一晚，身上裹著其他人的外套和圍巾，已經死去的督修．林巴躺在我身邊，耶謝則躺在另一邊。她整個晚上都沒動，我以爲她也死了。我時而清醒時而昏迷，有時候我以爲自己也死了，看著山上無數星星點亮的天空，我的身體劇烈疼痛，因寒冷而凍僵。我還沒意會到發生了什麼事，我既不記得雪崩，也不記得自己從雪地裡被挖了出來，我只是納悶爲什麼我們有人死了，有人半死不活，孤獨地躺在那雪白寒冷的山上；而那個躺在我身邊、我以爲已經死去的年輕女子，那天早上才在銅鏡裡看到青翠山谷的顯像。

「隔天早上，我看到其他人上山來救我。雖然我動彈不得，可是還是用那隻沒受傷的手盡力揮舞。『在這裡，』我向他們大喊，『我沒死。』

「我們花了兩天的時間才到達策染。以西藏的傳統來說，爲死去的大喇嘛哭泣並不是件好事，可是大家就是忍不住。我是督修．林巴寺廟裡的維那師，所以理應由我負責葬禮的一切工作，但我所能做的只有站起來，向死去的上師獻上卡達，在昏倒前向他頂了一次禮。策染沒有醫生，不過有一位來自不丹的喇嘛懂得接骨，他用木頭幫我做了一個支架，架在我的手臂上用布纏好。葬禮結束後，大部分的人都離開了，我留下來和督修．林巴的家人在一起，待了一個月，直到身體恢復到可以旅行爲止。

「我們花了五天，從策染走到札西頂，從札西頂又花了兩天走到大吉嶺。我去見了夏札仁波切，他問我發生了什麼事。我告訴他之後，他要我回到死魔林去照料我的土地，並且接管寺廟。

「我回到死魔林，花了兩年臥床療養，才從雪崩意外中復原，並接管寺廟。寺廟已經破損失修，佛塔也崩壞了，我必須重建。我奉獻了後半生來維持督修．林巴寺廟的運作，以及對他的回憶。」

我問他，到底督修．林巴的性格有什麼特色，可以讓他爲督修．林巴奉獻自己的生命，甚至在他死後依舊如此。

「督修．林巴是個即興自然的人，」喇嘛札西說，一邊回想一邊笑著。「他不按牌理出牌，他會嘴裡說這件事，可是做的又是另一件事。他不認爲人有種姓地位高低之分，如果遇到種姓地位高的人，也是用對待其他人的方式去對待他。他做他想做的，他是個自由派，是我所見過最自由的人，他不會聽從別人的話。此外，佛教裡說眾生平等，佛教徒非常慈悲，都會幫

助他人，就是這樣的概念。」

喇嘛札西壓了壓手臂，好像在測試自己的力氣一樣。「現在我已經八十多歲了，」他說。「我很慶幸自己健康良好。保持這座寺廟運作如常非常重要。我們正在累積福德資糧。就連我們現在坐在這裡，也是自己造就出來的果。

「像督修．林巴這樣的人，很多年才出現一次，哪怕只是遇見他、在他身邊，甚至是聽到他的名號，都需要特別的福德資糧。

「他寫了一本到白域的聖地指南書，你有一本影印本。只有少數幾個人看過，這需要保持祕密。不是任何人都能寫出這樣的著作的，你的心也必須如同天空一般清澈，才能了解這本書，要把擁有這本書視為一種加持，只是要謹慎注意，舉例來說，如果你給某人看了督修．林巴在錫金時在石頭上留下腳印的照片——不是隨便一個喇嘛都能留下這種腳印的，就連達賴喇嘛也沒做過這樣的事——如果你給某人看了這照片，他卻不相信有這樣的事，而你又無法好好解釋的話，對方的反應會覺得這是假的，這樣反而會引起他的麻煩，造成他的障礙。

「現在要去白域已經是非常困難的事了，你必須修行佛法，而且持續不間斷。但我們必須把這件事謹記在心，必須在心裡祈請能夠前往此地。如果我們現在這樣祈請的話，即使我們死了之後再投胎回來之時，還是會出現適當的條件的，我們會在對的時間遇見對的喇嘛，我們必須培養對有情眾生的大慈大悲之心，最終的果實會到來的。」

新舍利塔，死魔林寺。

「你會常常想著白域嗎？」我問。

「直到我死的那一天，我都會想著它的。」這是他簡短的回答。

「只因你在寫這本書，」他繼續說，「而且在這特別的時間點來到這裡，表示我們上輩子有共同的業力。現在很多人沒有純淨的動機，最好不要跟他們談論此事。那些相信督修・林巴的人，我們就像一家人。

「現在我們沒有機會去白域，可是我們有這個信念。不論需要多少年的時間，我們必須保持這份信念，而且保持祕密。如果我們在自心的山洞裡好好保存它，維持這份信念的純淨，那麼，下輩子我們還能再見面，到時候就能一起去白域。」

「非常高興你來到這裡，」他說。「希望我們能再見面！」

喇嘛札西

督修・林巴

後記

大部分的傳記故事都會隨著主角的死亡而結束，可是督修．林巴的故事既有廣度又有深度，他的死亡並非故事的結束。所有藏傳喇嘛的故事，在他們死亡之後，接下來就會想到他們轉世的問題。

我遇過幾個人說，他們眞希望那天在雪山上就跟著督修．林巴一起死了，他們宣稱督修．林巴已經去了隱地；當中有些人甚至下了一個他們認爲合理的結論，說督修．林巴是特殊例子，不會有轉世，他們說人不能肉身前往白域，這打破了西藏的傳統觀念。他們說他爲了進入隱地，把肉體留在雪山上，其實他並沒有死，所以也不會有轉世，這樣的說法很顯然只是少數。對其他人來說，督修．林巴的轉世才是大家從以前到現在都有興趣的議題。

西元二〇〇三年五月，督修．林巴的遺孀——來自西藏的彭措．卻濵，因結腸癌開刀，住在尼泊爾加德滿都的醫院裡，三年之後她病逝。開完刀的兩天過後，她躺在病床上，身邊圍繞著她的兒子、三個女兒和其他孫兒的時候，突然間，她的病房大門打了開來，走進一位短髮、高瘦的西方人，身上穿著一件馬球衫。

他走向康復中的彭措．卻濱，說了在場人士驚訝不已的話，他說：「上輩子你曾經是我的太太。」接著轉向昆桑、噶瑪拉、徧尊和昆順說，「你曾經是我的兒子，你們曾經是我的女兒。」對旺秋，他握了他的手，「我們沒見過，」他說，「我是你的祖父督修．林巴。」

然後又轉回昆桑，他說，「第一次看見你父親的轉世，你覺得如何呢？」

「非常開心，」昆桑回答，仔細看著眼前這位陌生人。「非常開心。」

「如果你眞的是督修．林巴，」昆桑說，明顯是戲笑了出來，「告訴我，在死魔林時發生了什麼事，你一定知道的。」然後他又問了眼前這位西方人關於督修．林巴生平的一連串問題，而這位西方人卻連一個答案也沒答對。

「看來你對督修．林巴一無所知。」昆桑說。

「我會教育自己，」西方人說，打開袋子，拿出一些錦緞給噶瑪拉，並且在彭措．卻濱病床旁邊的小桌上，放了一疊盧比。

他又轉向昆桑，「上一次我說要帶你去隱地，這一次我要帶你去蒙古。」

「蒙古？」昆桑吃驚的說，「爲什麼是蒙古？」

「我要帶你去蒙古，因爲你是喇嘛，在蒙古，喇嘛是很稀有的。如果你跟我一起去蒙古的話，你還可以搭乘由馴鹿拉的車喔！在蒙古，人們住在毛氈帳篷裡，他們有高品質的奶油，那裡的女人，嗯，蒙古的女人美到無人能比。你在蒙古會度過美好的時光。六月或是七月是最好

的季節，我會在那個時間過去，我希望你跟我一起去。」

說完後，這位陌生的西方男子突然大步邁出病房，一如他突然進來一樣。此後，就再也沒有見過或是聽過他了。

昆桑告訴我這個故事的時候，我很難相信這是眞的，但是幫我翻譯的旺秋向我證實，那位西方男子突然出現時，他也正在祖母的病房內。這或許聽起來太過瘋狂，但整個過程的確正如他父親所形容的；不過，他們邊說邊大笑地講著這件眞實發生的事，顯然沒有眞的認為這位瘋狂的西方人就是督修・林巴的轉世。這只是故事裡另一個讓人覺得錯亂的瘋狂篇章。

不過，事實上的確還有另一位督修・林巴的轉世候選人。

西元一九七〇年，大概是督修・林巴死後十年，功德主旺秋的女兒生了個兒子，功德主旺秋是督修・林巴在潘高的大施主，他曾經在山壁上準備了一個山洞，讓督修・林巴和他的家人居住。當這個小男孩一學會說話，就開始說：「我是督修・林巴，我有一座寺廟。」功德主旺秋跑去死魔林找喇嘛札西，向他報告這件事。喇嘛札西當然也在尋找督修・林巴的轉世，於是他去了潘高，向小男孩獻上卡達，對這孩子印象深刻。可是要決定這位小男孩是否眞是轉世靈童，特別是像督修・林巴這樣一位偉大喇嘛的轉世靈童，只能由地位非常高階的喇嘛上師來決定。於是喇嘛札西建議功德主旺秋，把小男孩帶去見格隆・滇津，他是敦珠仁波切的前任祕書，是一位博學且有智慧的喇嘛，而且就住在離潘高不遠的馬納里。

就在功德主旺秋將小男孩帶去見格隆．滇津的前一個晚上，格隆．滇津作了一個夢，他夢見許多喇嘛接受獻曼達的供養。在諸多的供養品中，有一座琉璃製成的小佛塔。他拿起小佛塔，心裡想著，「這眞是一座精緻的佛塔啊！」夢裡說是要從這些喇嘛當中選出一位眞正的喇嘛。到了投票的時間，他拿起一張紙準備寫下自己的選擇時，卻看見紙上寫了「督修．林巴」，然後他就醒了。

那天稍晚之後，功德主旺秋才告訴格隆．滇津他想要把小男孩帶過去讓他看看。格隆．滇津在大矮桌上放了許多喇嘛的照片，上面用一塊玻璃壓著，其中也包含了督修．林巴的照片。功德主旺秋將小男孩梳洗乾淨，穿上新的衣服。小男孩一進來的時候，老喇嘛說，「自從上次見過您之後到現在，已經過了很久的時間，」然後他給了小男孩一杯茶，小男孩聽到他的話，只是笑著，他對茶一點興趣也沒有。他表情嚴肅，直接走向擺滿照片的桌子，他看了照片，又看看格隆．滇津，然後又再看了一次照片和格隆．滇津。他從來沒見過格隆．滇津，因此有點害羞，於是他轉向功德主旺秋說，「外公，你看，我在那裡。那個是我。」他指著督修．林巴的照片說。

功德主旺秋和小男孩離開之後，格隆．滇津認眞思考了很久的時間，是否這位小男孩就是督修．林巴的轉世。不久之後，他和功德主旺秋聯絡。「現在說那小男孩是否就是督修．林巴的轉世，有點太早了，」他說。「現在起，讓他吃潔淨的飲食，不要吃肉和蛋。」他送給小男

孩一件金色的袍子。

這件事很快傳遍了整個山谷。喇嘛札西從若塘隘口那邊下來，對功德主旺秋說：「現在我們必須把他帶到死魔林，爲他舉行坐床典禮。他的寺廟已經空了十年，現在是他回歸的時候了。」於是他們去找格隆・滇津，可是格隆・滇津拒絕認證小男孩就是轉世靈童。

「要認證督修・林巴這樣一位偉大喇嘛的轉世靈童，對我來說責任太過重大，」他說。「我無法決定。我會寫信給敦珠仁波切，他是督修・林巴的根本上師，應該由他來認證。」

他寫了一封信給在加德滿都的敦珠仁波切，隨信附上一張小男孩的照片，並且解釋，自從小男孩出生開始學會說話之後，他的第一句話就是說自己是督修・林巴，而且擁有一座寺廟。他也敘述自己親眼看見小男孩選了督修・林巴的照片。

雖有小男孩自己的聲明，加上他選擇督修・林巴的照片，但以之作爲足夠的證據，證明他就是督修・林巴的轉世，並且爲他舉行坐床典禮，造成了格隆・滇津很大的壓力。他不想承擔如此重大的責任，並決定與這件事保持距離，於是告訴大家，他正等著

寄給敦珠仁波切的小男孩照片

敦珠仁波切的回信。「當我收到回信之後，」他跟每個人說，「我會公開說明。」

敦珠仁波切的回信寄來了。經過長久的等待，而且下決定的不是自己，格隆．滇津如釋重負地撕開信封，但是內容卻讓他大吃一驚，「你是見過小男孩的人，你在場，而且你學問豐富又有智慧。你認識督修．林巴，因此你比我更適合做決定。你自己決定是否該爲小男孩舉行坐床典禮。」

格隆．滇津看到這封信的時候，他開始哭了起來。「我不可能做決定的，」他自己這麼想著。「如果轉世這件事出了什麼問題，每個人都會怪我的。」

於是他去加德滿都見敦珠仁波切。昆桑那時也住在加德滿都，於是格隆．滇津先去找昆桑，他們一起去喝了幾杯。直到喝到第三杯之後，格隆．滇津才鼓起勇氣向昆桑說他來到加德滿都的原因，說他可能找到昆桑父親的轉世靈童。他解釋了他曾寫信給敦珠仁波切的事，並且給昆桑看了敦珠仁波切的回信。他又哭了起來：「如果我知道該怎麼決定的話，」他說，「我一開始就不會寫信問敦珠仁波切了。敦珠仁波切有做這決定的能力，他是至高無上的。如果我可以透視男孩的靈魂，知道他的過去和未來，我就自己決定了。對我來說，這個責任太過重大。」

隔天他們一起去見了敦珠仁波切，當時他住在塔梅爾，那時候的塔梅爾尚未變成加德滿都的觀光區。敦珠仁波切非常開心見到格隆和昆桑，他已經許多年未曾見到他們了，他開始問

起他們一些生活上的瑣事，彷彿沒有重要的事情要討論一樣；他問他們何時來到加德滿都，印度平原那邊的天氣如何，還有許多其他問題。然後，格隆再也忍不住了，他崩潰痛哭。「您的回信裡，要我決定是否為督修．林巴的轉世靈童舉行坐床典禮，」他說，「拜託！仁波切，拜託！我無法預知未來。督修．林巴和我們生活在一起的時候，沒有人像他一樣博學，整個地區裡沒有任何一個喇嘛像他一樣，我們知道他很有學問，但是我們之中有很多人不知道他的偉大之處。現在他已經離世，而我們也知道了隱藏之谷的事，知道他有多麼珍貴了，現在我們終於明白了。我見過這個小男孩，如同您指示的，我試著去猜測這個小男孩會不會如同督修．林巴一樣有學問，是否具有成為林巴的特質。在信裡，您要我決定是否為他舉行坐床典禮，但我無法做這樣的決定，我真的不知道該怎麼做。這也就是為什麼我千里迢迢來到這裡向您請益，再一次請求您做決定。只有像您這樣偉大的喇嘛，才能做決定。」

格隆．滇津和昆桑靜靜地站在敦珠仁波切面前，恭敬地低下頭來，等待他的答覆。敦珠仁波切過了好幾分鐘才回答他們的請求。

「我同意你說的，上一世的督修．林巴是一位博學之人，他的學識無人能比。但是他運氣不好，雖然他知道前往白域的路徑，可是終究沒能成功。這個世界比以前還要糟糕，時代也比以前還要黑暗，人們的福報也不如以往，因此，這個小男孩將不如上一世的督修．林巴那樣有學問，或是那樣有福報。」

「您是說他眞的是轉世靈童？」格隆問。

「是的，」敦珠仁波切說。「但最好就此打住，不要爲他舉行坐床典禮，他不會太出色。忘了他吧，也不要再尋找其他的轉世者了。」

格隆卸下了心中的重擔，現在他知道那個小男孩的確是督修・林巴的轉世，可是正確的做法卻是不符合常規的——也就是不幫他舉行坐床儀式。如果他屈服於壓力而幫小男孩舉行坐床典禮，可能會發生不好的事，而人們也會責怪他。

昆桑告訴我以上的故事時，距離他和格隆在加德滿都與敦珠仁波切碰面，已經過了三十年。我問他是否知道小男孩日後的發展。

「自從我父親去世之後，我就沒回去過死魔林，」他說，「而且，自從我結束蘋果買賣生意以後，也沒再回去庫爾盧和潘高，但是，我時不時會和那邊來的人說到話。有時候當我在加德滿都時，我們會碰面，他們都會告訴我那個小男孩發生了什麼事。

「敦珠仁波切是對的，那個小男孩後來發展得並不好。他年輕的時候經常毆打父母親，行爲粗野無禮。他很早就輟學，那段時間正好一堆年輕的西方人湧進庫爾盧山谷，他們帶來毒品，小男孩也陷入吸毒風暴。他加入不良幫派，誰知道他年輕時靠什麼賺錢維生，但是最後他去開計程車了。我最後一次聽到他的消息，是他在離潘高不遠的小鎮上某個汽車零件公司上班，或許你到那裡可以找到他。但你最好是聽從敦珠仁波切的建議，把他忘了吧。他不需要出

現在你的書裡。」

我問昆桑，像督修．林巴這樣一位偉大的喇嘛，有能力可以直接將自己的意識投向他的轉世身上，怎麼可能選擇一位無法完成他心願的人當他的轉世，而且這個人行為瘋狂，還賣著汽車零件呢？

「現在是個黑暗的年代，」昆桑回答，「慢慢地人們不再學習佛法，一切正在墮落衰微之中，從現在起都不會變得更好。每一位祖古或轉世靈童都應該增進自己的學識，但這事並不會發生，因爲現在是黑暗的年代。」

「可是，」我說，「如果他眞是督修．林巴的轉世，那麼他應該有什麼過人之處吧？」

「有的，」昆桑笑著說，「他見人就打！」

「大概是眞的吧，」我說，「督修．林巴也是個瘋狂的人。」

我在錫金和大吉嶺完成了這本書的調查，這也是昆桑所住的地方，在我前往庫爾盧山谷和拉胡爾區拜訪督修．林巴的老弟子之前，昆桑事先幫我打電話連絡，我一到那邊，久美就來接我了，他是督修．林巴的外孫，也就是督修．林巴和康卓企美．汪嫫的女兒的兒子。同時還有督修．林巴的親近弟子旺嘉．菩提，那位退休的土木工程師，親眼見證過掉落的冰川裂爲兩邊的那位。他們猶如母雞帶小雞一般帶著我，到處走訪督修．林巴的其他老弟子們，也帶我去潘高的山洞和死魔林的寺廟。

我已預先知道自己將會寫這篇後記，因此問他們是否知道督修．林巴轉世的事情，以及他是否仍在汽車零件商店上班。他們說他的名字叫做拉究，對他的看法和昆桑大同小異，他們勸我最好忘了他。雖然當初決定不替他舉行坐床典禮，可是他仍然被當成一位喇嘛那樣訓練著；拉究三、四歲的時候，他們把他的頭髮剃了，換上僧袍，在潘高山洞上方的寺廟裡訓練他。可是效果不彰，他太瘋狂了，常常在冬季時跑出寺廟，赤腳在山裡爬上爬下。他們描述小男孩離開寺廟後的生活，和昆桑說的相去不遠。

我堅持想要見見拉究，不管他成功與否，因爲他也屬於這本書的一部分。這時他們告訴我，拉究辭了汽車零件商店的工作，現在住在山的另一邊，一個靠近錫姆拉的城市，開著小貨車賺取微薄費用維生，而且住在他的車裡，沒有固定的住所，也無法和他聯絡上。他們建議我徹底忘了這個人，雖然我不想，但也不得不這麼做。

我和我太太芭芭拉在庫爾盧山谷的蘋果園租了一間房子，在那裡住了三個月。她忙著撰寫牛津大學社會與醫療人類學的博士論文，而我正在整理我的調查內容，寫這本書的初稿。她和我一起拜訪了督修．林巴的幾位老弟子，我們也一起去了死魔林。她會說藏文，所以她不僅是我的親愛伴侶，還是我的口譯員。

當我們的停留接近尾聲的時候，我們討論著是否仍有缺漏的部分沒有補齊，是否該在我離開之前更進一步探訪其他地方，是否仍有故事尚未收集完全。我剛好完成雪崩和督修．林巴死

亡的這個部分，自然而然，我的念頭轉向了轉世這個話題。我看了一下筆記，發現雖然提供消息給我的人說，拉究已經搬到錫姆拉附近的小城，但他們似乎沒有任何人眞正認識他。他們告訴我的消息基本上都是聽來的，不是第一手消息，就好像拉究的存在，對督修．林巴的弟子而言是一種恥辱，他們顯然不希望他出現在這本書裡。反倒是昆桑，雖然他的說法和其他人相差不多，但是他對於他父親轉世的事情，抱持著比較開放的心態，不過，他也從來沒見過拉究，甚至連他的名字都不知道。

我們猜想，或許拉究還在販賣汽車零件，於是芭芭拉和我前往人們提到的、位於馬納里路上的小市場。從小城的這一頭走到那一頭並不難，而且顯然並沒有看到販賣汽車零件的商店，只有兩家修理廠，一家專門修理壞掉的巴士，一家則是專門修理故障的吉普車。我看見一名男子，屁股朝外從吉普車下滑了出來，渾身沾滿油污，嘴角叼著菸，狐疑地看著我，用下巴頂了頂，帶著威脅的口氣問我要什麼。我的確需要從他那裡爲這本書得到結語，我不知道，或許是由一個惡棍口中說出的，來自督修．林巴轉世的名言警句吧。

這兩家店的人都沒聽過來自潘高的拉究，也都說城裡沒有販賣汽車零件的商店，也從沒聽說有過這樣的商店。我們最後的希望就是前去潘高，看看是否能找到他的家人，向他們打聽拉究的行蹤。雖然我曾經和久美以及旺嘉去潘高看過山洞，但是我們並沒有在那裡停留太久，只在寺廟見過幾個喇嘛。於是我們跳上一輛巴士，搭了便車來到潘高，之後沿著陡峭狹窄的山路往下走，路旁有些民房和尼院。最後我們走到拉究的阿姨房子前面，她是一位尼師。

「拉究？」她說。「你們想找拉究？喔，他不住在錫姆拉附近，他就住在山下山谷裡的小村子。」她說的地方，離我們度過三個月美好生活的果園，只有十二公里遠而已。她知道拉究有一支手機，每年他會打一兩次電話給她，可是她不記得手機號碼了。她帶我們走上坡邊的小徑，到達她母親的房子，也就是功德主旺秋的遺孀，可是她也不知道自己外孫的手機號碼。我試著從她們身上探聽拉究的事情，問她們拉究是否還是一樣狂放，可是她們都沉默不語，她們似乎寧願不說話，也不願意說家裡成員的壞話。她們唯一願意說的，就是拉究已經結婚，有兩個小孩，對於拉究的生活，她們說自己所知不多。

由於那天我們到達潘高時已經很晚，無法離開，所以她們留我們住了一晚。隔天她們給了我們一張拉究年輕時的照片，我們啓程前往拉究所在的村子，來到他的家門前。

拉究住在一間水泥矮房，他家

青少年時期的拉究

周圍的房子也是水泥房。他的房子好像比其他人的房子小一點，除此之外，跟其他成千上萬的現代印度水泥房相比，並沒有什麼不同。

我們敲了拉究的大門，開門的是一位身材頗為矮小、圓滾滾的、留著八字鬍、眼神溫暖的男人。

「你是拉究嗎？」我問。

「是，我是。」

「我們來這裡找你。」

面對兩個西方人無預警地出現在他家門前，他似乎完全不覺得困擾。

「請，」他說，「請進。」

這時候我才發現，他身上穿的T恤寫著：正能量的人不貶低他人。

他帶我們進了一個房間，那是他和太太及兩個小孩一起住的房間，只是她們剛好外出不在。房間簡單而乾淨，可以看得出來，雖然他們擁有得不多，可是卻過得很有格調。他親切邀請我們坐在床上，可是我們比較喜歡坐在房間地板的地毯上。或許有人會想，他在門口的時候就應該會問，我們到底想從他身上知道什麼，或是在邀請我們進房子之前也會先問。可是他第一個問我們的問題，卻是我們要不要喝茶，然後他走到房間角落廚房的瓦斯爐上準備，把水從塑膠桶（因為沒有自來水）倒入鋁壺，然後加了一湯匙的茶葉和兩湯匙的糖去煮。當水燒開了以後，他把茶倒進兩個不相配的玻璃杯，和一個有缺口的茶杯裡。

直到他把茶端給我們和他自己，然後坐在我們面前的時候，才開口微笑、語帶疑問地問我們需要什麼。

我慎重禮貌地回答：「我們已經在庫爾盧山谷住了將近三個月，」我說。「芭芭拉正在寫牛津大學的博士論文，有關西藏醫學，她的題目是長壽。」

拉究邊點頭邊想著，顯然他想的是這跟他有什麼關係呢？我停下來啜了一口茶後，繼續說，「我是一位作家，我正在寫一本書，這本書是關於……」在我說出「督修．林巴」這個名字之前，我刻意停頓了一下，以便仔細觀察他臉上的反應。

當我提到這個名字的時候，拉究大笑了起來，差點把茶打翻。他眼角帶著笑意看著我，頑皮地搖了搖手指頭，「原來是這樣啊！」他說。

我跟他解釋我如何在錫金聽到關於督修．林巴的事，而且在大吉嶺花了很多時間與督修．

拉究，督修．林巴的轉世。
正能量的人不貶低他人。

林巴的弟子在一起。我告訴他我和昆桑及旺秋的緊密關係，以及我們如何一起去札西頂和玉僧。我告訴他我們如何在庫爾廬山谷、若塘隘口和拉胡爾區等地，與督修・林巴的最老弟子碰面，又如何去參訪位在潘高的山洞和死魔林的寺廟。最後，我告訴他，我正寫到雪崩和督修・林巴死亡的部分。「這個故事的最後一塊拼圖，」我解釋，「就是你的部分。」

拉究很有一種頑皮的喜感，但同時又極爲嚴肅，在我告訴他我的計畫時，可以從他眼中深沉的專注看到這點，他努力想了解我說的英文，對我們突然來訪，與他一起坐在房間地毯上喝著茶，等待他的故事，他顯然深受感動，而且顯然熱切地想要告訴我們。

要他全部用英文來表達自己，實在困難，於是他轉而說起藏文，他解釋，那是在寺廟生活多年時學的。隨著芭芭拉的口譯，他告訴我們以下的故事：

「我記得一切是如何開始的。我當時還不到三歲，我重複做著相同的夢，在夢裡我看見一副古老的鈴和金剛杵，也就是佛教修行裡喇嘛使用的法器。

「當它們出現的時候周遭會變暗，而『它們是我的』的念頭，不斷地向我襲來。晚上我會做這樣的夢，可是白天就忘了。夜覆一夜我做著同樣的夢，心裡也總是想著：那些喇嘛法器屬於我。就在這個時候，當我開始學會說爸爸、媽媽不久之後，我開始說我是督修・林巴。我不知道這個名字是怎麼來的，我無法解釋，說實話，這個記憶在我心裡是很模糊的。但夢境是我眞的記得的，不是根據外面的事情而來的。

「我的確記得有一位喇嘛來到屋裡，他把我抱在膝上，還給我糖果。我拿了糖果，但又把它給了別人。他問我我是不是一位喇嘛，我說是。我也記得看著玻璃底下的許多照片，然後選了督修．林巴的照片。

「那時候我留著長髮，可是他們把我頭髮剃了。我被送去潘高的寺廟，他們開始把我當成喇嘛那樣訓練。有時候我會偷偷溜出去，沿著小徑去督修．林巴曾經居住的山洞，每當我到那裡去的時候，都感覺非常快樂。

督修．林巴的金剛杵。他離世後轉交給女兒貝瑪．確吉。

「我很小的時候，父親就去世了，他是一個酒鬼，因爲飲酒過量而過世」。

「寺廟裡有很多像我一樣的小僧人，但我總是被單獨安排，受到特別的注意，我老是感覺自己被監視著。我身爲督修．林巴的轉世身分有很多爭議，大家期待我展現出他的能力，同時又希望我像預言一樣變壞。對我來說，這太沉重了。即使當時我年紀那麼小，內心還是有一種感覺，如果我做的每一件事情都得在大家的注目之下，而且拿來和督修．林巴做比較的話，我就無法順著本性自然發展，因爲他是那麼偉大的喇嘛。他們愈想把我框住，我就愈直覺想用力打破那個框架。在我幼稚的想法中，我知道我的本性不適合被約束在學派教育中。

「我在潘高的寺院待到約十三歲左右，我想我給他們惹了太多麻煩，所以他們把我送到敏卓林的寺廟，讓喇嘛教導，他是寧瑪派的一位大喇嘛，住在德拉敦。在敏卓林的寺廟裡，我學習閱讀經文，參加了他傳授的許多灌頂儀式。也就正是在這段時間，大約我十三、四歲的時候，出現了許多修法上的障礙，這都是因爲人們不斷討論我的事、我曾經是誰，這對我內心產生了一定的衝擊，於是我選了另一條路。

「有一次我放假回家看我母親和妹妹，在返回寺廟的途中，腦袋突然閃過某種念頭，我不想受教育成爲喇嘛，我不想修法，我只想要逃離。可是要去哪裡呢？哪裡都行！我那時正在前往德拉敦的巴士上，當巴士在路邊小鎮停下休息的時候，我下了車開始往前走。這完全不在計畫之內，我無法忍受回到寺廟後，得面對所有的言論和別人對我的期待，以及他們想要規範我的念頭，所有的這些已經壓抑在我內心許久，讓我變得有點瘋狂了。我漫無目的地四處遊蕩，在這個地方待一個月，在那個地方待一個月。就這麼離開山區，在平原上晃著。

「這危險嗎？當然危險！但我當時就是那麼瘋狂，做了許多瘋狂的事情。我睡在路邊。我當然沒有錢，所以得機靈一點。直到幾個月之後，由於我一直沒回到寺廟，寺廟祕書聯絡了我母親，問她爲什麼我還待在家裡，而她卻以爲我在寺廟。綜合雙方說法後，他們得到一個結論——我一定是死了。我相信對他們來說，我是死了。我是那麼的惡劣，沒有告訴任何人一聲，就這麼離開了。」

回想起自己年少輕狂的歲月，拉究笑了起來。他的女兒走進來，是一位討人喜愛的七歲女孩，他幫女兒倒了一杯牛奶，女兒撲通跳到他膝上坐著，眼睛睜得大大的看著我們，拉究此時剛好說到他如何結束遊蕩的生活——他來到旁遮普邦，有一戶旁遮普人家收留了他，把他當成親生孩子一樣照顧。看著拉究溫柔地摟著女兒的樣子，可以看得出來他當初看似殘忍不告訴母親自己身在何處，而讓她傷心萬分的行爲，一定不是他的本性。在那樣敏感的年紀，暴露在眾所矚目的關注下，唯有徹底的消失他才能存活下來，這是必要的手段。「那戶旁遮普家庭實在太暖心了，」他笑著說。「他們就這麼收留我，把我當成自己的孩子養育。他們不知道我的身世背景，不知道我是一個僧人。他們也不知道轉世的事情，我記得我告訴他們，我是一個孤兒。」

拉究沉默了一會兒，痛苦的回憶湧上心頭。

「十八歲的時候，」他繼續說，「我決定是回家的時候了。一開始，我並沒想到自己給母親帶來多大的痛苦，但我所學過的佛法，足以讓我知道業力的運行規則，如果我造成她那麼大的痛苦，我本身也難逃同樣的苦。我知道造成痛苦就是一件錯事，有什麼痛苦是比一位母親失去孩子還要苦呢？於是我離開了旁遮普家庭，他們給了我車票錢，我回到庫爾盧山谷，走回潘高打算與母親團聚，我非常開心自我放逐生活已經結束。」

拉究的眼裡閃著淚光。

「當我回去的時候，他們告訴我，我的母親已在一年前死於肺結核。」

拉究的雙臂輕柔地環抱著他最小的小孩。

「毫無疑問，這對我是一大打擊，我痛苦萬分，不僅僅是因爲我再也無法看見她，又或者是她死的時候我不在身邊，而是知道她過世的時候還在爲我傷心欲絕。我有一個妹妹，她當時的年紀和我這個小女兒相同。」他用手梳了梳女兒的頭髮。「她和親戚們住在一起，可是沒有人有錢照顧她。我們都變成孤兒了。我很快就意識到我必須負起責任照顧她，可是我只會當喇嘛而已，但是我又不想那樣做，於是我慢慢學著去做任何工作。因爲她是孤兒，所以我可以把她送進政府的寄宿學校，學校提供她食物、衣服和書本。由於我的引導，她得以完成十二年的學校教育。

「現在我會做的事很多，我會木工，我也會做蘋果買賣。我從來沒擁有過自己的蘋果園，都是別人的，可是我會做蘋果買賣的生意。

「然後我想，我應該做點別的事，有一位開計程車的朋友說：『你來馬納里，我教你開車。』我是一點一點慢慢學，因此花了三年的時間才學會開車。現在我會開卡車、巴士和小客車。很久之後我才有了自己的車。

「我從來沒想過自己會結婚，因爲內心裡我一直認爲自己是喇嘛。可是每個人，我的阿姨和大家都告訴我『結婚吧！結婚吧！』但是我說：『我拿什麼結婚呢？我沒有房子，也沒有田地，也沒有錢，怎麼養活老婆呢？』

「阿姨說：『你只要結婚，我會幫你買房子和家當。你找一份工作賺錢，慢慢地，你就能學會照顧老婆和一個家了。』

「我是二十五歲結婚的，是自由戀愛。

「結婚後的五年裡，我太太病得非常重，接著我們的兒子出生了。

「冬天我太太生病時，我也沒有工作；沒什麼工作可做，必須留在家裡，於是我回頭努力複習身爲喇嘛所擁有的知識。我有許多經典，也學過如何閱讀，於是我又開始念起經來，每天也供養酥油燈。

「我開始去錫姆拉附近的壞普做生意，只是一點小生意。做小生意很好，大生意的壓力太大；做小生意的話，不會頭痛——家裡開心，我也開心。

「我的生命因爲督修．林巴而多彩多姿，我小時候還住在潘高時，有一位督修．林巴的隨從時常就近看照我。就算那時候我也很瘋狂，他常跟我說：『你是督修．林巴。我非常了解他，你也有同樣瘋狂的督修性格。』我就會說：『不，我不是督修．林巴，我只是個孩子。』然後我會跑走，只想一個人獨處。

「當然我常常問自己，我是否就是督修．林巴的轉世，好幾次，我審視內心深處，回答自己：是的，我是。」

「我曾經跟很多人談過督修．林巴的事，」我說，「從他們口中，我知道一件事，那就是你很難用框架把督修．林巴框住，跟他說：『你是個喇嘛，你是這樣或那樣』。他會把別人加諸身上的框架全部打破，督修這個名字真的是名符其實。他總是不斷在改變，而且挑戰自己。」

「我也是這樣，」拉究說，「我有兩種心，我時常一開始是往東，可是最後卻是往西。問我太太就知道了，這點讓她快抓狂，但是沒辦法，我就是這樣啊！

「我住在壤普的時候，有一位西藏尼師病得非常嚴重，她的身上都是傷疤和瘡口。我曾聽說督修．林巴治癒死魔林村民痲瘋病的故事。我小時候住在寺廟時，學過如何念誦經典和持誦咒語，儘管那時我在開計程車，仍然覺得自己應該回到佛法修持上。我的朋友都是計程車司機，當中不乏粗俗的人，但是我卻過著清淨單純的生活。我每天清晨起床洗澡，吃早餐之前，我會念誦經典和持誦咒語，每天傍晚也是這麼做。我那些開計程車或是拉人力車的朋友，沒有人知道我的生活中有這一面。我自己都覺得奇怪。從一方面來說，我只是個計程車司機，但總有股力量拉著我往內在生活的層次，我總是好奇爲什麼。

「我決定測試一下，我告訴尼師我會盡力幫她。某天清晨，我做完早課後去找她，我對著她持誦咒語，她竟然痊癒了，這讓我大爲吃驚，也讓她極爲歡喜。她身上的爛瘡就這樣不見了，這嚇到我了，也讓我產生敬畏。

「我太太那個時候也生病，我想或許我也能試著治療她。我顫抖著，不敢嘗試，可是我還是做了，她也被我治好了，這又讓我驚訝不已。我從來沒有想要引起別人的注意，雖然有時候我自己也覺得自己眞的是督修．林巴。當我還是個小孩子的時候，督修．林巴和空行母的女兒貝瑪．確吉時常來找我，她總是叫我父親。總之，我再也沒有試著去治療別人，一旦人們知道你有治療的能力，他們會在你門口排隊等待，這不就是督修．林巴的困擾嗎？太多人了！這不就是他開啓白域失敗的原因嗎？

「現在我已經將近四十歲，我覺得自己內在有某部分成熟了。我有這樣的內在感受，甚至是一種能力也說不定，那個我不允許自己發展的能力。有時我會覺得時候快到了，我想去閉三年三個月又三天的關，那是喇嘛訓練的一個部分。但是我不想和傳統一樣，做一成不變的修習，我想去一個僻靜的地方，或許是山洞吧，我想成爲密咒師。我想留著長髮不去剪，繞成一個結盤在頭頂上，我也要留長指甲。這些渴望從我內心深處湧現，我想要去那裡，安靜的，讓

我的內在完全顯現出來。」

拉究的太太走進房間，她剛剛在鄰居家裡。走在她身後的，是他們十二歲大的兒子，身上穿著一件T恤，上面有老虎的圖案和「Family」的字眼。他太太露出狐疑的眼神，想著這兩個西方人坐在地板上，和她先生一起喝著茶，做什麼呢？拉究向她介紹了我們，就如同我向他介紹芭芭拉和我自己一樣。

「他們在庫爾盧山谷住了將近三個月，」他說。「芭芭拉是一位人類學家，正在寫她的博士論文，西藏醫學中有關長壽的內容。」他停頓了一下，讓她太太有空檔想著，這和她先生有什麼關係。「而湯瑪士，」他邊說邊向我眨眼，「他是一個作家，他正在寫一本書，」他停下來做戲劇效果，「他正在寫一本關於『我』的書！」

由錫金望過去之干城章嘎峰

詞彙表

【四劃】

仁波切 Rinpoche：藏文。字義爲珍寶。通常加在名字後面，用來稱呼極受尊敬或是修行有成就的喇嘛上師。

【五劃】

白域 Beyul：藏文。字義爲隱藏之地，隱地。

白域哲孟雄 Beyul Demoshong：藏文。錫金境內的隱地（參見「哲孟雄」一詞）。

卡達 Khata：藏文。一種宗教儀式用的圍巾，傳統上爲絲製品，現在普遍使用合成纖維製成。通常用來獻給喇嘛，或是團體中有威望的人士，以表示歡迎或尊敬。

札塔梅隆 Trata melong：藏文。一種使用銅鏡的占卜儀式，傳統上把鏡子插在盛滿白米的碗中。喇嘛修法舉行占卜，具有「圖眼」（Tamic：見「塔密」）特殊直觀能力的人，特別是小女孩或是年輕女子，能夠直視銅鏡，從中看見顯像，將顯像告知喇嘛，由喇嘛解讀說明。

【六劃】

多傑 Dorje：藏文（梵文爲Vajra）。意思爲雷電或是鑽石，有時候也可以當作人名。指的是一種雙頭的銅製法器，喇嘛常於法會儀式中使用。

【七劃】

佛塔 Chorten：藏文，（梵文爲Stupa）。這些神聖的佛塔起源於古老的亞洲，原是由石頭堆起來的錐形石堆或墓塚。佛塔遍及於佛教世界，藏式佛塔裡面通常塡放了喇嘛或是其他證悟者的舍利子，抑或聖物、經書典籍等等，通常建造於吉祥的地點。佛塔的幾何造型一般是底部爲正方形的基座，塔身爲圓頂半球狀，錐形塔尖裝飾著新月與圓盤，象徵佛教宇宙觀裡的月亮與太陽。佛塔通常建造在寺廟附近，但獨立存在，周圍有一條路徑，供虔誠信徒做廓拉（kora，繞塔），一般以順時鐘方向繞行，邊繞邊持誦咒語。

貝葉版經文 Pecha：藏文。長形紙張不裝訂的翻頁式經本，上下用兩片木板固定，常用布包捆。

佛塔 Stupa：見「佛塔」。

【八劃】

空行母 Dakini：梵文（藏文爲Khandro，康卓）。字義爲空中行者，或是空中舞者。女性神祇

護法，有時候會化身爲人類。她可以出現在喇嘛的淨觀或禪觀之中，引導或發掘被隱藏之知識者。如果她化身爲人類，不僅可以是指引喇嘛發掘被隱藏之智慧寶庫，也可以是喇嘛實際上的明妃。

法 Dharma：梵文（巴利文爲Dhamma）。字義爲維護或是支持。廣義來說，指的是維持宇宙的和諧秩序。在本書中，所指的是佛陀的教法，特別在藏傳佛教裡是如此理解這個字。

果洛 Golok：位在西藏東部，介於康區和安多區之間的小地區。有些人認爲屬於康區，有些人認爲屬於安多區（Amdo）。

林巴 Linpa：藏文。特殊類別的喇嘛，與生俱來擁有發掘伏藏（terma：見「德瑪」）和隱地的特殊能力，一般稱這種掘藏的喇嘛爲德童（terton：見「德童」），也就是伏藏師。所謂「林巴」和其他伏藏師之間並沒有明確的劃分，但通常林巴被視爲伏藏師裡的頂尖者。

坦達拉 Tantra：梵文。字義爲線或是續。通常是祕傳的神祕修行法門，許多密續是藏傳佛教的根基之一。

【九劃】

苯教 Bonpo：通常被認爲是西藏原始的薩滿宗教，裡面的精靈和神祇被蓮花生大士降伏，轉而成爲佛法的護法神。

香巴拉 Shambhala：梵文。字義爲快樂泉源。西藏傳說中的神祕國度，隱藏在冰雪覆蓋的喜馬拉雅群峰之後，或是在西藏西部的北方。西方世界知道此地，首見於十七世紀耶穌會傳教士艾斯特瓦・卡西亞（Estevao Cacella）的著作中，此後這個隱藏的國度燃起了西方世界無盡的想像。諸如H・P・布拉瓦茲基（H.P. Blavatsky）、愛麗絲・貝利（Alice Bailey）和尼可拉斯、海蓮娜・羅瑞奇夫婦（Nicholas and Helena Roerich）等神學家和作家，都曾在著作中寫過關於這個神祕國度的事，甚至宣稱自己和王國裡的隱士高手有所交流。藏傳佛教裡的重要經典《時輪密續》，相傳就是來自此處。

香格里拉 Shangri-La：詹姆士・希爾頓（James Hilton）於西元一九三三年推出的小說《消失的地平線》（*Lost Horizon*），書中描述墜機生還者，於中亞找到的一處有著喇嘛與賢人的神祕隱藏山谷。現在用來作爲避難藏身之處或是烏托邦的同義字，甚至是美國總統度假地大衛營的第一個名字。

【十劃】

哲孟炯 Demojong：藏文。字義爲稻米之谷，這是錫金王國的藏文名字，因爲錫金王國山谷土地肥沃，地形一路由西藏高原而下，非常適合稻米生長。

瑪拉 Mala：梵文。藏傳佛教徒常用的念珠串，有一百〇八顆，用來計算持誦咒語的次數。

馬耶・里昂 Mayel Lyang：絨巴語。字義爲隱藏之地。絨巴語中對自己居住地的稱呼，範圍包含了現在的錫金、大吉嶺山區、以及與尼泊爾跟不丹的毗鄰地區。

桑 Sang：藏文。由各種松樹松針和香柏樹枝製成的香。

唐卡 Thangka：藏文。西藏宗教卷軸畫，通常於畫布上描繪佛像、本尊、壇城和其他宗教相關主題。

祖古 Tulku：藏文。轉世者。

【十一劃】

康區 Kham：藏文。西藏東部的一個地區，當地人以驍勇善戰聞名。

康巴 Khampa：藏文。來自康區的人。

曼察，咒語 Mantra：梵文。禪修中或是繞行聖地時持誦的種子字或是咒語。藏傳佛教世界裡最常見的咒語爲大悲觀音菩薩心咒「嗡瑪尼貝美吽」，另一個是蓮花生大士心咒「嗡阿吽瓦佳咕嚕貝瑪悉地吽」（Om Ah Hung Vajra Guru Pema Siddi Hung）。

梅隆 Melong：藏文。鏡子。本書中指的是作爲占卜之用的亮面銅製凸鏡。

密咒師 Nagpa：藏文。藏傳密宗瑜伽士，通常蓄髮身著白袍，和一般穿著酒紅色僧袍的喇嘛不一樣。他們通常有伴侶和性關係。

【十二劃】

迪興 Dip shing：藏文。字義爲隱形樹枝。是一種由多種原料混合調製而成的藥劑，可以讓人隱形，以當中一種原料作爲命名，這個原料是烏鴉鳥巢中的一根細樹枝，該樹枝丟進河裡時，能逆流而上。

廓拉 Kora：藏文。西藏人的寺廟或是聖地外圍的環狀路線，信徒依順時鐘方向繞行並持咒。也可以用來描述繞行的動作。

喇嘛 Lama：藏文（類似梵文的咕嚕 Guru）。粗略類比，類似西方的教士或牧師；嚴格來說，是修行到一定程度的僧人或修行人。依著藏傳佛教教派的不同，喇嘛有些可以結婚，有些不能結婚。達賴喇嘛是藏傳佛教格魯派的領袖，也是西藏的領導者，他的地位相較於其他喇嘛，猶如西方的教宗相對於教士一般。❶

紐巴 Myonpa：藏文。瘋子。❷

---

❶正確來說，藏文的「喇嘛」字意是「上師」，傳統上只有閉過三年關才能被稱為喇嘛，或者寺院的上師才稱為喇嘛。近代被華人錯用，變成所有藏傳僧人的統稱。而能否結婚並不是依於教派而有不同，而是依於是否受了出家戒，沒有受出家戒即是在家居士，即可結婚；只是某些教派在家上師多，以在家居士大師為傳承命脈，特別是薩迦派，而某些教派則是出家上師多，比如格魯派和噶舉派，寧瑪派則是出家、在家上師比例相當。原英譯註可能是西方人當初對藏傳佛教四大教派的傳統不夠理解所致。

❷正確拼字是：smyonpa 字頭的S不發音，M與Y拼字發音為 Ny，因此譯音為 Nyonpa。

揑義　Neyik：藏文。聖地指南。

普甲　Puja：梵文。法會儀式。

普巴　Purba：藏文。法會儀式用之法器匕首，通常為銅製，刀身為三面，使用於西藏法會儀式或是宗教舞蹈裡。

【十三劃】

達卡　Daka：梵文。男性空行（參見空行母）。

董瑟　Dungsay：藏文。這是對大喇嘛上師的兒子的尊稱。因此督修・林巴的兒子昆桑，又被稱為「董瑟仁波切」。

雷布查人、絨巴族　Lepcha：錫金與大吉嶺山區的原住民，語言名稱和族名相同。此民族以喜好和平聞名，外人闖入他們的土地時，他們也甚少與之衝突。於是他們常常被入侵者趕往難以進入的地區居住，之後被入侵的尼泊爾人稱為絨巴人（Rong）。絨巴意思是「深谷民族」。絨巴人認為他們自己是由干城章嘎峰高山上的原始積雪所創造出來的，他們稱自己是「馬坦其・絨古」，或是「母親摯愛的孩子」。

塔密　Tamic：藏文。字義為圖眼。在「札塔梅隆」（Trata melong：見「札塔梅隆」）銅鏡占卜中，可以看見銅鏡預言顯像的特殊能力。通常是小女孩或年輕女子會有這種能力。

督修 Tulshuk：藏文。善變或是易變，可衍申爲瘋狂之義。

嗡澤 Umzay：藏文。藏傳寺廟中，法會儀式裡的主要領唱維那師。

瑜伽士 Yogi：梵文。瑜伽修行者。渴望能藉由禪修、肢體瑜伽修持或是祕傳儀軌修持等方式而直接經驗勝義的人。❸

【十四劃】

寧瑪 Nyingma：藏文。藏傳佛教四大教派裡最古老的一支，其他三支分別是噶舉派、薩迦派和格魯派。

【十五劃】

哲孟雄 Demoshong：藏文。字義爲稻米大谷。在西藏傳統傳說裡，此爲隱地的名稱，「隱地」的藏文 beyul 譯音爲白域，此地隱藏在錫金王國境內。令人不解的是，這個隱地的面積，比錫金王國本身的面積還要大上許多倍。

鞏巴 Gompa：藏文。寺廟。

---

❸此處所說的瑜伽，不同於坊間的印度瑜珈。

德，德瑪　Ter, Terma：藏文。字義爲伏藏。這些伏藏的型式有時候是經文、宗教法器、或是智慧，由過去的偉大上師伏藏起來，最著名的就是西元八世紀，將佛法引進西藏的蓮花生大士。他將這些寶藏封印在土地裡、山中、水裡、虛空，或是心識裡面，等待適合的發掘時機，有時候甚至是幾個世紀以後。這些伏藏通常由特殊類別的西藏喇嘛，也就是德童（伏藏師，見「德童」）來發掘。

德童　Terton：藏文。字義爲隱藏寶藏的發掘者。有著特殊能力，能夠發掘伏藏的轉世喇嘛。

糌粑　Tsampa：藏文。炒過的青稞粉，爲西藏主食，通常混著水或茶和奶油，揉成糰直接食用。糌粑是一種高濃縮食物，在西藏高原和喜馬拉雅山偏遠的地區，方便運輸又容易準備。

【十六劃】

錦達　Jinda：藏文。功德主，施主，特別是指喇嘛和寺廟的資助者。

龍族　Naga：梵文。蛇神，通常與水、溫泉和潮濕之地有所關聯。

書中人物

以下並不包含本書裡出現的所有人物（和佛教人物），所列出的名字在本書多處出現，對於不熟悉西藏文化的讀者來說，這些名字都是未曾見過的新名字，或許會需要這份表單幫忙提醒。

【三劃】

久美 Gyurme：督修・林巴的外孫，現在約二十出頭，他的母親是督修・林巴和空行母（明妃）企美・汪嫫所生的女兒。在我前往庫爾盧山谷和拉胡爾區旅行的時候，久美是我的嚮導和翻譯員。

【四劃】

日津・多康巴 Rigzin Dokhampa：錫金甘拓南嘉藏學研究所的資深研究員，他是督修・林巴的弟子，從十四歲起就跟隨他學習唐卡繪畫，歿於西元二〇〇五年。

【五劃】

功德主旺秋 Jinda Wangchuk：督修．林巴的贊助者。他提供喜馬偕爾邦庫爾盧山谷的比亞斯河邊山上的山洞，讓督修．林巴以及他的家人居住。

札西．拉嫫 Tashi Lhamo：督修．林巴同父異母的妹妹。

玉僧的雅巴拉家族 Yabla family of Yoksum：西錫金玉僧區村裡一戶極有影響力的大地主家族。曾經在錫金王國卻嘉王朝時期，擔任政府高官要職。這個家族現在在錫金擁有旅館和最大的啤酒釀酒廠。家族中有六個兄弟，其中五位是督修．林巴的弟子和白域哲孟雄之旅的功德主，除了最小的那一位以外，他追尋自己的樂土，最終也抵達了——成功進軍印度的寶萊塢，成爲出色的反派演員，藝名是丹尼．鄧宗帕（Danny Denzongpa）。

【六劃】

企美．汪嫫 Chimi Wangmo：督修．林巴的康卓（空行母）或明妃，來自拉胡爾區寇薩的一個村子。督修．林巴與她生了一個女兒，名爲貝瑪．確吉。

多傑．德謙．林巴 Dorje Dechen Lingpa：又被稱爲多芒祖古。他在西藏東部的多芒寺，爲督修．林巴舉行坐床典禮，並給予「督修．林巴」這個名字。他在一九二〇年代曾經試圖開啓白域哲孟雄，可是失敗了，最後在返回西藏途中離世。

多傑·汪嫫 Dorje Wangmo：我朋友慶雷·嘉措的岳母，慶雷是來自甘拓的唐卡畫師。多傑·汪嫫是第一個告訴我有關白域哲孟雄探險隊的人。西元一九六一年，她當時約三十五歲，聽說能夠開啓白域哲孟雄的喇嘛到來的消息，於是離開故鄉不丹，從此沒再回去過。目前已將近八十歲，前幾年她剃髮，換上僧袍，成爲尼師。

米旁 Mipham：督修·林巴的親近弟子之一，本身原先就是一位學問豐富的喇嘛。來自拉胡爾區，是專修「施身法」的大修行者；「施身法」大多於墳場修習，修行者觀想將自己的血肉之軀供養出去。米旁現在住在不丹的某個山洞，進行深度閉關。

【七劃】

貝瑪·確吉 Pema Choekyi：督修·林巴和他的空行母（明妃）企美·汪嫫所生之女兒。她出生不久後，督修·林巴便深入雪山試圖開啓白域哲孟雄。她的兒子久美，在我旅行於喜馬偕爾邦時，擔任我的嚮導和翻譯員。

【八劃】

阿唐喇嘛 Atang Lama：督修·林巴住在札西頂和西囊的時候，阿唐喇嘛大約十八、九歲，他在那裡長大成人，歿於西元二〇〇九年。

空行母依喜措嘉 Khandro Yeshe Tsogyal：蓮花生大士（見「蓮花生大士」）修行上的主要明妃。

旺秋 Wangchuk：督修．林巴的孫子，督修．林巴獨生子昆桑的兒子。除了是我的口譯員之外，更成為我親近的朋友，我們透過許多不同的方式一起去查訪「祖父」的故事。

【九劃】

秋希 Chokshi：在本書描述的事件裡，他是來自死魔林的年輕男子。死魔林位在拉胡爾區的山上，督修．林巴在那裡有一座寺廟。

客秋．林巴 Kyechok Lingpa：督修．林巴的父親。他是西藏東部多芒寺的喇嘛，直到中國入侵西藏，他與妻子吉洛被迫越過喜馬拉雅山逃往印度。日後他在帕達南有一座自己的寺廟，離督修．林巴拉胡爾區的死魔林寺廟約幾天的路程，他一直待在那座寺廟直到終老。

洛桑 Lobsang：督修．林巴的親近弟子之一，是一位學問豐富的喇嘛。

南卓 Namdrol：督修．林巴最親近也是學問最豐富的喇嘛弟子之一。當督修．林巴取出伏藏經文解讀時，南卓通常擔任督修．林巴的抄寫員，他也修習西藏醫學。

耶謝 Yeshe：督修．林巴的空行母企美．汪嫫的妹妹，她本身也是督修．林巴的空行母。耶謝擁有「圖眼」，一種特殊能力，能夠看見占卜用的銅鏡（藏文「梅隆」）裡所顯現出來的景象。

【十劃】

夏札仁波切 Chatral Rinpoche：藏傳佛教寧瑪派裡的一位瑜伽士成就者，夏札仁波切出生於西藏，現在已經接近百歲。夏札仁波切比督修．林巴年長，他的角色好比督修．林巴的老師和指導者。在本書描述的事件裡，夏札仁波切在大吉嶺外八英哩（十二公里）的久朋加洛有一座寺廟。現在他在大吉嶺山區南部的薩爾巴里（Salbhari）和尼泊爾的加德滿都山谷都有寺廟。他娶了督修．林巴的長女噶瑪拉為妻，生了兩個女兒。❶

給四百 Géshipa：這個名字的意思是「四百」，他是一個不尋常的角色。他曾經是不丹國王御用的造雨師，現已八十五歲左右，仍然熱中製作隱形藥劑。

【十一劃】

昆桑 Kunsang：督修．林巴的獨生子，又被稱為董瑟仁波切，這是對大喇嘛上師的兒子的尊稱。在我與昆桑相處的許多時光裡，無論是在他大吉嶺的家或是一起在錫金旅行，他提供了主要線索，讓我能夠串起所有的故事。

❶夏札仁波切於二〇一五年底圓寂於尼泊爾，享年一〇二歲。

【十二劃】

敦珠仁波切 Dudjom Rinpoche：敦珠仁波切西元一九〇四年出生於西藏，他是督修·林巴的根本上師，也就是指導督修·林巴修行的主要老師。敦珠仁波切本身是一位伏藏師，也是偉大的學者，寫了許多關於藏傳佛教寧瑪派的書，於西元一九八七年離世。

喇嘛札西 Lama Tashi：來自死魔林的喇嘛。從以前到現在，他一直擔任督修·林巴位於喜馬偕爾邦拉胡爾區死魔林寺廟的嗡澤，也就是法會中領唱的維那師。

彭措·卻滇 Phuntsok Choeden：督修·林巴的元配，出生於西藏中部，年紀輕輕就跟隨督修·林巴前往印度。西元二〇〇六年因爲結腸癌，病逝於加德滿都。

雅邁拉 Yab Maila：督修·林巴的主要功德主錫金玉僧雅巴拉家族的長子，也是錫金國王的稅務官，是一位非常有影響力的人物。

【十三劃】

達賴喇嘛 Dalai Lama：現任達賴喇嘛丹津·嘉措，生於西元一九三五年，爲傳承裡的第十四世轉世。他是藏傳佛教格魯派的領袖，一般公認他是觀音菩薩的化身。從西元十七世紀開始，達賴喇嘛同時也是西藏的政治領袖，直到西元一九五九年，現任達賴喇嘛因中國入侵西藏被迫逃亡海外。達賴喇嘛的地位相較於其他喇嘛，若是粗略類比，猶如西方的教宗相對於其他教士。他仍然是藏人心中的精神領袖，也是世界公認的道德力量的典範，主張非暴力，於西元一九八九年獲得諾貝爾和平獎。

塔芒祖古 Tamang Tulku：與督修·林巴的兒子昆桑和他家人一起住在大吉嶺的小男生。來自尼泊爾，跟隨昆桑學習藏文和佛法之際，也幫忙打理昆桑家裡經營的成衣店鋪。至於他是不是一位祖古（轉世喇嘛），這個問題沒有答案。

塔唐祖古 Tarthang Tulku：西元一九三四年出生於西藏東部果洛區的轉世喇嘛，西元一九五八年逃往印度後遇見督修·林巴，與他在潘高和死魔林度過許多時光。西元一九六八年前往加州，在那裡創辦了寧瑪研究所暨佛法出版社。

滇津·諾蓋 Tenzin Norgay：西元一九五三年，他與艾德蒙·希拉里（Edmund Hillary）是世界第一成功登上世界第一高峰艾弗勒斯山（聖母峰）的登山者。雖然出生於尼泊爾，卻成爲第二家鄉大吉嶺人的最愛。自從督修·林巴治癒他太太的重症之後，他便成了督修·林巴的功德主之一，儘管他自始至終都不知道督修·林巴那趟旅途的眞正目的是什麼。歿於西元一九八六年。

督修·林巴 Tulshuk Linpa：字義爲瘋狂的伏藏師。本書的主角，出生於西藏東部果洛區，出生時的名字是森給·多傑。孩提時代便被認證是一位伏藏師，從而得到了督修·林巴這個名字。二十多歲搬到印度西部喜馬拉雅山區的喜馬偕爾邦居住，並在那裡擁有一座寺廟。在一

次淨觀中得到指示，他是開啓錫金境內隱藏之谷白域哲孟雄的人之後，便帶了許多追隨者前往錫金。

【十五劃】

肇德祕書長 Gonde Drungyig：錫金官方宗教事務部門官員。錫金國王第一次派人調查督修・林巴的時候，擔任調查團的團長。

蓮花生大士 Padmasambhava：梵文。字義爲蓮花生。又稱爲咕嚕仁波切。西元八世紀時，將佛法引進西藏的密咒師。

慶雷・嘉措 Tinley Gyatso：來自甘拓的唐卡畫師，他的岳母是第一位告訴我有關督修・林巴和白域探險故事的人。

【二十五劃】

觀音菩薩 Chenresig：藏文（梵文爲 Avelokiteshvara）。字義爲「眼觀」。觀音菩薩。

書中地點

此份地點註解表單並不包含書中提到的所有地點，僅列出印度與西藏裡讀者較不熟悉的地方，特別是書中事件一再提及的偏遠地區，不容易熟記的地點。

【三劃】

大吉嶺 Darjeeling：喜馬拉雅山腳下，印度西孟加拉邦的一座小城，人口約有十至十五萬人，海拔約七千英呎（兩千兩百公尺），是西元一八三五年英國殖民時期所建造的一座山區小城，並迅速成爲產茶中心。位於錫金和西藏南邊，有爲數眾多的藏傳佛教人口。

久朋加洛 Jorbungalow：大吉嶺之外距離約八英哩（十二公里）的一座小城，督修・林巴曾至該處拜訪他的修行導師夏札仁波切。

干城章嘎峰 Mount Kanchenjunga：世界第三高峰，海拔兩萬八千一百六十九英呎（八千五百八十六公尺）。橫跨尼泊爾和錫金邊境，長久以來被鄰近的原住民絨巴人視爲神聖的地區。督修・林巴就是來此尋找永恆的隱蔽山谷白域哲孟雄。

【四劃】

不丹 Bhutan：喜馬拉雅山麓的佛教王國，位於喜馬拉雅山脈東邊，西藏南邊。王國的西邊、南邊與東邊皆與印度接壤。

【五劃】

甘拓 Gangtok：字義爲山頂。錫金首府，海拔約四千七百五十英呎（一千四百五十公尺），人口大約三萬人，甘拓的文化深受位於其北邊的西藏的影響。

札西頂 Tashiding：西錫金裡的村子，村外山頂上的寺廟與其同名。這是藏文名稱，意爲吉祥中心。一般認爲此處深受藏傳佛教建立者蓮花生大士的加持，札西頂寺也被視爲錫金的性靈核心。預言中說到，即將開啓白域哲孟雄的喇嘛，會在此處公開自己的身分，而督修．林巴就是來到這裡，準備開啓隱地。

玉僧 Yoksum：錫金的第一個首都，也是登上干城章嘎峰的路徑之前的最後一個村子。海拔約五千八百英呎（一千七百八十公尺），村名來自絨巴語，意思是「三位聖賢」，用來紀念西元一六四二年，三位西藏喇嘛在此處會面後，建立了新的佛教王國（錫金）。

【六劃】

多芒寺 Domang Gompa：西藏東部果洛區裡的一座寺廟，督修．林巴在該寺廟接受訓練，而他的父親客秋．林巴也是該寺廟的喇嘛。多芒寺同時也是多傑．德謙．林巴（又名多芒祖古）的寺廟，多傑．德謙．林巴不僅幫督修．林巴舉行坐床典禮，賜予他名字，他也曾在一九二〇年代時，試著開啟通往白域哲孟雄的道路。

死魔林 Simoling：又名德林（Telling）。位於拉胡爾區的一個村子，督修．林巴治癒當地村民的痲瘋病，並在該地居住多年，擁有自己的寺廟。

西囊 Sinon：西錫金裡的村子，位在札西頂外幾公里，村裡有一座具有歷史的寺廟。督修．林巴在札西頂遭遇障礙時，從那兒搬遷到西囊這座與錫金的古老歷史有所關聯的村子。他在西囊的寺廟下方突出的岩石上示現了神通，留下足印。

【八劃】

宗格里 Dzongri：這是一個牧民的小營地，海拔約一萬三千兩百英呎（四千公尺），位於錫金境內，由玉僧通往干城章嘎峰的主要健行路線上。

果洛 Golok：西藏東部的一個地區，督修．林巴成長和接受訓練的地方。

拉達克 Ladakh：喜馬拉雅山脈西邊一處高山地區，位於喜馬偕爾邦北邊，屬於印度查謨/克

什米爾邦（Indian State of Jammu and Kashmir）的一部分，有一半以上的人口信奉藏傳佛教。

拉胡爾 Lahaul：印度喜馬偕爾邦內喜馬拉雅山麓的一個高海拔山區，海拔約一萬至一萬七千英呎（三千至五千一百公尺）。由庫爾盧山谷經過一萬三千英呎（四千公尺）的若塘隘口，即可到達。

【九劃】

若塘隘口 Rohtang Pass：字義爲遍布屍體的曠野。海拔約一萬三千英呎（四千公尺），地勢高於比亞斯河源頭，連接喜馬偕爾邦內的庫爾盧山谷和拉胡爾與斯皮提區。

【十劃】

庫爾盧 Kullu：位於喜馬拉雅山脈西邊，印度的喜馬偕爾邦內的庫爾盧山谷（見「庫爾盧山谷」），是庫爾盧行政區的首府。

庫爾盧山谷 Kullu Valley：喜馬拉雅山脈西邊一座南北向的山谷，比亞斯河起源並留經該處。該山谷位於印度的喜馬偕爾邦內，冬季時，此處爲督修．林巴冬天居住的山洞所在地，就在潘高村外。

馬納里 Manali：庫爾盧山谷裡的一座小城，現爲觀光勝地。

【十一劃】

措貝瑪　Tso Pema：印度喜馬偕爾邦內一座聖湖的藏文名稱，當地名稱是瑞瓦薩湖（Lake Rewalsar）。

【十二劃】

喜馬偕爾邦　Himachal Pradesh：喜馬拉雅山脈西邊、印度的一個邦，位於克什米爾（Kashmir）南邊。督修．林巴前往錫金開啓白域哲孟雄之前，曾在喜馬偕爾邦居住多年。

策染　Tseram：牧民的營地，海拔一萬兩千三百英呎（三千七百七十公尺）。位於尼泊爾境內干城章嘎峰山上，爲尋找白域哲孟雄旅程的起點。

【十五劃】

寇薩　Koksar：拉胡爾區高山上，越過若塘隘口後的第一個村子，海拔約一萬一千英呎（三千三百公尺）。寇薩位在奇納布河河邊，督修．林巴的空行母（明妃）和她妹妹耶謝，就是來自寇薩。

潘高　Pangao：位於庫爾廬山谷的一座村子，督修．林巴與家人多年冬季都住在該處，著手準備前往錫金開啓白域哲孟雄。

潘基　Pangi：強巴區裡一個偏遠的村子，督修．林巴在這裡擁有自己的第一座寺廟。

【十八劃】

錫金　Sikkim：曾經是喜馬拉雅山區裡的獨立王國，受到英國的保護，於西元一九七五年成為印度第二十二個邦。西邊與尼泊爾接壤，北邊和東北邊與西藏相鄰，東南邊與不丹接壤，南邊與印度西孟加拉邦的大吉嶺接壤。西邊與尼泊爾接壤處，由世界第三高峰干城章嘎峰作為界山。

蓮花生大士

致謝詞

有幸值遇如此奇妙的故事，我始終心存感激，也很感謝那些慷慨付出時間、知識和經驗的人。如果沒有那些散居喜馬拉雅山區的許多人，樂意且仁慈地慷慨給予時間，甚至常常提供我們茶飲、餐食、住所、交通運輸，並且耐心陪伴我們，就不可能會有這本書的問世。

如果沒有督修．林巴一家人的幫忙，特別是督修．林巴的兒子昆桑．菩提亞（Kunsang Bhutia）和孫子旺秋．菩提亞，我可能會像是困在米諾陶洛斯迷宮（Minotaur's labyrinth）的賽修斯（Theseus），毫無頭緒。昆桑的熱情、風趣、幽默和友誼，深深打入我的心坎裡，就如他的精神和故事深深烙在本書的每個字裡行間一樣。而旺秋——我的口譯員，我的旅伴，陪我四處探訪「祖父的故事」的伙伴，我由衷感謝你付出寶貴的時間和熱誠。

如果火焰具有感情，它會感激火光賦予它生命；同樣的，我也感激甘拓的慶雷．嘉措，他看出了我的想像力將被這個故事點燃，也感激他的岳母多傑．汪嫫，透過她充滿雪山探險和毅力決心的引人入勝的故事，她是帶我進入久遠以前啓程前往隱地旅程的第一人。

對於札西頂寺的喇嘛，和這個優秀僧團中的其他喇嘛們，我也由衷感謝他們，感謝他們對撰寫本書的支持。特別要感謝給四百，他可能是我所能接觸到的、最接近魔法師的一位活生生的咒士了，他對隱地的清淨觀點，讓我得以一窺堂奧。謝謝噶巴，在他札西頂寺廟後方的工作室裡，總是給我一張小凳子，讓我可以坐在他身後，看著他拿著鑿刀耐心在石頭上鑿刻藏文咒字，聽他說著身爲隱地信差是何等光景。來自西囊的已故阿唐喇嘛，人們將會記得他如臨現場的敘述，當預言中的喇嘛到來時，他這個來自札西頂的少年是如何看待這件事。

感謝已故的日津．多康巴，本書所提到有關西藏佛法和它在錫金的特殊性，他給了我精確的解釋。他跨足世俗世界和學術世界，猶如一座永具耐心的橋梁，橫跨了兩個世界，他以研究者的準確性以及實修者的心，對別人提出的觀點加以說明解釋。儘管這個世界中仍將誕生許多學者，但日津．多康巴成長的那個世界，那個他巧妙地融合了學術生命的世界，卻已消逝無蹤了。隨著他去世，那些無可取代的部分也跟著消失了。

我也感謝在西元二〇〇一年和二〇〇八年之間，當我進行研究調查時，那些住在錫金和大吉嶺提供線索及指引我方向的人，還有與我分享他們切身故事的人們。

西元二〇〇六年，當我前往庫爾盧山谷查訪督修．林巴早年在印度的生活，以及拜訪他的老弟子之前，昆桑已經事先幫我電話連絡，因此我一抵達的時候，督修．林巴的外孫久美．謙德和菩提．旺嘉已經在那裡等候我了，他們租了一輛車，載著我往來庫爾盧和拉胡爾區，拜訪與本書相關的人們。謝謝久美的母親貝瑪．確吉，也就是督修．林巴的女兒，她住在拉胡爾，

向我展示了許多從父親那裡繼承下來的珍貴文物。她與丈夫阿瑪·謙德（Amar Chand）提供芭芭拉和我在拉胡爾區的住所，他們的熱情款待，至今仍溫暖我心頭。

謝謝潘高寺廟的僧人們，當他們帶我前往督修·林巴居住的山洞時，沿路領頭用棍棒驅趕毒蛇；也謝謝潘高的功德主旺秋的家人，讓我和芭芭拉在潘高有地方棲身，還給了我一張拉究年輕時的照片。

謝謝空行母企美·汪嫫把雪豹的標本取下來，並和牠合照。謝謝死魔林的秋希提供了他的故事，還有拉胡爾區督修·林巴寺廟裡的領頭喇嘛和其他喇嘛，謝謝他們熱情的招待。耶謝的愛情故事，以及多年來內心承受的痛苦，令我深受感動，謝謝她敞開心胸，與我分享停泊在她內心深處那段美好的回憶。

喇嘛札西身爲拉胡爾區督修·林巴寺廟的住持超過四十多年，他對督修·林巴的事情知之甚詳，由他深具權威和充滿歷練的嗓音說出，讓這個故事更添色彩。

謝謝督修·林巴的轉世者拉究，他的出現不僅讓本書有了完整的結局，也謝謝他坦白分享自己的故事。希望這本書對你而言，不會造成障礙。

我非常幸運能夠擁有多位優秀的讀稿者及堅強的編輯陣容，經由他們的潤飾修正，讓本書得以更加完美。謝謝麻薩諸塞州劍橋的馬克·肯那（Mark Canner）的仔細閱讀、深入觀察；謝謝卡爾地夫（Cardiff）的傑佛瑞·山謬爾（Geoffrey Samuel）的細心精確；謝謝印度達蘭薩拉希地巴里（Sidhbari）的書商大姊（Didi Contractor）犀利檢閱。謝謝達蘭薩拉的阿尼瑪卿機構（Amnye Machen Institute）的札西・策仍（Tashi Tsering），他校正了本書中只有像他這樣的藏學學者才能勝任的部分，我十分感激；我也同樣感謝艾利克斯・麥凱（Alex Mckay），謝謝他對本書的重要歷史事件詳加考證。謝謝佛蒙特州的雷蒙・洛伊（Raymond Lowe）和倫敦的安娜・霍普威爾（Anna Hopewell），謝謝他們的回饋，讓本書初稿得以成形。本書如果還有任何錯誤，完全都是我自己的責任。

謝謝來自大吉嶺的久美・尊度（Gyurme Tsundu）、森滇・諾布（Samten Norbu）教授和已故的堪仁波切（Khen Rinpoche），感謝他們翻譯督修・林巴的藏文手稿。

謝謝過去那些無名拍攝者所拍的老舊黑白照片，你們拍攝的照片被本書引用，謝謝。如果你們想被大眾所知道，你們的名字將會脫離無名氏的行列，出現在未來新的版本中。

如果沒有翻譯人員的幫忙，我貧瘠的藏文、尼泊爾文和印度文的程度，將會是無法克服的障礙。所以首先我要謝謝督修・林巴的孫子旺秋，他不僅花費無數個午後時間，將他父親的故事翻譯給我聽，還兩度陪我前去錫金，在錫金旅行的時候，他既是一位好同伴，又是一位稱職的翻譯。他的姊姊耶謝，也花了無數個下午時間，爲我翻譯她父親的故事，我也深深感謝她。而督修・林巴的外孫久美，謝謝他擔任我庫爾盧山谷和拉胡爾區之旅的嚮導和翻譯。

謝謝牛津大學兩位學者的幫忙：第一位是查里士・蘭波（Charles Ramble），他慷慨付出

時間，為我指出隱地傳說的重要文獻資料，借給我珍貴的文本，並且幫我安排本書的第一場講座；第二位是所羅・穆勒，幫我解開錫金歷史上的難結，他的協助實為珍貴無價。

謝謝道久迦措林尼寺（Dongyu Gatsal Ling Nunnery）的傑尊瑪丹津・葩默，她溫暖的文字和關注此書的熱情，在關鍵時刻，成為本書問世的助力之一。

至於沒被提到名字，但是對本書的成形有所助益的人，無論是透過學術專門、編輯或是經驗分享，在這裡，我由衷感謝你們的付出。

謝謝我的父母，亨利（Henry）和薇薇安・修爾（Vivian Shor），雖然你們不全然明白我所熱中的究竟是什麼，但你們始終對我的作家身分抱持信心。

最後我要感謝的這一位，她不僅扮演了上面所有的角色，甚至更多。她不僅當了我無數次的口譯員，幫我翻譯藏文，引領我了解相關文獻，多次閱讀、編輯本書草稿，給我睿智的建議，陪伴我在山谷中旅行，走訪印度、歐洲和美國無數演講會堂，而且也適時給我鼓勵和始終的關愛。我所要感謝的，當然就是我在這個世界上獨一無二的伴侶，也就是我的妻子芭芭拉。

照片出處

本書中所有照片，都由作者湯瑪士・K・修爾所拍攝，除了以下頁數中出現的照片：

第二頁，取自 *Himalayan Journals*, by Sir Joseph Dalton Hooker, Ward, Lock, Bowden and Co., London, New York, and Melbourne, 1891.

第四頁，老照片，攝影師不詳。

第六頁，取自 *Himalayan Journals*, by Sir Joseph Dalton Hooker, Ward, Lock, Bowden and Co., London, New York, and Melbourne, 1891.

第十二頁，修訂後的地圖，取自 *The WorldFactbook*, CIA.

第三十八頁，老照片，攝影師不詳。

第五十一頁，老照片，攝影師不詳。

第八十八頁，老照片，攝影師不詳。

第一〇〇頁，老照片，攝影師不詳。

第一〇五頁，（左下）老照片，攝影師不詳。

第一〇九頁，老照片，攝影師不詳。

第一三五頁，修訂後的地圖，取自 *The WorldFactbook*, CIA.

第二〇三頁，修訂後的地圖，取自 *The WorldFactbook*, CIA.

第二二五頁，公共圖片。

第二五四頁，老照片，攝影師不詳。

第二八九頁，地圖取自 *Round Kangchenjuga* by Douglas W. Freshfield, London, Edwin Arnold, 1903.

第三六一頁，老照片，攝影師不詳。

第三六六頁，老照片，攝影師不詳。

第三七三頁，老照片，攝影師不詳。

橡樹林文化 ❖❖ 衆生系列 ❖❖ 書目

JP0001	大寶法王傳奇	何謹◎著	200 元
JP0002X	當和尚遇到鑽石（增訂版）	麥可・羅區格西◎著	360 元
JP0003X	尋找上師	陳念萱◎著	200 元
JP0004	祈福 DIY	蔡春娉◎著	250 元
JP0006	遇見巴伽活佛	溫普林◎著	280 元
JP0009	當吉他手遇見禪	菲利浦・利夫・須藤◎著	220 元
JP0010	當牛仔褲遇見佛陀	蘇密・隆敦◎著	250 元
JP0011	心念的賽局	約瑟夫・帕蘭特◎著	250 元
JP0012	佛陀的女兒	艾美・史密特◎著	220 元
JP0013	師父笑呵呵	麻生佳花◎著	220 元
JP0014	菜鳥沙彌變高僧	盛宗永興◎著	220 元
JP0015	不要綁架自己	雪倫・薩爾茲堡◎著	240 元
JP0016	佛法帶著走	佛朗茲・梅蓋弗◎著	220 元
JP0018C	西藏心瑜伽	麥可・羅區格西◎著	250 元
JP0019	五智喇嘛彌伴傳奇	亞歷珊卓・大衛一尼爾◎著	280 元
JP0020	禪　兩刃相交	林谷芳◎著	260 元
JP0021	正念瑜伽	法蘭克・裘德・巴奇歐◎著	399 元
JP0022	原諒的禪修	傑克・康菲爾德◎著	250 元
JP0023	佛經語言初探	竺家寧◎著	280 元
JP0024	達賴喇嘛禪思 365	達賴喇嘛◎著	330 元
JP0025	佛教一本通	蓋瑞・賈許◎著	499 元
JP0026	星際大戰・佛部曲	馬修・波特林◎著	250 元
JP0027	全然接受這樣的我	塔拉・布萊克◎著	330 元
JP0028	寫給媽媽的佛法書	莎拉・娜塔莉◎著	300 元
JP0029	史上最大佛教護法一阿育王傳	德千汪莫◎著	230 元
JP0030	我想知道什麼是佛法	圖丹・卻淮◎著	280 元
JP0031	優雅的離去	蘇希拉・布萊克曼◎著	240 元
JP0032	另一種關係	滿亞法師◎著	250 元
JP0033	當禪師變成企業主	馬可・雷瑟◎著	320 元
JP0034	智慧 81	偉恩・戴爾博士◎著	380 元
JP0035	覺悟之眼看起落人生	金菩提禪師◎著	260 元
JP0036	貓咪塔羅算自己	陳念萱◎著	520 元
JP0037	聲音的治療力量	詹姆斯・唐傑婁◎著	280 元
JP0038	手術刀與靈魂	艾倫・翰彌頓◎著	320 元
JP0039	作為上師的妻子	黛安娜・J・木克坡◎著	450 元

JP0040	狐狸與白兔道晚安之處	庫特・約斯特勒◎著	280 元
JP0041	從心靈到細胞的療癒	喬思・慧麗・赫克◎著	260 元
JP0042	27% 的獲利奇蹟	蓋瑞・賀許伯格◎著	320 元
JP0043	你用對專注力了嗎？	萊斯・斐米博士◎著	280 元
JP0044	我心是金佛	大行大禪師◎著	280 元
JP0045	當和尚遇到鑽石 2	麥可・羅區格西◎等著	280 元
JP0046	雪域求法記	邢肅芝（洛桑珍珠）◎口述	420 元
JP0047	你的心是否也住著一隻黑狗？	馬修・約翰史東◎著	260 元
JP0048	西藏禪修書	克莉絲蒂・麥娜麗喇嘛◎著	300 元
JP0049	西藏心瑜伽 2	克莉絲蒂・麥娜麗喇嘛◎等著	300 元
JP0050	創作，是心靈療癒的旅程	茱莉亞・卡麥隆◎著	350 元
JP0051	擁抱黑狗	馬修・約翰史東◎著	280 元
JP0052	還在找藉口嗎？	偉恩・戴爾博士◎著	320 元
JP0053	愛情的吸引力法則	艾莉兒・福特◎著	280 元
JP0054	幸福的雪域宅男	原人◎著	350 元
JP0055	貓馬麻	阿義◎著	350 元
JP0056	看不見的人	中沢新一◎著	300 元
JP0057	內觀瑜伽	莎拉・鮑爾斯◎著	380 元
JP0058	29 個禮物	卡蜜・沃克◎著	300 元
JP0059	花仙療癒占卜卡	張元貞◎著	799 元
JP0060	與靈共存	詹姆斯・范普拉◎著	300 元
JP0061	我的巧克力人生	吳佩容◎著	300 元
JP0062	這樣玩，讓孩子更專注、更靈性	蘇珊・凱瑟・葛凌蘭◎著	350 元
JP0063	達賴喇嘛送給父母的幸福教養書	安娜・芭蓓蔻爾・史蒂文・李斯◎著	280 元
JP0064	我還沒準備說再見	布蕾克・諾爾&帕蜜拉・D・布萊爾◎著	380 元
JP0065	記憶人人 hold 得住	喬許・佛爾◎著	360 元
JP0066	菩曼仁波切	林建成◎著	320 元
JP0067	下面那裡怎麼了？	莉莎・瑞金◎著	400 元
JP0068	極密聖境・仰桑貝瑪貴	邱常梵◎著	450 元
JP0069	停心	釋心道◎著	380 元
JP0070	聞盡	釋心道◎著	380 元
JP0071	如果你對現況感到倦怠……	威廉・懷克羅◎著	300 元
JP0072	希望之翼： 倖存的奇蹟，以及雨林與我的故事	茱莉安・柯普科◎著	380 元
JP0073	我的人生療癒旅程	鄧嚴◎著	260 元
JP0074	因果，怎麼一回事？	釋見介◎著	240 元
JP0075	皮克斯動畫師之紙上動畫《羅摩衍那》	桑傑・帕特爾◎著	720 元
JP0076	寫，就對了！	茱莉亞・卡麥隆◎著	380 元

JP0077	願力的財富	釋心道◎著	380 元
JP0078	當佛陀走進酒吧	羅卓・林茲勒◎著	350 元
JP0079	人聲，奇蹟的治癒力	伊凡・德・布奧恩◎著	380 元
JP0080	當和尚遇到鑽石 3	麥可・羅區格西◎著	400 元
JP0081	AKASH 阿喀許靜心 100	AKASH 阿喀許◎著	400 元
JP0082	世上是不是有神仙：生命與疾病的真相	樊馨蔓◎著	300 元
JP0083	生命不僅僅如此—辟穀記（上）	樊馨蔓◎著	320 元
JP0084	生命可以如此—辟穀記（下）	樊馨蔓◎著	420 元
JP0085	讓情緒自由	茱迪斯・歐洛芙◎著	420 元
JP0086	別癌無恙	李九如◎著	360 元
JP0087	甚麼樣的業力輪迴，造就現在的你	芭芭拉・馬丁＆狄米崔・莫瑞提斯◎著	420 元
JP0088	我也有聰明數學腦：15 堂課激發被隱藏的競爭力	盧采嫻◎著	280 元
JP0089	與動物朋友心傳心	羅西娜・瑪利亞・阿爾克蒂◎著	320 元
JP0090	法國清新舒壓著色畫 50：繽紛花園	伊莎貝爾・熱志－梅納＆紀絲蘭・史朵哈＆克萊兒・摩荷爾－法帝歐◎著	350 元
JP0091	法國清新舒壓著色畫 50：療癒曼陀羅	伊莎貝爾・熱志－梅納＆紀絲蘭・史朵哈＆克萊兒・摩荷爾－法帝歐◎著	350 元
JP0092	風是我的母親	熊心、茉莉・拉肯◎著	350 元
JP0093	法國清新舒壓著色畫 50：幸福懷舊	伊莎貝爾・熱志－梅納＆紀絲蘭・史朵哈＆克萊兒・摩荷爾－法帝歐◎著	350 元
JP0094	走過倉央嘉措的傳奇：尋訪六世達賴喇嘛的童年和晚年，解開情詩活佛的生死之謎	邱常梵◎著	450 元
JP0095	【當和尚遇到鑽石 4】愛的業力法則：西藏的古老智慧，讓愛情心想事成	麥可・羅區格西◎著	450 元
JP0096	媽媽的公主病：活在母親陰影中的女兒，如何走出自我？	凱莉爾・麥克布萊德博士◎著	380 元
JP0097	法國清新舒壓著色畫 50：璀璨伊斯蘭	伊莎貝爾・熱志－梅納＆紀絲蘭・史朵哈＆克萊兒・摩荷爾－法帝歐◎著	350 元
JP0098	最美好的都在此刻：53 個創意、幽默、找回微笑生活的正念練習	珍・邱禪・貝斯醫生◎著	350 元
JP0099	愛，從呼吸開始吧！回到當下、讓心輕安的禪修之道	釋果峻◎著	300 元
JP0100	能量曼陀羅：彩繪內在寧靜小宇宙	保羅・霍伊斯坦、狄蒂・羅恩◎著	380 元
JP0101	爸媽何必太正經！幽默溝通，讓孩子正向、積極、有力量	南琦◎著	300 元
JP0102	舍利子，是甚麼？	洪宏◎著	320 元
JP0103	我隨上師轉山：蓮師聖地溯源朝聖	邱常梵◎著	460 元
JP0104	光之手：人體能量場療癒全書	芭芭拉・安・布藍能◎著	899 元

JP0105	在悲傷中還有光： 失去珍愛的人事物，找回重新聯結的希望	尾角光美◎著	300 元
JP0106	法國清新舒壓著色畫 45：海底嘉年華	小姐們◎著	360 元
JP0108	用「自主學習」來翻轉教育！ 沒有課表、沒有分數的瑟谷學校	丹尼爾．格林伯格◎著	300 元
JP0109	Soppy 愛賴在一起	菲莉帕．賴斯◎著	300 元
JP0110	我嫁到不丹的幸福生活：一段愛與冒險的故事	琳達．黎明◎著	350 元
JP0111	TTouch® 神奇的毛小孩按摩術——狗狗篇	琳達．泰林頓瓊斯博士◎著	320 元
JP0112	戀瑜伽．愛素食：覺醒，從愛與不傷害開始	莎朗．嘉儂◎著	320 元
JP0113	TTouch® 神奇的毛小孩按摩術——貓貓篇	琳達．泰林頓瓊斯博士◎著	320 元
JP0114	給禪修者與久坐者的痠痛舒緩瑜伽	琴恩．厄爾邦◎著	380 元
JP0115	純植物．全食物：超過百道零壓力蔬食食譜， 找回美好食物真滋味，心情、氣色閃亮亮	安潔拉．立頓◎著	680 元
JP0116	一碗粥的修行： 從禪宗的飲食精神，體悟生命智慧的豐盛美好	吉村昇洋◎著	300 元
JP0117	綻放如花——巴哈花精靈性成長的教導	史岱方．波爾◎著	380 元
JP0118	貓星人的華麗狂想	馬喬．莎娜◎著	350 元
JP0119	直面生死的告白—— 一位曹洞宗禪師的出家緣由與說法	南直哉◎著	350 元
JP0120	OPEN MIND！房樹人繪畫心理學	一沙◎著	300 元
JP0121	不安的智慧	艾倫．W．沃茨◎著	280 元
JP0122	寫給媽媽的佛法書： 不煩不憂照顧好自己與孩子	莎拉．娜塔莉◎著	320 元
JP0123	當和尚遇到鑽石 5：修行者的祕密花園	麥可．羅區格西◎著	320 元
JP0124	貓熊好療癒：這些年我們一起追的圓仔 ~~ 頭號「圓粉」私密日記大公開！	周咪咪◎著	340 元
JP0125	用血清素與眼淚消解壓力	有田秀穗◎著	300 元
JP0126	當勵志不再有效	金木水◎著	320 元
JP0127	特殊兒童瑜伽	索妮亞．蘇瑪◎著	380 元
JP0128	108 大拜式	JOYCE（翁憶珍）◎著	380 元
JP0129	修道士與商人的傳奇故事： 經商中的每件事都是神聖之事	特里．費爾伯◎著	320 元
JP0130	靈氣實用手位法—— 西式靈氣系統創始者林忠次郎的療癒技術	林忠次郎、山口忠夫、 法蘭克．阿加伐．彼得◎著	450 元
JP0131	你所不知道的養生迷思——治其病要先明其因，破解那些你還在信以為真的健康偏見！	曾培傑、陳創濤◎著	450 元
JP0132	貓僧人：有什麼好煩惱的喵～	御誕生寺（ごたんじょうじ）◎著	320 元
JP0133	昆達里尼瑜伽——永恆的力量之流	莎克蒂．帕瓦．考爾．卡爾薩◎著	599 元

JP0134	尋找第二佛陀・良美大師——探訪西藏象雄文化之旅	寧艷娟◎著	450 元
JP0135	聲音的治療力量：修復身心健康的咒語、唱誦與種子音	詹姆斯・唐傑婁◎著	300 元
JP0136	一大事因緣：韓國頂峰無無禪師的不二慈悲與智慧開示（特別收錄禪師台灣行腳對談）	頂峰無無禪師、天真法師、玄玄法師◎著	380 元
JP0137	運勢決定人生——執業 50 年、見識上萬客戶資深律師告訴你翻轉命運的智慧心法	西中　務◎著	350 元
JP0138	心靈花園：祝福、療癒、能量——七十二幅滋養靈性的神聖藝術	費絲・諾頓◎著	450 元
JP0139	我還記得前世	凱西・伯德◎著	360 元
JP0140	我走過一趟地獄	山姆・博秋茲◎著 貝瑪・南卓・泰耶◎繪	699 元
JP0141	寇斯的修行故事	莉迪・布格◎著	300 元
JP0142	全然接受這樣的我：18 個放下憂慮的禪修練習	塔拉・布萊克◎著	360 元
JP0143	如果用心去愛，必然經歷悲傷	喬安・凱恰托蕊◎著	380 元
JP0144	媽媽的公主病：活在母親陰影中的女兒，如何走出自我？	凱莉爾・麥克布萊德博士◎著	380 元
JP0145	創作，是心靈療癒的旅程	茱莉亞・卡麥隆◎著	380 元
JP0146	一行禪師　與孩子一起做的正念練習：灌溉生命的智慧種子	一行禪師◎著	450 元
JP0147	達賴喇嘛的御醫，告訴你治病在心的藏醫學智慧	益西・東登◎著	380 元
JP0148	39 本戶口名簿：從「命運」到「運命」・用生命彩筆畫出不凡人生	謝秀英◎著	320 元
JP0149	禪心禪意	釋果峻◎著	300 元
JP0150	當孩子長大卻不「成人」……接受孩子不如期望的事實、放下身為父母的自責與內疚，重拾自己的中老後人生！	珍・亞當斯博士◎著	380 元
JP0151	不只小確幸，還要小確「善」！每天做一點點好事，溫暖別人，更為自己帶來 365 天全年無休的好運！	奧莉・瓦巴◎著	460 元
JP0154	祖先療癒：連結先人的愛與智慧，解決個人、家庭的生命困境，活出無數世代的美好富足！	丹尼爾・佛爾◎著	550 元
JP0155	母愛的傷也有痊癒力量：說出台灣女兒們的心裡話，讓母女關係可以有解！	南琦◎著	350 元
JP0156	24 節氣　供花禮佛	齊云◎著	550 元

JP0157	用瑜伽療癒創傷： 以身體的動靜，拯救無聲哭泣的心	大衛・艾默森 伊麗莎白・賀伯◎著	380 元
JP0158	命案現場清潔師：跨越生與死的斷捨離・ 清掃死亡最前線的真實記錄	盧拉拉◎著	330 元
JP0159	我很瞎，我是小米酒： 台灣第一隻全盲狗醫生的勵志犬生	杜韻如◎著	350 元
JP0160	日本神諭占卜卡： 來自眾神、精靈、生命與大地的訊息	大野百合子◎著	799 元
JP0161	宇宙靈訊之神展開	王育惠、張景雯◎著繪	380 元
JP0162	哈佛醫學專家的老年慢療八階段：用三十年照顧老大人的經驗告訴你，如何以個人化的照護與支持，陪伴父母長者的晚年旅程。	丹尼斯・麥卡洛◎著	450 元
JP0163	入流亡所：聽一聽・悟、修、證《楞嚴經》	頂峰無無禪師◎著	350 元
JP0165	海奧華預言：第九級星球的九日旅程・ 奇幻不思議的真實見聞	米歇・戴斯馬克特◎著	400 元
JP0166	希塔療癒：世界最強的能量療法	維安娜・斯蒂博◎著	620 元
JP0167	亞尼克　味蕾的幸福：從切片蛋糕到生 乳捲的二十年品牌之路	吳宗恩◎著	380 元
JP0168	老鷹的羽毛──一個文化人類學者的靈性之旅	許麗玲◎著	380 元
JP0169	光之手 2：光之顯現──個人療癒之旅・ 來自人體能量場的核心訊息	芭芭拉・安・布藍能◎著	1200 元
JP0170	渴望的力量：成功者的致富金鑰・ 《思考致富》特別金賺祕訣	拿破崙・希爾◎著	350 元

橡樹林文化 ❖❖ 蓮師文集系列 ❖❖ 書目

JA0001	空行法教	伊喜・措嘉佛母輯錄付藏	260 元
JA0002	蓮師傳	伊喜・措嘉記錄撰寫	380 元
JA0003	蓮師心要建言	艾瑞克・貝瑪・昆桑◎藏譯英	350 元
JA0004	白蓮花	蔣貢米龐仁波切◎著	260 元
JA0005	松嶺寶藏	蓮花生大士◎著	330 元
JA0006	自然解脫	蓮花生大士◎著	400 元
JA0007/8	智慧之光 1/2	根本文◎蓮花生大士／釋論◎蔣貢・康楚	799 元
JA0009	障礙遍除：蓮師心要修持	蓮花生大士◎著	450 元

橡樹林文化 ❖❖ 善知識系列 ❖❖ 書目

JB0083	藏傳密續的真相	圖敦．耶喜喇嘛◎著	300 元
JB0084	鮮活的覺性	堪千創古仁波切◎著	350 元
JB0085	本智光照	遍智　吉美林巴◎著	380 元
JB0086	普賢王如來祈願文	竹慶本樂仁波切◎著	320 元
JB0087	禪林風雨	果煜法師◎著	360 元
JB0088	不依執修之佛果	敦珠林巴◎著	320 元
JB0089	本智光照一功德寶藏論　密宗分講記	遍智　吉美林巴◎著	340 元
JB0090	三主要道論	堪布慈囊仁波切◎講解	280 元
JB0091	千手千眼觀音齋戒一紐涅的修持法	汪遷仁波切◎著	400 元
JB0092	回到家，我看見真心	一行禪師◎著	220 元
JB0093	愛對了	一行禪師◎著	260 元
JB0094	追求幸福的開始：薩迦法王教你如何修行	尊勝的薩迦法王◎著	300 元
JB0095	次第花開	希阿榮博堪布◎著	350 元
JB0096	楞嚴貫心	果煜法師◎著	380 元
JB0097	心安了，路就開了： 讓《佛說四十二章經》成為你人生的指引	釋悟因◎著	320 元
JB0098	修行不入迷宮	札丘傑仁波切◎著	320 元
JB0099	看自己的心，比看電影精彩	圖敦．耶喜喇嘛◎著	280 元
JB0100	自性光明——法界寶庫論	大遍智　龍欽巴尊者◎著	480 元
JB0101	穿透《心經》：原來，你以為的只是假象	柳道成法師◎著	380 元
JB0102	直顯心之奧秘：大圓滿無二性的殊勝口訣	祖古貝瑪．里沙仁波切◎著	500 元
JB0103	一行禪師講《金剛經》	一行禪師◎著	320 元
JB0104	金錢與權力能帶給你什麼？ 一行禪師談生命真正的快樂	一行禪師◎著	300 元
JB0105	一行禪師談正念工作的奇蹟	一行禪師◎著	280 元
JB0106	大圓滿如幻休息論	大遍智　龍欽巴尊者◎著	320 元
JB0107	覺悟者的臨終贈言：《定日百法》	帕當巴桑傑大師◎著 堪布慈囊仁波切◎講述	300 元
JB0108	放過自己：揭開我執的騙局，找回心的自在	圖敦．耶喜喇嘛◎著	280 元
JB0109	快樂來自心	喇嘛梭巴仁波切◎著	280 元
JB0110	正覺之道．佛子行廣釋	根讓仁波切◎著	550 元
JB0111	中觀勝義諦	果煜法師◎著	500 元

JB0112	觀修藥師佛——祈請藥師佛，能解決你的困頓不安，感受身心療癒的奇蹟	堪千創古仁波切◎著	450 元
JB0113	與阿姜查共處的歲月	保羅．布里特◎著	300 元
JB0114	正念的四個練習	喜戒禪師◎著	300 元
JB0115	揭開身心的奧秘：阿毗達摩怎麼說？	善戒禪師◎著	420 元
JB0116	一行禪師講《阿彌陀經》	一行禪師◎著	260 元
JB0117	一生吉祥的三十八個祕訣	四明智廣◎著	350 元
JB0118	狂智	邱陽創巴仁波切◎著	380 元
JB0119	療癒身心的十種想——兼行「止禪」與「觀禪」的實用指引，醫治無明、洞見無常的妙方	德寶法師◎著	320 元
JB0120	覺醒的明光	堪祖蘇南給稱仁波切◎著	350 元
JB0121	大圓滿禪定休息論	大遍智　龍欽巴尊者◎著	320 元
JB0122	正念的奇蹟（電影封面紀念版）	一行禪師◎著	250 元
JB0123	一行禪師　心如一畝田：唯識 50 頌	一行禪師◎著	360 元
JB0124	一行禪師　你可以不生氣：佛陀的情緒處方	一行禪師◎著	250 元
JB0125	三句擊要：以三句口訣直指大圓滿見地、觀修與行持	巴珠仁波切◎著	300 元
JB0126	六妙門：禪修入門與進階	果煜法師◎著	360 元
JB0127	生死的幻覺	白瑪桑格仁波切◎著	380 元
JB0128	狂野的覺醒	竹慶本樂仁波切◎著	400 元
JB0129	禪修心經——萬物顯現，卻不真實存在	堪祖蘇南給稱仁波切◎著	350 元
JB0130	頂果欽哲法王：《上師相應法》	頂果欽哲法王◎著	320 元
JB0131	大手印之心：噶舉傳承上師心要教授	堪千創古仁切波◎著	500 元
JB0132	平心靜氣：達賴喇嘛講《入菩薩行論》〈安忍品〉	達賴喇嘛◎著	380 元
JB0133	念住內觀：以直觀智解脫心	班迪達尊者◎著	380 元
JB0134	除障積福最強大之法——山淨煙供	堪祖蘇南給稱仁波切◎著	350 元
JB0135	撥雲見月：禪修與祖師悟道故事	確吉．尼瑪仁波切◎著	350 元
JB0136	醫者慈悲心：對醫護者的佛法指引	確吉．尼瑪仁波切 大衛．施林醫生◎著	350 元
JB0137	中陰指引——修習四中陰法教的訣竅	確吉．尼瑪仁波切◎著	350 元
JB0138	佛法的喜悅之道	確吉．尼瑪仁波切◎著	350 元
JB0139	當下了然智慧：無分別智禪修指南	確吉．尼瑪仁波切◎著	360 元
JB0140	生命的實相——以四法印契入金剛乘的本覺修持	確吉．尼瑪仁波切◎著	360 元
JB0141	邱陽．創巴仁波切 當野馬遇見馴師：修心與慈觀	邱陽．創巴仁波切◎著	350 元

衆生系列　JP0173

咫尺到淨土：狂智喇嘛督修・林巴尋訪聖境的眞實故事

A Step Away from Paradise:
The True Story of a Tibetan Lama's Journey to a Land of Immortality

作　　者／湯瑪士・K・修爾 (Thomas K. Shor)
譯　　者／張秀惠
審　　定／江涵芠
業　　務／顏宏紋

總 編 輯／張嘉芳
出　　版／橡樹林文化
城邦文化事業股份有限公司
104 台北市民生東路二段 141 號 5 樓
電話：(02)2500-7696　傳眞：(02)2500-1951
發　　行／英屬蓋曼群島商家庭傳媒股份有限公司城邦分公司
104 台北市中山區民生東路二段 141 號 2 樓
客服服務專線：(02)25007718；25001991
24 小時傳眞專線：(02)25001990；25001991
服務時間：週一至週五上午 09:30 ～ 12:00；下午 13:30 ～ 17:00
劃撥帳號：19863813　戶名：書虫股份有限公司
讀者服務信箱：service@readingclub.com.tw
香港發行所／城邦（香港）出版集團有限公司
香港灣仔駱克道 193 號東超商業中心 1 樓
電話：(852)25086231　傳眞：(852)25789337
Email: hkcite@biznetvigator.com
馬新發行所／城邦（馬新）出版集團【Cité (M) Sdn.Bhd. (458372 U)】
41, Jalan Radin Anum, Bandar Baru Sri Petaling,
57000 Kuala Lumpur, Malaysia.
電話：(603) 90578822　傳眞：(603) 90576622
Email：cite@cite.com.my

封面設計／兩棵酸梅
內頁排版／歐陽碧智
印　　刷／韋懋實業有限公司

初版一刷／ 2020 年 5 月
ISBN ／ 978-986-99011-0-9
定價／ 540 元

城邦讀書花園
www.cite.com.tw

國家圖書館出版品預行編目（CIP）資料

咫尺到淨土：狂智喇嘛督修・林巴尋訪聖境的眞實故事 / 湯瑪士・K・修爾（Thomas K. Shor）著；張秀惠譯. -- 初版. -- 臺北市：橡樹林文化，城邦文化出版：家庭傳媒城邦分公司發行，2020.05
面；　公分. --（衆生；JP0173）
譯自：A step away from paradise : the true story of a Tibetan Lama's journey to a land of immortality
ISBN 978-986-99011-0-9（平裝）

1. 督修林巴（Tulshuk Lingpa, 1916-）　2. 藏傳佛教
3. 佛教傳記

226.969　　　109005261

104 台北市中山區民生東路二段 141 號 5 樓

城邦文化事業股份有限公司
橡樹林出版事業部　收

請沿虛線剪下對折裝訂寄回，謝謝！

|橡|樹|林|

書名：咫尺到淨土：狂智喇嘛督修・林巴尋訪聖境的真實故事
書號：JP0173

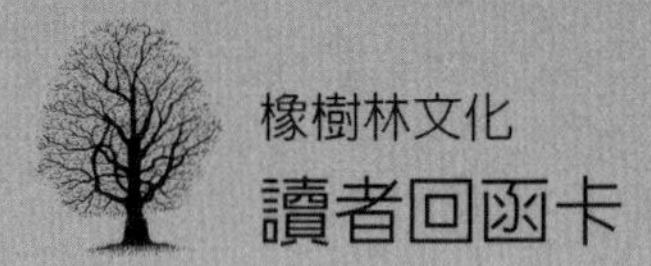

橡樹林文化
讀者回函卡

感謝您對橡樹林出版社之支持，請將您的建議提供給我們參考與改進；請別忘了給我們一些鼓勵，我們會更加努力，出版好書與您結緣。

姓名：________________ □女 □男 生日：西元________年

Email：________________________

●您從何處知道此書？

□書店 □書訊 □書評 □報紙 □廣播 □網路 □廣告 DM □親友介紹

□橡樹林電子報 □其他____________

●您以何種方式購買本書？

□誠品書店 □誠品網路書店 □金石堂書店 □金石堂網路書店

□博客來網路書店 □其他____________

●您希望我們未來出版哪一種主題的書？（可複選）

□佛法生活應用 □教理 □實修法門介紹 □大師開示 □大師傳記

□佛教圖解百科 □其他____________

●您對本書的建議：

____

____

____

____

____

非常感謝您提供基本資料，基於行銷及客戶管理或其他合於營業登記項目或章程所定業務需要之目的，家庭傳媒集團（即英屬蓋曼群商家庭傳媒股份有限公司城邦分公司、城邦文化事業股分有限公司、書虫股分有限公司、墨刻出版股分有限公司、城邦原創股分有限公司）於本集團之營運期間及地區內，將不定期以MAIL訊息發送方式，利用您的個人資料於提供讀者產品相關之消費與活動訊息，如您有依照個資法第三條或其他需服務之業務，得致電本公司客服。

我已經完全了解左述內容，並同意本人資料依上述範圍內使用。

________________（簽名）